「移民列島」ニッポン

多文化共生社会に生きる

藤巻秀樹

藤原書店

はしがき

子どものころ、金髪碧眼の外国人を見ると、胸が高鳴った。異文化への好奇心だろうか。覚えたての英語で話してみたいという衝動を感じながらも、結局話しかけられず、遠目からじろじろ眺めていたことを思い出す。今から五〇年近く前、私が住んでいた山梨県の片田舎では外国人はまだ珍しい存在だったのだ。

今日の東京では外国人がいる光景が当たり前だ。前からエチオピア人が歩いてきても、横にターバンを巻いたインド人が座っていても、特に何も感じない。東京でも最も外国人が多い新宿区には世界約一二〇カ国の人々が住んでいる。だが、これだけ多くの国の人々がいても、私たちは案外、よその国のことを知らない。外国人を友人に持つという人も少ない。

日本には現在約二百万人もの外国人が住んでいる。そのかなりの部分はこの国で仕事を持って定住し、子どもを育てている人々、つまり移民である。よく「日本は移民国家ではない」などと言う人がいるが、他の先進国に比べ人数は少ないものの、日本はれっきとした「移民受け入れ国」なのである。

日本は専門的な技術、能力を持つ外国人だけを受け入れ、いわゆる単純労働者の入国は認めていない。それなのになぜ、こんなに外国人が入ってくるのか、と不思議に思う人がいるかもしれない。単純労働者を入国させないというのは、あくまで原則に過ぎないのだ。実際には、真正面からの受け入れはしていないものの、サイドドア、バックドアから入国させている。彼らは日本人がやりたがらない3K（きつい、汚い、危険な）の製造現場や農業、水産業など一次産業の生産現場を支える貴重な存在だ。

それを目の当りに見たのは、二〇〇六年に日本経済新聞夕刊の連載企画のため、人口減少社会に関する取材をした時である。前年の二〇〇五年、日本の人口は統計史上初めて減少に転じた。それを受け、全国各地の過疎化、少子高齢化の動きを追いかけた。その時、地方では人出不足の穴埋めを外国人がしていることを知ったのだ。東北の農村では嫁の来手がない農家の長男のもとにフィリピン人妻が嫁いでいた。四国の今治のタオル工場では数多くの若い中国人女性が働いていた。そして、東海地方の自動車部品の生産現場を支えていたのは日系ブラジル人だった。

日本人が消え去った場所に外国人がやって来て、その空白を埋める。それは日本の未来を予感させる光景だった。

厚生労働省の国立社会保障・人口問題研究所が今年一月発表した「将来推計人口」によると、二〇六〇年の日本の人口は現在より約四千万人も減って、九千万人を切る。しかも六十五歳以上の人が四割を占め、十五歳から六十四歳までの生産年齢人口は約四四〇〇万人に減る。労働力人口が現在のほぼ半分になってしまうのだ。
日本が現在の少子化を止められない限り、五〇年後の日本は人口減少で経済が大幅に縮小する。一人の働き手がほぼ一人の老人を養うという現役世代に極端に負担がかかる社会になる。おそらく、それでは経済が回らず、社会保障も維持できない。消えた日本人の代わりに大量の数の外国人が日本に入ってくる可能性が高い。その時、日本人は外国人と仲良く暮らすことができるのか。また、それを可能にするためには何が必要なのか。

本書を執筆したのはその問いに答えるヒントを見つけるためである。日本の外国人集住地域や都会の移民街で何が起きているのか。その実態を克明にリポートするとともに、政府や地方自治体がどんな対応策をとっているのかを探った。

国の成り立ちからして移民国家である米国やカナダ、オーストラリアはもちろん、フランスやドイツなど欧州の国々も移民が多い。私は一九八九年から四年半、パリを拠点に取材活動をした。そこで驚いたのは、フランス社会でアラブ系やアフリカ系の移民の存在感が想像以上に大きかったことである。

そもそもパリでは私自身が移民だった。誰しもみんなそうだろうが、異国で冷たくされれば、その国に反感を持つし、逆であれば、その国が好きになる。フランスから帰国した後、身近にいる外国人にはできるだけ親切にしたいと思うようになった。今考えれば、パリでの駐在経験がジャーナリストとして移民問題に取り組む大きなきっかけになったのだろう。序章ではこうした私の個人史に加え、今なぜ、移民問題が重要なのかについて私見を述べさせてもらった。

第一章では全体像を明らかにするため、日本の移民地図を描くことを念頭に、日本に住む外国人の国籍、地域分布を示し、どんな外国人がどんな目的で日本に来ているのかを分析した。特に池袋（中国人）、西葛西（インド人）、高田馬場（ミャンマー人）など特定の外国人が多い東京の移民街を今年春に集中的に取材、リポートした。首都・東京で暮らす外国人は実に多様な人々であることを実感してもらえると思う。

第二章から第四章は実際に現地に住み込んで取材したルポルタージュである。日本人と外国人の共生には何が必要なのかを探るため、その地域の生活者になってみようと思ったのである。第二章では日系ブラジル人が住民の半分近くを占める愛知県豊田市の保見団地、第三章ではコリアタウン化が急速に進む東京・大久保、第四章では農家に嫁いだ外国人妻が多い新潟県南魚沼市を取り上げた。

保見団地には二〇〇九年二月―三月に行き、団地内に住み、外国人の子どもに日本語を教えるボランティア活動をしながら取材をした。大久保では二〇一〇年二月から三月にかけ、韓国料理店が並ぶ小さな通りにアパートを借り、眠らない街の二十四時間を観察した。南魚沼市には二〇一一年五月―六月に住み込み、農村地帯を隈なく歩き回って取材を試みた。

第五章では一九九〇年以降の政府の出入国管理政策の変化や地方自治体の多文化共生政策の試み、民主党や自民党など政党の移民問題についての考え方を解説している。本書はあくまで外国人集住地域の現場ルポが中心だが、外国人政策の歩みや背景を説明することで、この問題への理解を深めてもらえるよう工夫をしたつもりである。

日本に来た外国人を取材して印象に残ったことの一つは、彼らのほとんどが日本を平和で安定した住みやすい国だと評価していることだった。反日的な歴史教育が行なわれているとされる韓国や中国出身者も一様に「本国で聞いていた印象と違って、日本人はみんな親切だった」と語る。

今夏、竹島や尖閣諸島を巡り、日韓・日中関係がにわかに緊張の度を強めている。偏狭なナショナリズムが台頭し、一部には移民排斥的な声も上がるが、こうした時こそ日本に来て親日・知日派になった人たちを大事にしなくてはならないと思う。本書が人口減少社会を迎えた日本で、外国人との共生を目指す多文化共生社会について考える一助になれば、幸いである。

この本を執筆するためにインタビューした人の数は五百人を優に超える。外国人、日本人を問わず、取材に協力してくれた人にこの場を借りてお礼を申し上げたい。取材・執筆期間が長期にわたったため、役職などが変わった人もいるが、本書に登場する人の年齢や肩書は原則として取材当時のものを使用した。また出版に際し、藤原書店の藤原良雄社長をはじめ、編集部の刈屋琢、前原典枝の両氏に大変お世話になった。心から感謝したい。

二〇一二年九月

藤巻秀樹

「移民列島」ニッポン／目次

第二章　ブラジル人集住の街　豊田市保見団地……97

第三章　アジア人の集う街　東京オオクボ……157

第四章 外国人妻のいる農村　新潟県南魚沼市 ……227

第五章 日本の移民政策

「移民列島」ニッポン

多文化共生社会に生きる

序章
なぜ今、移民問題なのか

大阪人として生きる

私が移民問題に興味を持つきっかけを最初につくってくれたのは、在日コリアンの人たちである。今から三〇年ほど前、大阪本社の編集局に勤務していたころ、何人かの在日韓国人を取材した。そのころ、私は関西の国際化についての企画記事執筆の準備を進めていた。東京に比べ遅れている関西地域の国際化をどう進めるかが記事のテーマだった。それを探るため、韓国、中国、香港、シンガポール、タイなどアジア各地に取材に行った。出張中に関西に留学経験のある官僚やビジネスマンに話を聞く機会があったが、そこで出て来たのは日本社会の閉鎖性に対する批判だった。日本人は大学でも企業でも日本人同士で固まり、外国人に心を開かない。はっきりと物を言わないので、何を考えているのか分からない。確か、そんな不満が噴出したのを覚えている。

どうしたら関西企業の海外進出を促進できるか、才能ある若者の海外での活躍を後押しできるか、出ていく方の国際化だけを考えていた私は根本から企画の練り直しを迫られた。真の国際化のためには、内なる国際化、つまり日本に来ている外国人に心を開くことが重要だと気づかされたのである。

関西にはこの問題を探る上で格好のテーマがあった。在日コリアンの存在である。山梨県出身で高校卒業以降はずっと東京だった私は大阪に来るまで、在日コリアンについては全くの無知だった。

関西は大阪市の生野区をはじめ在日韓国・朝鮮人が集住する地域が多い。アジア出張から帰ると、さっそく韓国料理店が軒を連ねる鶴橋などへ出かけ、取材を始めた。

そこで感じたのは彼らの日本人に対する屈折した感情だ。ある者は声高に韓国人としてのアイデンティティーを訴え、ある者は日本人へのコンプレックスを直截ではないにしろ間接的に表現した。日本に生きる過程で、日本社会に同化を迫られる一方、激しい差別にも直面した苦悩する人々の姿があったのである。

そんな中、二世、三世の在日コリアンの若者が日韓交流のためのユニークなイベントを開催するという耳寄りの話を聞いた。百済から日本に渡来し、漢字と儒教を伝えたとされる王仁。四世紀後半に、その王仁がたどったルートをそのまま歩こうというのだ。参加者は五百人。王仁の出生地とされる全羅南道の霊岩から王仁の墓のある枚方までの行程をいくつかに分け、区間ごとに数十人が交代で歩く。出来るだけ当時の状況を再現しようと、服装も四世紀後半の百済貴族の旅立ちの衣装を着用するという。

このイベントを企画した在日韓国人の青年実業家に話を聞いた。「王仁博士こそ、われらのルーツ」。開口一番、彼はこう言った。「我々は大阪で生まれ、これからも大阪で生きていく人間。日韓交流に貢献した王仁博士こそ、我々のアイデンティティーを表現する人物だ」。

この実業家の話はさらに続く。彼を中心とする在日コリアンのグループはイベントを実施する前に静岡県の久能山に行った。ここには晩年を駿府で過ごした徳川家康の墓がある。彼らは久能山で家康の墓の方角に向って一斉に放尿したという。「なぜ、そんなことを」。唖然としてそう聞いた私に、彼はこう答えた。「僕らは大阪人。豊臣秀吉が好きやねん」。豊臣秀吉といえば、朝鮮出兵をしたことで、韓国では安重根に暗殺された初代韓国統監の伊藤博文と並んで極悪人扱いされている人物である。その秀吉の名をわざわざ出したところに、大阪人として生きようとする彼らの決意が伺えた。ニューヨークに住む人間は白人でも黒人でも、アジア系でもニューヨーカー。それと同じように大阪で生きる人間は日本人であろうと韓国人であろうと同じ大阪人、と彼らは言った。

私はこれと同じ話を三〇年後に再び聞くことになる。二〇一〇年にアジア人が数多く住む東京・大久保で韓国人企業家を取材した時のことである。後で詳しく述べるが、韓国系の店が急激に増えた大久保では日本人と韓国人の間で軋轢が高まっている。摩擦を和らげようと、その韓国人企業家は日本人との交流に取り組み、地域に根付こうとの思いを語ってくれたが、その文脈で「私はオオクボ人」という言葉が出てきたのだ。大阪人とオオクボ人の違いはあっても、言おうとすることは一緒である。韓国人でもない、日本人でもない。国籍を超え、都市という地域のアイデンティティーに基づいて生きる、というあり方だ。一見、時代を先取りした新しい生き方と捉えることもできるが、そこに何か外国人が日本で生きていく上での方便のようなものを感じた。彼らの発言の裏には日本にも韓国にも同化できない在日コリアンの置かれている苦しい状況があるのではないか、と思ったのである。

在日のアイデンティティー

若き日の大阪での在日コリアンの取材は、私に日本に住む外国人というものについて考えるきっかけを与えてくれた。それまでもアメリカ人やフランス人など日本に住む外国人を知っていたのだが、彼らのほとんどは数年間の短期滞在で、いずれ本国に帰る人たちだった。また祖国と日本の狭間に立って自身のアイデンティティーに悩むというようなことからは一切無縁の人たちだったのである。在日コリアンによって私は初めて移民問題に触れたのである。

在日コリアンの多くは自分が何者であるかを常に考えている。もちろん人によって程度の差はあるが、少なくとも日本人よりはこの問題を深く考えていることは間違いない。同質的な人間に囲まれていると、人間は自分が何者かなどと、まず考えない。私自身、自分が日本人であることを最初に強く意識したのは外国に住んだ時である。一九八九年から一九九三年まで新聞社の海外特派員としてパリ支局にいたが、毎日フランス人と接していると、否応なく自分が日本人であると意識させられる。おそらく在日コリアンの人たちは物心がついてからずっとこの問題を意識しているのだと思う。

在日韓国人二世の作家で、三十七歳という若さで亡くなった李良枝《イヤンジ》が芥川賞を受賞した「由熙」という小説がある。在日韓国人二世の女性が自らのアイデンティティーに目覚め、ソウル大学に留学するが、韓国の文化や習慣に馴染めず挫折して日本に戻ってくるという話だ。この作品は同じく在日韓国人二世である作者自身の実際のソウル大学留学経験に基づいて書かれている。

良枝の本名は田中淑枝。彼女の父親、田中浩氏は韓国・済州島の出身で、十五歳で日本に渡り、様々な職業を転々とした後、山梨県富士吉田市で織物の商売を始める。大阪など全国を行商、貯めた資金を元に東京・大久保でラブホテルやアパート経営に乗り出す。良枝が九歳の時に田中家は一家そろって日本に帰化するのだが、これが後に親子の確執を生むことになる。

良枝は山梨県西桂町で生まれ、富士吉田市で育った。山梨県は在日韓国人が少なく、良枝は周囲の目を気にした両親によって、小さいころから日本舞踊を習わされるなど、日本人として育てられた。だが、思春期を迎え、自分が韓国人だとはっきりと意識するようになってから、何故それを隠さなくてはいけないのか次第に疑問を抱くようになる。そのころ家では両親の不和が深刻になり、離婚話が持ち上がっていた。高校生になって色々なことに嫌気が差した良枝は家出をし、京都に向かう。京都の高校で、ある日本史の教師と出会ったことがきっかけになり、日韓の過去の歴史を知り、韓国人としてのアイデンティティーに目覚めるのである。良枝は日本人になることを選んだ父親に激しく反発する。

その後、良枝は早稲田大学社会科学部に入学、在日の学生サークルに出入りするようになる。韓国の民族音楽や舞踊に強い関心を持つようになり、ついに韓国留学を決意、ソウル大学で韓国語を専攻する。「由熙」には日本と韓国の狭間に立って苦しむ在日コリアンの苦悩が痛切に描かれている。

それは作者である良枝自身の苦悩でもあったに違いない。

小説の主人公の由熙は留学生活の途中で卒業をあきらめ、日本に帰るが、実際の良枝はソウル大学を卒業し、さらに梨花女子大学舞踊学科大学院に進学し、韓国舞踊を学ぶ。日本で何回か韓国の伝統舞踊の公演も行ない、芥川賞受賞で小説家として今後の活躍が期待されている時に、急性心筋炎で一九九二年に惜しまれながら亡くなった。良枝の父、田中浩氏の経営するアパートが東京・大久保に今も残っている。大久保に一カ月間の住み込み取材をした時にこのアパートも訪れた。その時の話は第三章で詳しく触れたい。

政治学者でテレビにもよく出演する姜尚中《カンサンジュン》・東大教授。彼も在日コリアン二世として自らのアイデンティティーについて悩み続けた一人である。彼は太平洋戦争の終戦から五年後の一九五〇年に熊本市で生れた。両親は在日コリアン一世で、父親は満州事変の年（一九三一年）、十五歳で来日。母親は太平洋戦争勃発の年（一九四一年）に父親と結婚するため十六歳で海を渡って日本にやって来た。姜氏が生れたのは在日コリアンが養豚やヤミのどぶろく作りで生計を立てていた集落で、両親は廃品回収業を営み、戦後の日本を生き抜いた。

姜氏も日本名の永野鉄男として育てられた。体が大きく、野球が得意だった彼は少年時代、同級生から一目置かれる存在で、「てっちゃん、てっちゃん」と慕われ、イジメに遭うこともなかったという。だが高校生になるころから、自分が韓国人だと意識するようになった。姜氏には二〇一〇年夏、彼が母親について書いた自伝的小説『母～オモニ』を出版した直後、インタビューしたが、当時を振り返って「自分の家は周りと違う。父と母が生まれた国は劣っているのではないか。なぜ自分は日本で生きているのか。そんなことを考えて引っ込み思案になった」と語っている。

早稲田大学に進学、『在日』の影におびえ、何かから逃れるように暮らしていた」彼は、閉塞感を打ち破ろうと、ソウルへ自分探しの旅に出る。これを機に「永野鉄男」という名を捨て、「姜尚中」として生きることを決意する。

「在日コリアンの中には日本にも韓国にも馴染めず、葛藤を抱え続ける人がいる。僕が幸運だったのは両親に愛され、身近な日本人にもかわいがってもらったこと。苦しみながらも、踏みとどまることができたのは、それが大きかった」

在日コリアン二世が一度は陥るアイデンティティー・クライシス。それは彼らが日本という国で主体的に生きていく上で欠かせない通過儀礼であるともいえる。

パリの移民たち

大阪での在日コリアン取材の後、移民問題に再び触れたのはパリ支局時代である。パリというと、多くの人はコンコルド広場から凱旋門まで延びるシャンゼリゼ通りや学生街カルチェ・ラタン、サクレクール寺院のあるモンマルトルの丘を思い起こすだろう。だが、個人的に今、印象深く思い出すのは二十区にあるベルヴィルという街である。最初にここに来た時は驚いた。スカーフをした女性や浅黒い肌の男、黒人やアジア系の黄色人種もいた。身なりもいいとはいえない人が少なくなく、高級ブティックが並ぶおしゃれなパリの中心街とは全く異質な空気が流れていた。

ベルヴィルというのはフランス語で「美しい街」を意味する。ここはパリでモンマルトルに次いで高い丘の上にあり、眺めが美しいことから、その名が付いたという。確かに丘の上に整備されたベルヴィル公園から見たパリの眺望は素晴らしい。ここはもともと労働者が多く住む街で、その後、中東やアフリカ、アジアから来た貧しい移民が住みつくようになった。有名なシャンソン歌手、エディット・ピアフもこの街で生れている。

パリは移民の多い街である。タクシーの運転手や路上で清掃作業をする人には黒人が多く、街のあちこちに中華料理やヴェトナム料理の店があった。口ひげをたくわえたアラブ系の人もよく歩いており、モスクもある。パリに来てまず気がついたのはそのことだ。日本にいる時には想像もしていなかっただけに、移民の存在が印象に残ったのである。

そしてある日、自分もその移民の一人であることに気がついた。日本から来た新聞記者という立場で大統領府や外務省、財務省などの役所や大企業に出入りしている時には感じないが、休みの日に私服で街をぶらぶらしていると、自分がアジアのどこかの国から来た移民の一人として、胡散臭い目で見られているのを感じた。フランス人は顔つきだけで黄色人種をどこの国の人間か見分けられないらしく、シノワ（中国人）、ヴェトナミアン（ヴェトナム人）と呼ばれることもあった。フランスにはこの両国からの移民が少なくない。フランス人から見た日本人は、いかにも旅行客という格好でカメラやバッグを担いでいるか、スーツ姿でビジネスをしているアジア人だ。普段着でも何年も前からパリに住んでいるという雰囲気が漂っていると、まず日本人とは思われない。

私がパリに赴任したのは一九八九年三月から九三年九月まで。この時期はベルリンの壁が崩れ、東欧の社会主義国家が次々に倒れ、ついにソ連まで崩壊した欧州激動の時代だった。一方でフランス国内に目を転じると、経済が停滞し失業が増え、極右勢力の国民戦線（FN）が台頭していた。当時のFNの党首、ジャン・マリー・ルペンの攻撃の矛先は移民に向けられた。

「移民がフランス人の職を奪っている」。この巧妙なアピールが国民から幅広い支持を得ていた。実際には移民の大半が従事する底辺の仕事に就きたいと思うフランス人はそう多くない。FNの支持層は低所得のブルーカラーや失業者、自営業者などで、こうした層の社会への不満の声を巧みに吸収して勢力拡大に成功していたのである。

スカーフ事件はそんな時代背景の中で起こった。一九八九年九月、パリ近郊クレイユの公立中学校で、三人のイスラム教徒の女生徒がヘジャブと呼ばれるスカーフをかぶったまま登校した。イスラム社会では女性が公の場で髪の毛や肌を露出しないようにスカーフで隠すことを義務付けている。一方、フランスは教育の非宗教性が原則だ。学校側は女生徒に着用を止めるよう再三注意したが、従わなかったので三人の授業への出席を禁止した。

これがフランス国内で大きな論争になった。イスラム教関連の市民団体が「信じる宗教を理由に迫害を受けた」と学校に抗議して女生徒の支援活動を開始。マスコミも大々的に取り上げ、「フランス共和国の理念である公教育の非宗教性を守るべきだ」と主張するライシテ（非宗教性）強硬派と多文化主義寛容派が真っ向から対立した。社会的な反響が大きかったため、当時のジョスパン教育相は行政裁判の最高機関である国務院に意見を求めた。十一月末、国務院は非宗教性の原則とスカーフ着用は相反しないが、イスラム教の布教につながるような着用は認められないとの見解を示し、条件付きで着用を容認した。これで論争は一件落着と思われたが、そうはならなかった。十二月初めに行なわれた国民議会補欠選挙で移民排斥を唱える極右のＦＮが圧勝すると、論争は再び盛り上がった。

フランスには全人口の約八％に当たる約四九〇万人もの移民がいる。もともとスペイン、ポルトガル、イタリアなど南欧諸国からの移民が多かったが、第二次大戦後、高度成長による労働力不足を補うため、旧植民地のアルジェリア、チュニジア、モロッコなど北アフリカのマグレブ諸国から大量に移民を受け入れた。このほか、セネガル、コートジヴォワールなど旧植民地の西アフリカ諸国やカリブ海地域からの移民もいるし、中国、ヴェトナム、カンボジアなどのアジア系移民もいる。だが、スカーフ事件が物語るようにフランス社会の中でもっとも軋轢を起こしているのがイスラム系のマグレブ諸国出身者だった。

パリに赴任している間、東欧の民主化、ソ連の崩壊、湾岸戦争など大事件が相次ぎ、出張ばかりしていた私は、休暇の時くらい一般のフランス人と交流する機会を持ちたいと夏休みによくフランス人と一緒の団体旅行ツアーに参加した。だいたい一週間程度の近隣諸国への旅行だが、食事のたびに同じテーブルで顔を合わせるので、初対面の人とも自然と打ち解けて話をするようになる。ある時、パリで暮らす外国人の話になった。一人でツアーに参加していた七十歳近くの高齢のフランス人女性が「日本人はいいけれど、問題のある外国人もいる」と話し始めた。彼女いわく、日本人は技術を持っており裕福でフランス社会に迷惑をかけないから、歓迎する。またアフリカから来た黒人も賃金の低い仕事を嫌がらずに務め、フランス人に対して従順だから問題ない。困った存在なのはマグレブ系の移民だ。彼らは自分たちの文化をアピールし、反抗的だから問題だというのである。

一九七九年のイラン革命から一〇年、イスラム原理主義が台頭する中、フランスでも貧しいマグレブ系移民が社会への不満をテコにイスラムへの信仰を強める傾向が顕著になっていた。一般のフランス国民はこれに警戒を強めていたのである。マグレブ系移民の問題はいつか大変なことになると、パリの赴任を終えた後も心配していたが、案の上、移民の不満のマグマが二十一世紀になって大爆発、二〇〇五年にパリ郊外で始まった暴動がフランス全土を巻き込む騒乱に発展した。

マグレブ系移民の二世、三世の若者は失業者が多い。フランスは移民に対し同化政策をとり、共和国モデルという原則で社会統合を進めてきた。共和国憲法の原則は自由、平等、博愛。だが、就職や教育などで移民の子弟は事実上厳しい差別を受けている。フランス人になることを求められながら、本当のフランス人にはなれない。暴動はその不満の爆発にほかならない。イスラム原理主義台頭の背景にそうした側面があることを見逃してはならないだろう。

人種差別はどこの国でもある。詳しく書くのは控えるが、パリ駐在時代に嫌な思いをしたことは何度かある。もちろん親切なフランス人も沢山いて、そういう人と接した時は単純に嬉しかった。四年半の短い勤務だったが、移民として外国で暮らす人の気持ちが少し分かった気がする。また中東、アフリカ、アジアなど様々な国の人が住むパリという街の空気が自ずと移民問題への興味を広げてくれた。特にフランスにおけるマグレブ系移民の存在は、日本における在日コリアンの存在をいやが上にも想起させた。

人口減少の地方を歩く

大阪、パリに続き、次に移民問題に触れたのは世紀をまたぎ、二〇〇六年になってからである。前年の二〇〇五年、日本の人口が減少に転じた。二〇〇五年十月一日実施の国勢調査で、日本の総人口は一億二七七六万七九九四人となり、一年前に比べ約二万二〇〇〇人減少した。一九二〇年の第一回国勢調査以来、日本の総人口が減るのは初めてのことである。厚生労働省の人口動態統計でも、二〇〇五年の自然増加数（国内に住む日本人の出生数から死亡数を引いた数）がマイナス二万一二六六人になり、統計を取り始めた一八九九年以来初の減少となった。この年の合計特殊出生率（一人の女性が一生に産む子どもの平均人数）が一・二六と、こちらも統計を取り始めた一九四七年以来過去最低を記録したこともあって、二〇〇五年は「人口減少元年」と呼ばれた。

マスコミ各社が人口減少に関する特集を組む中、私は日本の地方を回る連載企画を思いついた。人口が減った、減ったと大騒ぎしているが、都市部と異なり、過疎化の進む地方はもうとっくに人口減少社会に突入していた。人口減少が進むとどうなるのか、どんな対策が有効か、それを知るために北海道から九州まで地方を回ったのである。

想像していた通り、地方の過疎化、少子化は深刻で、目を覆うばかりの人口減少が続いていた。過疎化の背景には地方経済の衰退があるが、長引く不況と公共事業の減少で、雇用が減り、人口流出がとまらない。だが、手をこまねいている自治体ばかりではなく、懸命に人口を増やそうと地域経済活性化に取り組むところもあった。アイデアを結集してユニークなコミュニティ・ビジネスを起こし雇用を創出、若者の流出を食い止め、あわよくば他地域から若者を呼び込もうとの動きや、付加価値の高いシルバー・マンションや家庭農園付きの戸建て住宅などの整備で定年退職者の移住を促進する計画も進んでいた。高齢化社会を見据え、郊外に拡散した公共施設や商業施設などの都市機能を中心市街地に集中させるコンパクトシティーという試みも各地で見られた。少子化対策のため、子育てをする家庭に経済支援をする自治体もあった。十八歳未満の子どもが三人以上（地域によって一人以上など様々）いる家庭にパスポートを発行し、それを協賛する商店に提示すれば割引の特典が得られるなどの制度を実施したのである。

深刻な農村の嫁不足

こうして地方を回る中で驚いたのは、農村部を抱える自治体で若者の結婚対策が行政の最重要課題の一つになっていることだった。岩手県盛岡市には自治体からお見合いパーティーの企画・運営を受託する特定非営利活動法人（NPO法人）があった。岩手県では四十代男性の未婚率が約二七％にも達する。農村部はさらに高い。こうした状況に危機感を持った市町村が農家の独身男性のためにお見合いパーティーを開くなど、結婚対策に力を入れていた。だが、自治体職員では運営が型通りでパーティーも盛り上がらず、カップルが生まれる確率も低い。そこで結婚紹介などにノウハウを持つNPO法人が自治体と提携して男女の出会いを促進するパーティーの企画を立案、運営を引き受けていた。

このNPO法人には結婚相談員やカウンセラー、結婚アドバイザーなどの専門スタッフがいる。企業や団体が主催する恋愛・結婚セミナーには相談員を派遣。お見合いパーティーではアドバイザーが話下手で引っ込み思案な男性が女性と接触できるよう誘導するなどの支援活動を行なっていた。

農村部でも舅、姑との同居が前提になる農家の長男の嫁不足は深刻だ。この取材をしている過程で東北地方や新潟県の農村に数多くの外国人花嫁が存在することも知った。花嫁は韓国、フィリピン、中国が多く、中にはタイ、スリランカから嫁いでくる女性もいる。かつては自治体が主導して外国人花嫁の受け入れを行なっていたが、最近は結婚紹介業者の仲介による結婚がほとんどだという。

四十歳を過ぎても結婚できない農家の独身男性が四、五人のグループを組んで中国などアジアの国に行き、集団でお見合いをし、一週間足らずの短い期間で相手を選ぶ。少子化や人口減少が叫ばれる中、農村部の男性の結婚難がここまで深刻なのかと改めて認識するとともに、嫁不足の空白をアジアから来る外国人女性が埋めていることに驚かされた。

タオル業界支える中国人

四国地方を回り、地場産業を取材した時も数多くの外国人に出会うことになった。愛媛県今治市。伝統産業のタオル製造の工場を覗くと、そこにいた女子工員たちは日本語ではなく、中国語をしゃべっていた。

今治のタオル業界は生産コストが低い中国の追い上げで苦境に立っている。取材に行った前年の二〇〇五年、今治地区のタオル生産額は一九四億円と五年前の半分に減っていた。資本力のある会社は中国に進出、現地生産に乗り出していたが、そうでない会社は中国人を雇用して日本で頑張っていた。今治にはかつて愛媛県各地から職を求める若い女性が集まり、タオル産業に従事した。ところが現在は、第三次産業の発展でほかに条件の良い就職先がいくらでもあるため、タオルの会社に入りたいという日本人の若い女性はほとんどいないという。

タオル産業で雇用されている中国人は研修生と技能実習生だった。外国人の研修・技能実習生は研修を通じて技術移転を行ない、発展途上国の人材育成に貢献するという名目で受け入れた。だが、実際には日本の企業が低賃金で外国人を雇用する仕組みとして活用されている。出入国管理法改正で、二〇一〇年から生産活動などの実務が伴う技能習得活動は技能実習生に一本化されたが、当時は研修生と技能実習生に分かれており、一年間は研修、その後二年間は企業と雇用関係を結び、現場で技能習得活動をすることになっていた。

この制度には様々な問題があった。そもそも企業の狙いは安い労働コストで期間限定で外国人を雇うことにあるから、ルールを無視して彼らを酷使する悪徳な経営者が相次いだ。研修期間中は禁止されている残業をやらせたり、最低賃金以下で技能実習生を働かせたりする違法行為が摘発された。中には技能実習生のパスポートを取り上げ、彼らに支払う賃金を強制的に貯金させる経営者もいた。過酷な労働状態の影響もあってか、研修生の失踪事件なども少なくなかった。

評判の悪い制度だが、今治のタオル業界にとっては事業継続のための命綱ともいえる制度でもあった。二〇〇四年一月、当時の小泉純一郎首相が今治を訪れた際には、四国タオル工業組合の近藤寛司理事長が「中小企業に若い人は来ない。外国人研修生を増やしたい」とわざわざ直訴したほど。外国人研修・技能実習生は企業規模によって受け入れ人数に制限がある。業界内には受け入れ枠を拡大したいという要望が強かったのである。

一八九九年創業の今井タオル。製造現場では朝早くから中国語が響き渡る。ここには一八人の外国人研修・技能実習生がいたが、全員が中国人女性だった。彼女たちは工場の敷地内にある寮に住み込みで暮らしていた。「かつて県内各地から若い日本人の女性を集めていたころは寮はもっと大きな建物で、三百人くらいが住んでいた」と今井秀樹社長はタオル産業の隆盛期を振り返る。「今、ハローワークで日本人を探しても、六十を過ぎた女性しかいない。中国人に来てもらわないとどうにもならない。彼女たちは勤勉で、よく働く」と語る。パートなどで日本人の主婦も雇っているが、ほとんどが高齢の女性だ。同社では研修・技能実習生を制限枠ぎりぎりまで受け入れていた。

今井タオルは中国の追い上げに対抗し、付加価値の高い自社ブランド品を開発、直販に乗り出すなど生き残り戦略を進める。皮肉なことにその製造現場を中国から来た研修・技能実習生が支えていた。業界内には「中国に苦しめられているのに、なぜ中国人を雇うのか」との声もある。「でも彼女たちは貴重な労働力。今のままでは日本の製造業は次々に海外に進出し、国内は空洞化する。政府は海外から労働力を輸入することを考えてほしい」と今井社長は言う。

今治でタオル業界と同様に中国人研修・技能実習生を受け入れてきたのがアパレル業界だ。今治に本部がある愛媛県縫製品工業組合は、評判の良くない研修・技能実習制度存続のため、不当雇用を防ぐ企業監視に力を入れていた。組合幹部が会員企業を定期的に回り、違法な低賃金・長時間労働をしていないか調べるのだという。国内の労働関係法が適用される技能実習生に対し、社会保険への加入や最低賃金以上の支払いをするよう徹底させ、違反企業には組合からの脱退を迫る。その一方で中国人実習生の存在を地域の人にも認知してもらおうと、実習生を公園の清掃に参加させるなどのボランティア活動も実施していた。実習生の中には失踪したり、不法残留したりする者もいて、市民の目が厳しかったからだ。

愛媛県縫製品工業組合の話を聞いて、正直ここまでするのかと驚いた。外国人技能実習制度は外国人を過酷な労働条件で使う「装置」として海外や国内の人権団体から厳しい非難に晒されている。様々な対策を打つことで、何としてもこの制度を維持したいとの業界の強い思いが感じられた。裏を返せば、タオルや衣料品などの地方の地場産業は外国人労働者なしには存続がもはや困難になっているのである。

東海地方の日系ブラジル人

北海道から九州まで日本各地を回る人口減少社会の取材で最後に訪れたのが東海地方だった。名古屋を中心とするこの地域はバブル崩壊後、長い経済停滞に陥った日本の中でも、例外的に活気に満ちた元気な場所だった。トヨタ自動車を核に自動車関連の下請け企業が裾野広く立地しているのをはじめ、各種製造業が旺盛な生産活動を行なっていた。この地域の静岡、愛知、岐阜、三重の各県を回っているうちに、ある事実に気がついた。外国から来たある特定の集団が数多く居住していたのだ。新天地を切り開くため、かつて日本から海を渡り、南米に向かった移民たちの子孫、日系ブラジル人や日系ペルー人の二世・三世たちが再び海を渡り、この地域の生産現場で派遣労働者として働いていたのである。

日本は外国人の受け入れを高度な専門知識や技術を持つ人材に限定しており、単純労働者の入国を厳しく制限している。唯一の例外が日系ブラジル人などの日系人である。このため日系のブラジル人やペルー人がデカセギ労働者として数多く日本に来ており、その大半がきつい労働条件の製造業の工場で働いている。中でも日系人が集住している地域が東海地方だ。

静岡県浜松市を取材した。同市はホンダ、スズキ、ヤマハなどの工場があり、その下請け企業も多い。二〇〇六年当時、人口約八二万のうち、外国人は約三万人。その六割を占めるのが日系ブラジル人だった。

「この字は何て読むの?」——。浜松市内の市立遠州浜小学校で日系ブラジル人など外国人児童に寄り添い、日本語を教える女性たちがいた。NPO法人の「浜松日本語・日本文化研究会」のメンバーだ。遠州浜小には約八〇人もの外国人児童がいた。そのうちの八割が日系ブラジル人。デカセギに来る親に伴われて日本にやってきたブラジル人の子どもの多くは、日本語の読み書きが不得意。こうした子どもたちに浜松日本語研究会は日本語をボランティアで教えていた。遠州浜小で同会による日本語の補助授業を受けていたのは約五〇人。同会のメンバーと地元の主婦など市民ボランティア約二〇人が指導に当たっていた。浜松日本語研究会は日本語を教えるだけでなく、通常の算数の授業にも入り込み、日系ブラジル人など外国人児童に付き添い、子どもたちが分からないところを教えていた。

浜松日本語研究会の代表、加藤庸子さんから恐ろしい話を聞いた。日系ブラジル人の中には日本語だけでなく、母国語のポルトガル語もできない子どもがいるのだという。デカセギに来る親が日本とブラジルを行ったり来たりしている間に教育機会を失い、どちらの言葉も身に付かなくなってしまうのだ。こうした子どもたちは日本の公立学校に通っても付いていけず、やがてやめてしまう。不就学や不登校の小学生や中学生が生まれ、その中から非行に走る子も出てくる。加藤さんは「このままだと思考力が育たないまま大人になる日系人が増える。彼らの将来が心配」と訴えた。思考力が育たなかった大人は職を得るのも難しく、彼らの将来はホームレスか犯罪者ということになりかねない。浜松にはこのほか、外国人に対し医療など生活支援をするＮＰＯ法人など、様々な団体が日系ブラジル人の支援に当たっていた。

日系ブラジル人を雇用している企業に聞くと、一様に「彼らは勤勉で、残業も厭わずよく働く」との言葉が帰ってくる。日系ブラジル人が雇用されているのは大企業の下請けの下請けの、そのまた下請けというような会社が多い。雇用形態も正社員ではなく、短期の契約社員や派遣社員だ。日本人の若者が行きたがらないような３Ｋ（きつい、汚い、危険な）の生産現場で働いていた。

人口減少社会になると、日本はどうなるか。そのヒントを探るため地方を回った結果、分かったことは、「不足」の穴埋めを外国人がしているということだった。日本の農村の嫁不足を埋めていたのは中国やフィリピン、韓国から来た外国人花嫁だ。労働力不足の伝統地場産業は中国人研修生、若者に人気がない3Kの製造現場は日系ブラジル人がそれぞれ埋めていた。日本は単純労働者を原則受け入れないなど厳しい移民規制政策をとってきたが、形を変えて単純労働者はすでに入っていた。しかも、その現場では外国人受け入れに伴う様々な問題が起こっているのだ。

深刻な人口減少

「個人主義による人口減少で日本は国家的自殺に向かっている。活力を維持するためには移民の受け入れが必要だ」——。二〇〇九年秋に来日したフランスの思想家、ジャック・アタリ氏は東京都内での講演でこう語った。アタリ氏は社会党のミッテラン元大統領の特別補佐官や欧州復興開発銀行の総裁を務めた人物。日本の少子高齢化に強い危惧を示し、移民を受け入れないと日本は衰退すると警告した。

国立社会保障・人口問題研究所の二〇一二年一月に発表した日本の将来推計人口（中位推計）によると、二〇一〇年に一億二八〇六万人だった日本の総人口は二〇四八年に一億人を割り、二〇六〇年には八六七四万人にまで減る（**図表0—1**）。現在の合計特殊出生率が変わらないと仮定すると、二十二世紀初めの二一一〇年には四二八六万人と、現在のほぼ三分の一にまで減少する。これほど急激に人口が減る国は世界でも珍しい。

同じ推計で十五歳から六十四歳までの生産年齢人口を見ると、二〇一〇年の八一七四万人から二

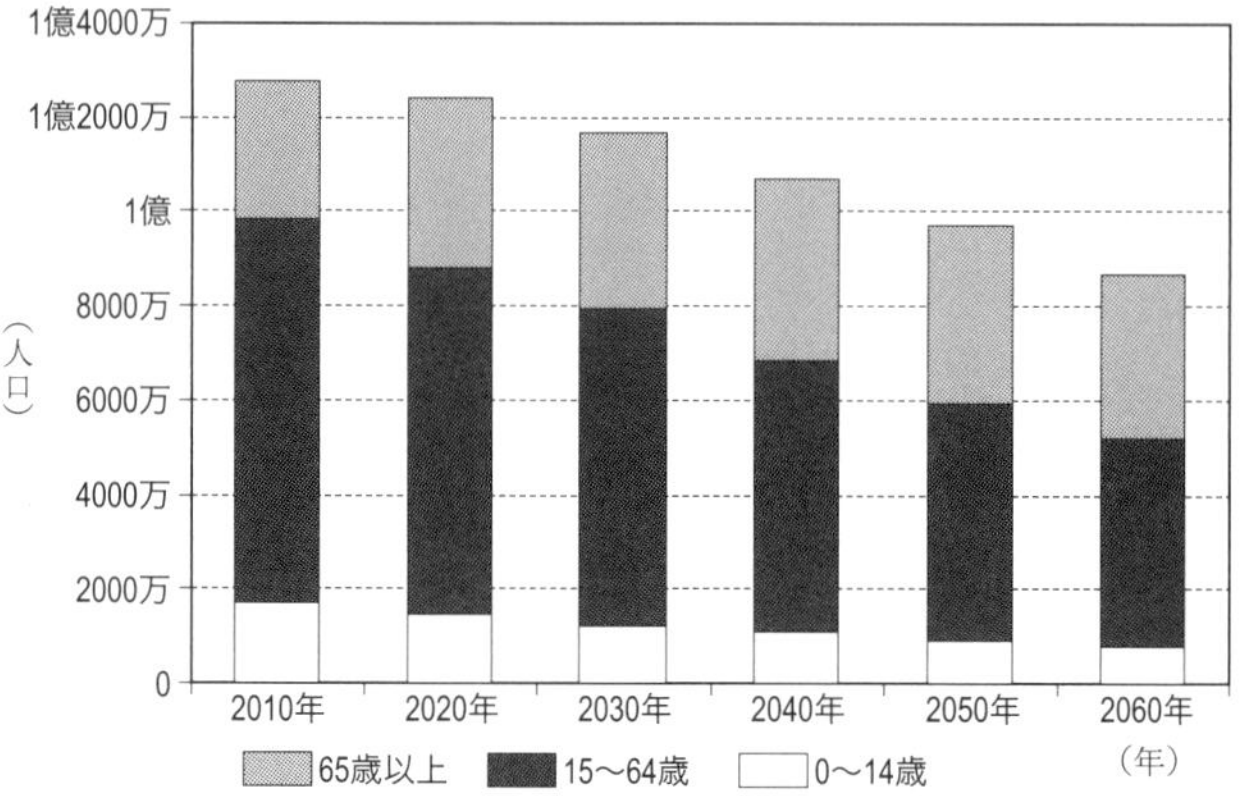

出典：国立社会保障・人口問題研究所（2012年1月推計）

図表0—1　日本の将来推計人口（出生中位・死亡中位推計）

〇六〇年には四四一八万人と劇的に減る。生産年齢人口の比率は五〇・九％で、労働に従事する人は二人に一人ということになってしまう。これが二一一〇年になるとどうなるか。比率はあまり変わらないが、生産年齢人口は二一二六万人と現在の四分の一近くまで減ってしまうのである。

これだけ急激に人口と労働力が減れば、生産と消費の両面で経済への影響は計り知れない。社会保障制度の維持も困難になる。すでに始まっている製造業や農業、水産業など第一次産業での人手不足はさらに深刻化し、存続が難しくなる産業も出てくる。人口減少を食い止めるには、二〇一一年で一・三九と先進国の中でも極めて低い合計特殊出生率を大幅に上げるしかないが、最近の経済情勢や子育ての社会環境、晩婚化・非婚化が進む今日の結婚事情などを見ると、可能性は低いと言わざるを得ない。

そこで人口減少を止める有効な対策として浮上し

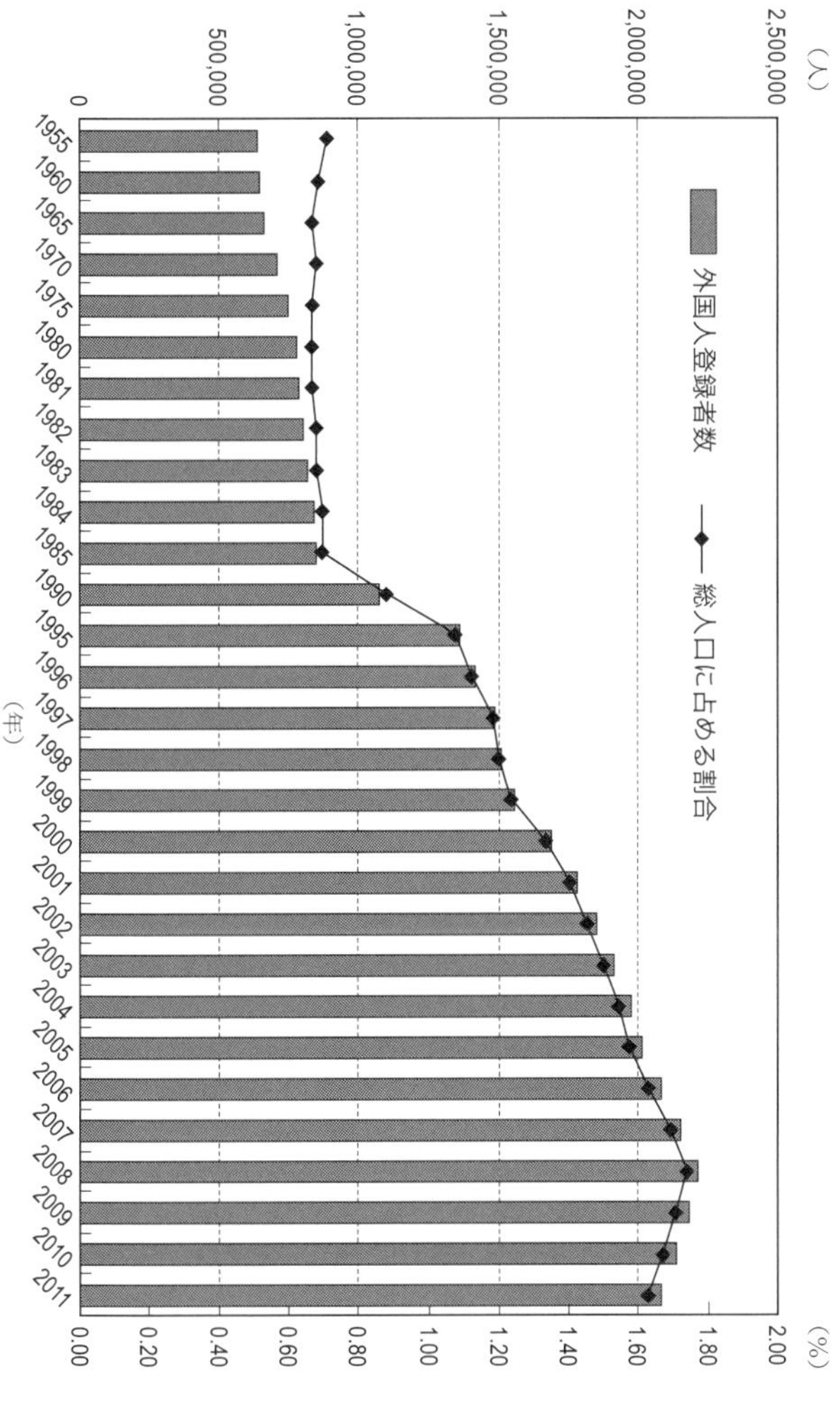

(注1)「外国人登録者数」は、各年12月末現在の法務局入国管理局の統計。
(注2)「総人口に占める割合」は、総務省統計局「国勢調査」及び「人口推計」による各年10月1日現在の人口を基に算出した。

図表0—2　外国人登録者数と総人口に占める割合の推移

てくるのが移民の受け入れということになる。ジャック・アタリ氏の祖国フランスは合計特殊出生率が二〇〇六年に二を超えるなど、欧州の中でも高く、少子化対策に成功した国として知られている。隣国のドイツへの対抗意識からフランスは伝統的に人口の増減に敏感だ。そのフランスから見ると、日本の人口政策は無為無策に見えるのだろう。また日本は国内に居住する外国人が少ない。日本の外国人登録者数は二〇一一年末で二〇七万八五〇八人と、総人口に占める割合は一・六三%だ（**図表0―2**）。移民の比率が約八%のフランスと比べれば、その差は歴然。国家の衰退を招くような急激な人口減少の危機にある日本は、移民をもっと受け入れるしかない、とアタリ氏が判断するに至ったのもフランス人の目から見れば当然の結論だといえる。

日本の針路決める問題

前にも指摘した通り、日本は厳しい移民規制政策を取っている。移民政策は出入国管理だけで、移民を社会の一員として迎え入れる社会統合政策はないに等しい。そもそも政府は移民という言葉を使うことにはきわめて慎重で、代わりに使われているのは定住外国人という言葉だ。移民は存在しないのだから、移民政策は必要ないという立場を取っているともいえる。だが、移民は存在する。

移民について国際的に合意された明確な定義はない。我々がイメージする移民には、外国人留学生や三年間の期間限定でやって来る外国人研修・技能実習生、短期滞在の外国企業の駐在員などは含まれないが、国連などの国際機関は移民をかなり幅広い概念として捉えている。一九九七年に国連統計委員会に提出された国連事務総長報告は移民を「通常の居住地以外の国に移動し、少なくとも十二カ月間、当該国に居住する人のこと」と定義している。

研修・技能実習生はともかく、定住傾向を強める日系のブラジル人やペルー人、留学生として来日した後、日本で就職もしくは起業して定住する外国人や農村に嫁いだ外国人妻などは、国際的な定義からすれば、十分に移民という言葉に値する存在といえるだろう。一九八〇年代以降に来日し、定住した外国人をニューカマーと呼ぶが、戦前から日本に住むオールドカマーの在日コリアンなども移民だ。政府はそうと認めないだろうが、日本はすでに移民国家である。

そのことを人口減少社会を取材する中で、痛感させられた。製造業の労働力不足や農村の嫁不足を補う存在として移民は流入している。そして今後本格的な人口減少社会を迎えるに当たり、さらに多くの移民を受け入れるかどうかが今後の課題になっている。

だが、日本では移民の受け入れについて慎重な意見が根強い。慎重論が多い一番の理由は治安が悪化し、犯罪が増えるという見方だ。日本は世界でも稀なほど治安の良い国と見られている。その原因の一つとして挙げられているのが外国人が少ないというものだ。外国人による犯罪があると、テレビなどで大きく取り上げられ、話題になる。実際には日本人に比べ外国人による犯罪の比率はそれほど高くないが、「外国人増加＝犯罪増加」というイメージが広がっている。それだけに、移民受け入れ拡大には国民的な合意形成が必要になってくるだろう。

もちろん、今後の日本がどういう国を目指すかによって移民政策も変わってくる。経済成長を第一に考えるなら、人口減少を一刻も早く食い止めることが重要で、移民を大量に受け入れることが求められる。だが、経済大国の座を捨て小国になって生きるという選択肢もあるだろう。どんな国造りを目標にするかで、移民受け入れの考え方も変わってくる。その意味で移民政策は今後の日本の針路を決める問題といっても過言でない。

移民というと、治安悪化のほか、生活習慣の違いによる様々なトラブルの発生など、受け入れに伴うマイナス面ばかり強調する人がいる。だが、人口減少対策だけでなく、移民を受け入れることのプラス面があるはずだ。そもそも日本は外国から新しい文化を導入することで発展してきた国である。移民がもたらす異文化が、停滞する現在の日本社会を変える起爆剤になるのではないか。そんな想定のもと、第一章以降では日本にどんな移民が流入し、どんな生活を送っているか、日本人との共生は進んでいるのかなど、外国人集住地域で起こっていることを見ていきたい。

第一章

日本移民地図

顧客価最廉
食品販売店
ド販売センター
陽光城
激安還元
特売場
2F
陽光城
www.35jp.com
www.35jp.com
24時間営業 年中無休
自転車を除く
17 - 1

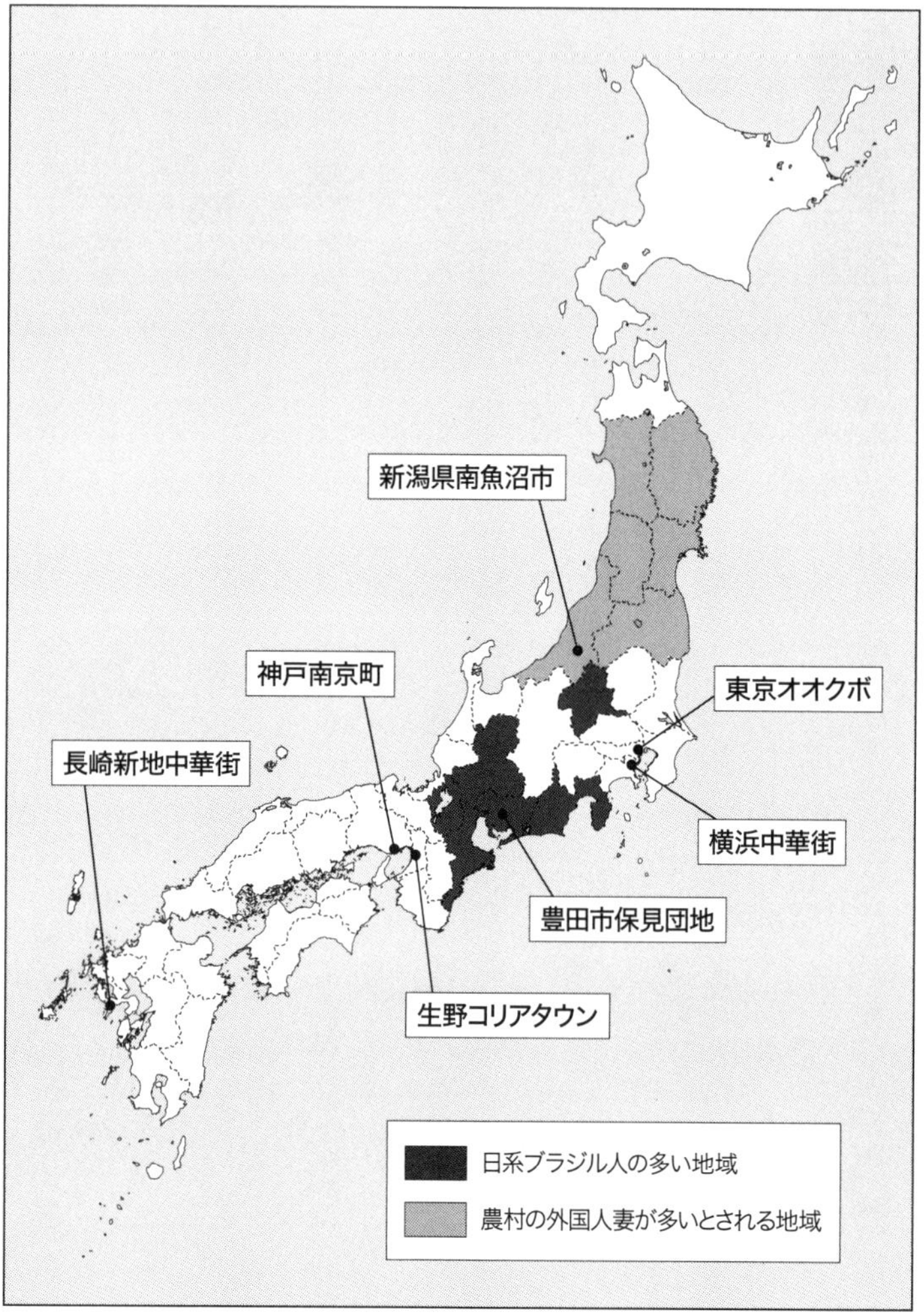
新潟県南魚沼市
神戸南京町
東京オオクボ
長崎新地中華街
横浜中華街
豊田市保見団地
生野コリアタウン
日系ブラジル人の多い地域
農村の外国人妻が多いとされる地域

図表 1—1　日本移民地図

東京移民地図

日本の都道府県の中で最も外国人が多いのは東京都である。二〇一一年末の外国人登録者数は約四〇万六〇〇〇人と、全国の一九・五%を占めている（**図表1―2**）。ちなみに二位は大阪府で約二〇万六〇〇〇人（九・九%）、三位は愛知県で約二〇万人（九・七%）となっている。大阪府は韓国・朝鮮籍が約一二万四〇〇〇人と最も多く、愛知県はブラジル人が約五万四〇〇〇人と多いのが特徴だが、東京都は万遍なく様々な国籍の人が集まっている。

東京都で最も多いのは中国で約一六万四〇〇〇人、次いで韓国・朝鮮が約一〇万五〇〇〇人、以下フィリピン、米国、インド、ネパール、タイの順になっている（**図表1―3**）。東京都の中でも外国人が多いのは新宿区で、韓国人を中心に中国、ミャンマー、ネパールなどアジア系の移民が数多く住んでいる。新宿区の中で最大のエスニックタウンは大久保だ。韓流ブームを背景にコリアタウン化が急速に進んでいる。東京のほとんどの地域で地価が下落する中、地価が上昇している稀有な街である。韓国・朝鮮籍の人が多い地域としては他に荒川区や足立区がある。ただ、これらの地域は戦前から日本に住んでいた、いわゆるオールドカマーの在日コリアンが大半を占めている。これに対し、大久保は一九八〇年代以降に来日したニューカマーが多いのが特徴である。大久保には韓国人以外に、中国、台湾、フィリピン、タイ、ミャンマー、ネパールなどの出身者も多く、アジ

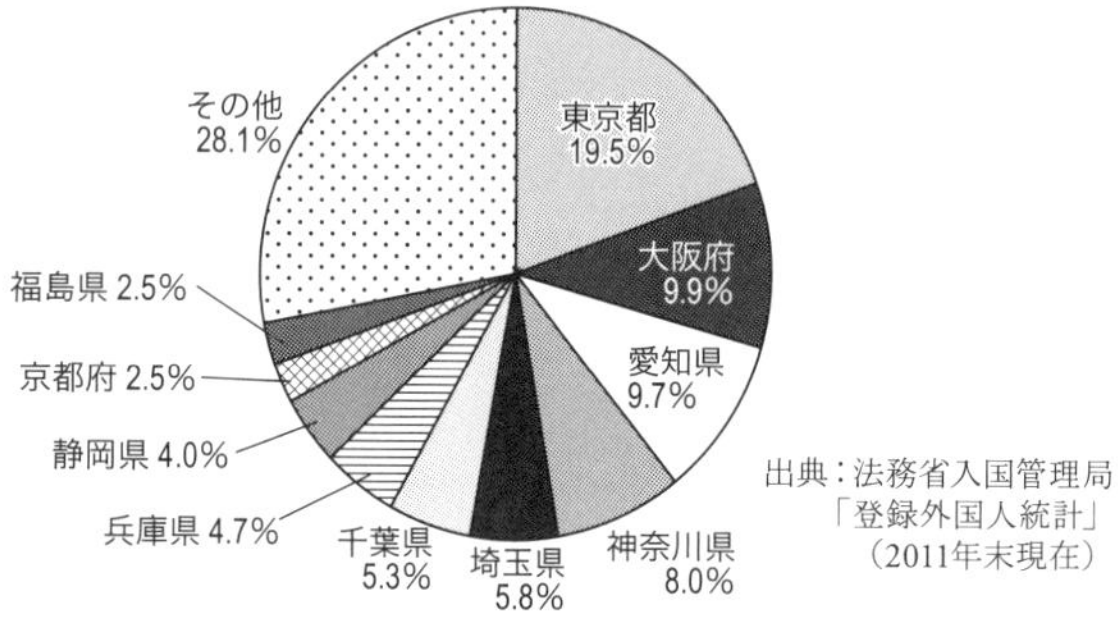

図表1—2　外国人登録者の都道府県別の割合

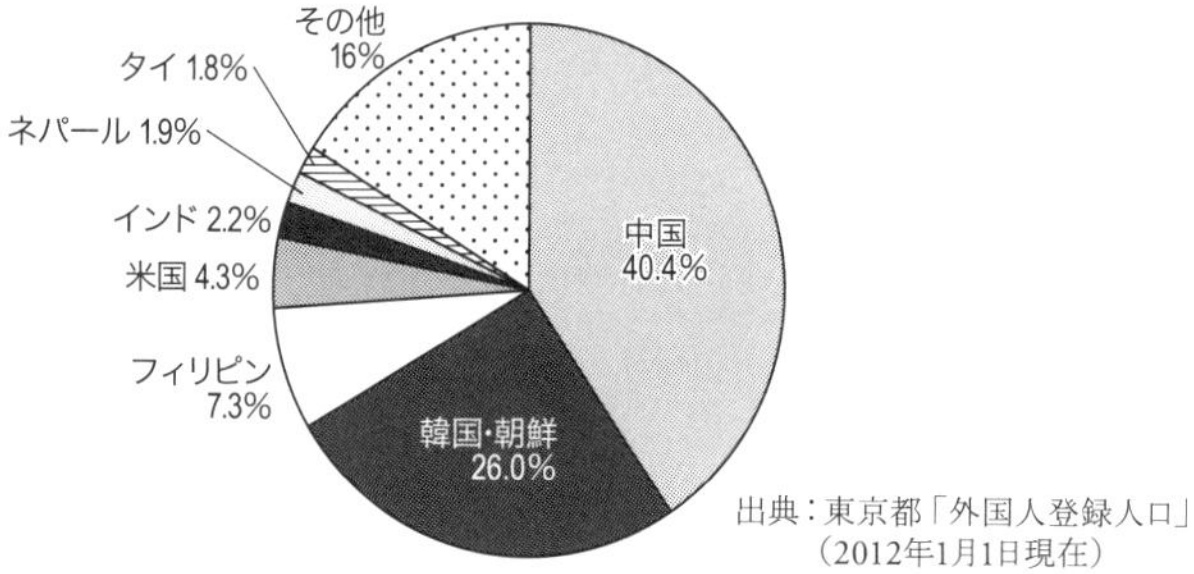

図表1—3　東京都の外国人登録者の国籍別内訳

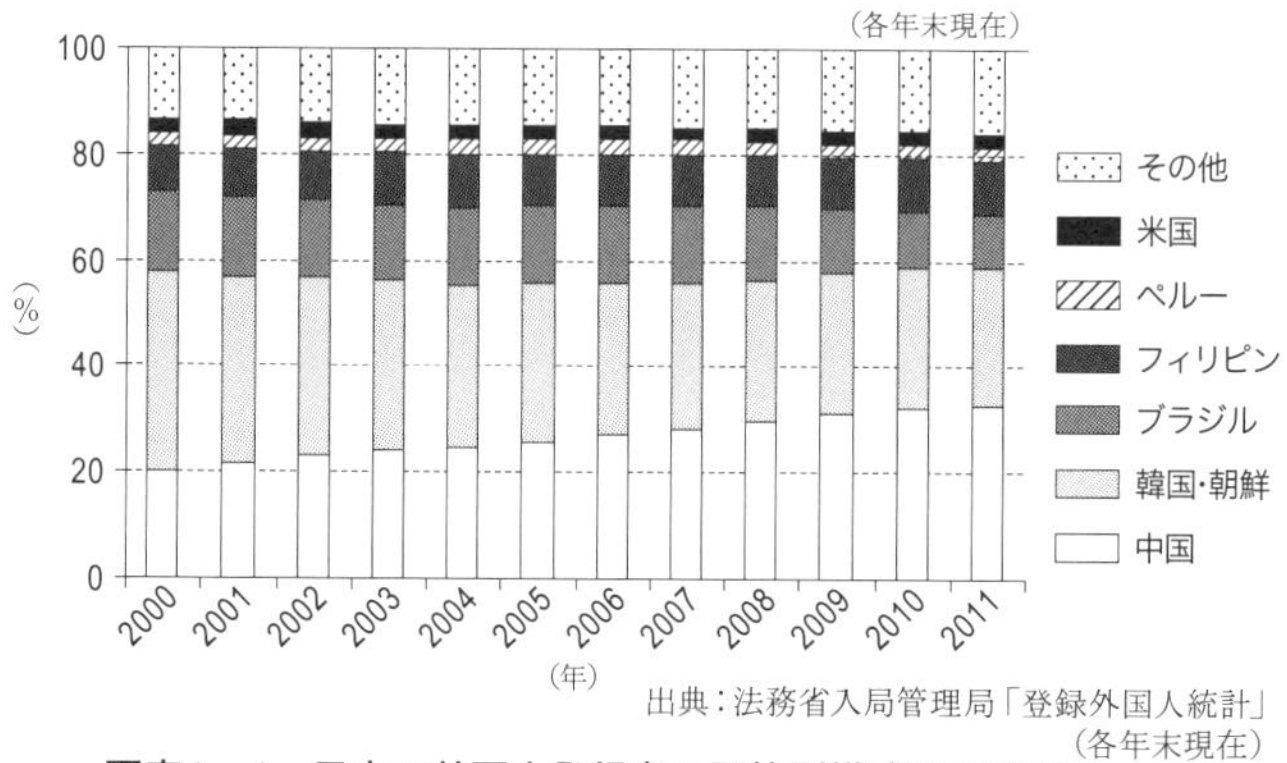

出典：法務省入局管理局「登録外国人統計」
（各年末現在）

図表1—4　日本の外国人登録者の国籍別構成比の推移

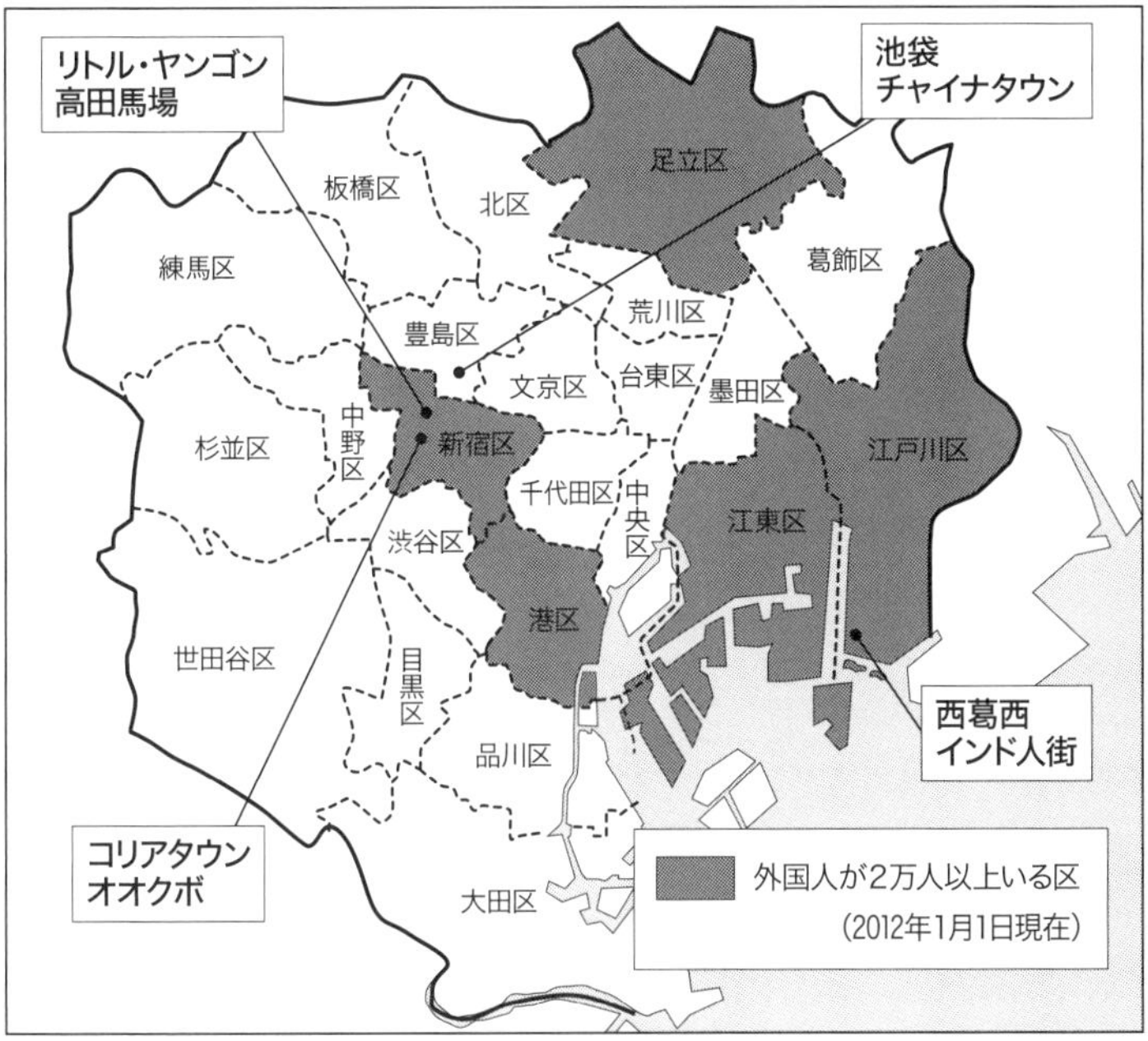

図表1—5　東京移民地図

アを中心にした多民族のエスニックタウンになっている。この街には二〇一〇年に一カ月間、アパートを借りて住み込み取材をしたが、その後行くたびに新しい店が出現しているのに驚かされる。新陳代謝が盛んな、日々変貌する東京で最も元気な街である。大久保については一章を割いて詳しく触れているので、第三章でゆっくり読んでいただきたい。

新宿区に続いて外国人の多い区は順番に江戸川区、足立区、江東区、港区、豊島区となっている。江戸川区は西葛西周辺に約二千人ものインド人住民が住んでおり、日本有数のインド人街を形成している。足立区はすでに述べたが、在日コリアンの多い地域。下町の江東区は新宿区同様、中国、韓国、フィリピン出身者が多いが、江戸川区に隣接しているせいか、インド人も一千人を超す住民がいる。港区は約七〇カ国の大使館があり、裕福な外国人ビジネスマンが好んで住んでいる地区で、米国人など欧米系の外国人が多い。豊島区は新宿区に次いで中国人の多い地域である。特に池袋駅北口周辺は近年、中華料理店や中国の食材店が急速に増え、横浜中華街とは違う新しいタイプのチャイナタウンが出現している。

池袋チャイナタウン

池袋駅の地下街から階段を上がり、北口に出ると、「今の中国」に出会える。まず中国語のフリーペーパーの新聞を配るおばさんがいる。すぐ横には携帯電話を耳に当て大声で中国語をしゃべるビジネスマン風の男。目の前には中国食材店の「陽光城」が入居するビルが立っていた。池袋駅北口には中華料理店のほか、食材店、旅行代理店、不動産屋、美容院、保育園、自動車学校、インターネットカフェなど中国人が経営する店が約二百店舗もある。西口、東口なども加えた池袋駅周辺ではその数が三百を超すと見られている。とはいえ、韓国系の店がひしめき合う大久保のようなイメージとは違う。日本人の店の方が圧倒的に多く、中国系の店が軒を連ねるというより、ぱらぱらと店が散在しているという感じだろうか。だが、ビルの中に一たび入ると印象が変わる。表に派手な看板などはないが、駅前のあるビルに入ると、一階から一二階まで中国人経営のテナントがずらりと入居していた。貿易、旅行、国際通信、翻訳・通訳、物販、IT（情報技術）、新聞、出版など業種は様々。池袋駅北口周辺にはこうした中国人企業家が入居する雑居ビルが数多くある。はっきりと見えないところで、池袋のチャイナタウン化が確実に進んでいるのである。

池袋駅北口にある中華料理店の味は横浜中華街などとは異なり、日本人の好みに合わせた味には

池袋駅北口に立つ「陽光城」のビル

なっていない。ちょっと癖のある、日本の普通の中華料理店にはない独特な味だ。中国人に聞くと、現在の中国の料理をそのまま再現した本場の味だという。地域的には東北地方（旧満州）の料理が多い。最近、日本に来る中国人の中で、同地方出身者が増えているからだろう。客は中国人、日本人の両方がいる。中国人は故郷の味を求め、日本人は他の料理店では味わえない今の中国の本場の味を求めてやって来るのである。

池袋を中心にした豊島区に住む中国人の数は約一万二〇〇〇人だ。昼間、ビジネスなどで池袋を訪れる人の数も入れると、約三万人がこの周辺で活動すると見られている。そのほとんどは一九八〇年代半ば以降に留学生として日本に来たニューカマーの中国人だ。彼らは戦前から日本に住み着いたオールドカマーの中国人と区別するため、新華僑と呼ばれる。これに対し、横浜や神戸の中華街を形成した古くからの華僑は老華僑という。池袋は新興勢力の新華僑によってチャイナタウン化が進んでいるのである。

池袋の変化に早くから着目し、二〇〇三年に「池袋チャイナタウン」という言葉を使ったのは華僑・華人社会に詳しい筑波大学大学院の山下清海教授である。山下教授によると、改革・開放政策の進展で一九八〇年代以降、海外に移住する中国人が増え、彼らは世界各地にニューチャイナタウンを築いていったという。例えば米国ロサンゼルス。ダウンタウンに昔からのチャイナタウンがあったが、一九九〇年代に入り、郊外に新華僑による新しいチャイナタウンが広がった。ニューヨークもマンハッタンのチャイナタウンとは別に、ブルックリン区やクイーンズ区にニューチャイナタウンができた。欧州にもその波は広がり、ローマのテルミニ駅周辺、パリ二十区のベルヴィル、バルセロナやマドリードの郊外にも新華僑が進出している。池袋チャイナタウンもこの新華僑進出の世界的な流れの一環というわけだ。

日本でも一九八〇年代から中国人が増え始め、日本で外国人登録をした中国人の数は二〇〇七年に六〇万人を超え、韓国・朝鮮籍を抜いてトップに立った（**図表1—4**）。その後も増え続け、二〇一一年末には約六七万五〇〇〇人に達し、首位を維持している。日本全体の外国人登録者数は約二〇七万九〇〇〇人だから、三割以上を中国人が占めていることになる。

ではなぜ、池袋に新華僑が集まったのか。日中関係の出版業を営む日本僑報社の段躍中編集長は「周辺に日本語学校が多く、交通の便が良い上に駅近くに安いアパートがあったから」と語る。日本に留学する中国人は大半が渡航・留学費用を借金して来るから、返済のため働かなければならない。アルバイト先を見つけやすいことも池袋が中国人を引き付ける原因の一つになった。段編集長によると、豊島区が一九八九年から二〇〇五年まで中国語版の広報誌を発行するなど中国人向けの情報提供に力を入れたことも大きいという。段編集長もこの広報誌編集に携わっていた。池袋に集積する新華僑たちは次第に北に広がる傾向を見せており、板橋、十条、赤羽から埼玉県に住む中国人が増えている。こうした後背地を抱えた新華僑の拠点として池袋チャイナタウンがある。東京都内では新宿、江戸川、江東の各区にも一万人を超える中国人がいるが、チャイナタウンと呼べるような街を形成しているのは池袋だけである。

活躍する女性起業家

日本で急速に増える新華僑だが、国外移住を目指す中国人にとって日本は一番人気の国ではない。それどころか、日本に憧れたとか、日本文化に興味を持っているという人も少ない。彼らが最も憧れるのは米国で、実際中国の裕福なエリート層は米国に留学している。では彼らはなぜ日本に来るのか。

改革・開放政策の進展で一九八〇年代、中国では海外への私費渡航が事実上解禁され、外国に行ってみたいと思う人たちが増えた。ちょうどそのころ、日本では「留学生一〇万人計画」が発表され、外国から留学生を受け入れようという機運が高まっていたのである。取り合えず外国に行きたいという中国人たちは身近で、かつ簡単に留学できる国として日本を選んだのだ。日本は留学生にアルバイトを認めているので、働きながら勉強できるのも彼らにとっては都合がいい。以前は日中の経済格差が大きかったので、勉強よりも働くことを目的に来日する留学生も多かった。日本語学校や専門学校などに籍を置き、アルバイトに精を出し、資金を貯めた上で起業を目指すのだ。日本に来る留学生は米国留学は無理で、中国の一流大学にも入れないという人が少なくない。また中国はコネ社会といわれ、有力な人脈を持っていないと国内で成功のチャンスは低い。中国にいてもうだつが上がらないと考えた人たちが人生のリセットを求め、日本でのサクセスストーリーを夢見てやっ

「逸品火鍋」を経営する綾川陽子さん

て来るのだ。

それゆえ、日本に来る新華僑はハングリー精神旺盛でよく働く。中国が経済発展した後の最近の留学生には裕福で、アルバイトもしないという人がいるが、それまでは学校に通いながら深夜遅くまで働くというケースが珍しくなかった。池袋でビジネスを展開する起業家にはなぜか、女性が目立つ。彼女たちもまた留学生としてやって来てアルバイトをしながら勉強し、チャンスを掴んだ人たちだ。

池袋駅北口から徒歩二分の雑居ビル内にある「逸品火鍋」。中国東北地方の遼寧省大連市出身の綾川陽子さんが経営する中華料理店だ。店内は赤と黒を基調にしたモダンなインテリアで、客は日本人と中国人が半々といった感じだ。本場の味を提供するため、中国から東北料理と四川料理のコックを三人ずつ呼

モダンなインテリアの「逸品火鍋」

んで調理させている。従業員に日本人向けの接客方法を教えるなど、味、サービス両面で営業努力をし、順調に売り上げを伸ばしている。

綾川さんは一九九八年、二十六歳の時に日本に来た。中国で大学を卒業、国営企業に勤めたが、そのまま国内にとどまるより、海外に出てチャレンジしたいと考えるようになった。本当は米国に留学したかったというが、資金もなくいきなり行くのは難しかったため、取り合えず日本に来た。「近くの国で手続きも簡単だった」というのがその理由だ。ただ米国行きをあきらめたわけではなく、日本語学校に通い、アルバイトをして留学資金を貯めようと考えた。朝四時に起きて大使館やホテルの清掃をした後、日本語学校に行き、その後また清掃の仕事をし、家に戻るのは午前一時だった。日本語学校を出て大学院に進んだ後も、中華料理店や牛丼店、ラーメン店、コンビニなどで睡眠時間を削ってアルバイトを続けたが、ついに過労で体調を崩した。

結局、米国留学はあきらめ、日本で就職。最初は中国人が経営する中国語の新聞社に勤め、その後、ホテルや貿易を手掛ける日本の会社に転職した。その会社に勤めて三、四年経ったころ、再び転機が訪れた。池袋のカラオケ店が売りに出ているのを知ったのだ。中国人留学生が増えており、ニーズは高い。中国人向けの店を始めれば、当たると思った。自らビジネスを始めるチャンスと考えた綾川さんは借金をして店の営業権を買い取り、二〇〇七年九月、中国人向けのカラオケ店「富麗華」としてオープン。これが成功し、同年十二月には逸品火鍋も開業した。

事業は好調で、料理店の二号店、三号店開設も検討しているという。二〇一一年八月からは中国製オートバイ部品の輸入販売も始めるなど、多角化に乗り出している。ビジネスを始めた二〇〇七年に日本に帰化した。米国留学に憧れていた綾川さんだが、今は起業家として池袋を拠点に、日本でのビジネス拡大に力を注いでいる。

上海でおやつや酒のつまみとしてよく食べられる日常食の「焼き小籠包」。これを日本に持ち込んで、事業を始めたのが中国上海市出身の徳永麗子さんだ。二〇〇九年十二月に池袋駅北口に焼き小籠包専門店「永祥生煎館」をオープン。食材にこだわり、日本人にも中国人にも合う味を追求した結果、順調に売り上げが伸び、上野に二号店、新大久保に三号店とチェーン化に成功した。東京スカイツリー周辺と横浜にも出店を計画している。

焼き小籠包が人気の「永祥生煎館」

徳永さんは留学生として来日した後、日本人男性と結婚、長く子育てに専念していた。もともとビジネスへの夢を持っていたが、家庭に入っても事業欲は衰えず、主婦になってから起業した異色の経歴の持ち主だ。

来日は一九八八年、二十七歳だった。日本の食品に興味があり、日本で勉強した後、中国に帰り、商売をしようと思っていたという。一人で日本に行くことに父親は反対したが、母親と相談し、何か問題があったらすぐに帰ると約束してやって来た。板橋区の中華料理店で皿洗いをしながら日本語学校に通い、その後服飾関係の専門学校に入った。ところが、その中華料理店の店主から飲食業や不動産業を営む日本人の男性を紹介され、結婚を勧められた。自分で商売をしたかったし、国際結婚に不安もあったが、三十歳を過ぎ、中国の兄弟全員がすでに結婚していたので、心が揺れた。結局、信頼していた店主の紹介なら、と結婚を決意する。ただ、夫に将来、自分の店を持つことを認めてほしいと条件を付けた。子育てが終わったらいいよ、と夫も了解の上での結婚だった。

男の子二人、女の子一人を産み、育てた。子育てをしながらも、商売のことを考え続け、日本と上海を往復するうちに、焼き小籠包を日本で売ることを思いつく。夫に開業資金を援助してもらい、店をオープン。池袋に開店したのは、中国人が多いところで勝負しようと考えたからだ。顧客は中国人と日本人が半々だという。朝六時半に起きて、高校生の娘の弁当をつくって送り出した後、池袋の工場と店に行き、その後新大久保店、上野店を回る。帰宅は午前零時を過ぎる忙しい毎日だが、念願だった飲食ビジネスが軌道に乗り、充実した日々を送っている。

挫折した東京中華街構想

池袋に新華僑の店が増えるのを見て、経営者のネットワーク化を図り、池袋駅を中心とした半径五〇〇メートルのエリアを「東京中華街」として売り出そうと考えた人がいる。在日二〇年を超える広告プロデューサーの胡逸飛さんだ。

胡さんは一九六二年生まれ。上海市出身で、「外の世界を見たい」と留学を希望、本当は米国に行きたかったというが、一九八八年、親戚を頼って米国に次ぐ経済大国の日本に来た。日本の大学

東京中華街構想を提唱した胡逸飛さん

で勉強した後、広告代理店に約一五年勤め、現在はフリーで活動している。

胡さんにとって池袋は学生時代に馴染みのあった場所。二〇〇七年に久し振りに来てみると、新華僑の店が増えているので驚いた。調べると、中国系の店が池袋駅周辺に二百店舗もあると分かった。「何かできないか。ネット上の中華街をつくったら面白い」と考え、新華僑の経営者に提案した。池袋に中国系の店は多いが、それまで横のつながりはなかった。経営者たちも賛同し、東京中華街準備委員会が発足。二〇〇八年初めには日本人の地元商店街の幹部に趣旨説明をした。

ところが、これが地元の大きな反発を買うことになる。胡さんの説明を聞いた池袋西口商店街連合会の三宅満会長は「人の街にやって来て何が中華街だ。それはないだろう、と感じた」と当時を振り返る。もともと池袋の地元商店街の人たちは路上に段ボールを積み上げたり、ゴミ捨てのルールを守らない新華僑のやり方に違和感を覚えていたという。

地元商店街の冷たい反応があったものの、胡さんらは中国人メディアへの記者会見に踏み切った。この会見が日中間の溝をさらに広げることになる。日本の夕刊紙が中華街構想をセンセーショナルに取り上げたため、この構想に反対した日本の政治団体が池袋に押しかけ、抗議活動を始めたのだ。警備のために大勢の警官も動員され、池袋は物騒な雰囲気につつまれた。暴力団排除など長年、駅前の環境浄化に取り組み、ようやく風紀が良くなってきた矢先の騒動に、厄介な火種をまいたものだと商店街の人たちは反発を強めた。

二〇〇八年は北京五輪の年。胡さんはそれに合わせて発表し、中華街構想を盛り上げようとしたのだが、頓挫した。さらにタイミングの悪いことに、ちょうどそのころ、中国製冷凍ギョーザの中毒事件が起こった。胡さんや新華僑の経営者たちは池袋西口公園で日本人と一緒になって五輪を応援するイベントを計画していたが、これも中止を余儀なくされた。

「池袋を国際的に売り出せば、街全体の活性化につながると思ったのに」と胡さんは残念がる。

一方、三宅会長は「(新華僑の人たちが)まず商店会に入って汗を流し、日本人との間に信頼関係をつくってからでないと何も始まらない」と話す。胡さんも地元に理解されていないことはよく承知しており、「商店街とのコミュニケーションが大事。構想については焦らず、ゆっくり進める」と語る。だが、その後両者の交流が活発になった形跡はない。ただ、バラバラだった新華僑の経営者が中華街構想を機に連携を取り始めるという効果はあった。構想が頓挫したとはいえ、池袋でビジネスを展開する新華僑のパワーは衰えておらず、彼らの今後の動きから目は離せない。

西葛西のインド人街

東京都江戸川区の地下鉄西葛西駅周辺には約二千人ものインド人が住み、日本有数のインド人コミュニティーを構成している。ただ彼らのほとんどは仕事のため、東京都心に通っており、夜に寝に帰るだけなので、新大久保のコリアタウンや池袋のチャイナタウンのようなレストランや食材店が並ぶ外国人街とは様相が大きく異なる。昼間歩いていても、よほど注意深くないと、ここがエス

ヒンズー教寺院の「イスコン・ニューガヤ・ジャパン」

ニックタウンだとは気が付かない。

だが、日曜日ともなると、通りや公園にインド人の家族が姿を現し、西葛西に彼らのコミュニティーが存在することが分かる。二〇一一年六月、それを象徴する施設が西葛西駅からバスで十分の船堀に誕生した。

白い建物のドアを開けて中に入ると、正面に祭壇らしきものがあり、男女一対の彫像があった。向かって左の男性がインド神話に登場するクリシュナ神、右の女性がその愛人のラーダ神だという。ヒンズー教寺院「イスコン・ニューガヤ・ジャパン」である。イスコンというのはクリシュナ意識国際協会の略で、クリシュナ神を最高神として崇める宗教団体である。訪れたのは日曜日の午前中。三々五々、インド人が次々に現れ、祭壇に向かって祈りを捧げる。やがて美しい旋律が奏でられ、全員が立ち上がってクリシュナを讃える歌を歌い始めた。寺院を管理するジョティ・アルケッシュさんによると、ウィークデーは一日約百人、土日は一日約三百人のヒンズー教徒が訪れるという。

寺院があるのは二棟建ての建物の片方。ここは一階が礼拝所で、二階、三階が宿舎だ。もう一つの棟は一階がベジタリアン向けのインド料理店、二階がカルチャーセンターだ。正午過ぎ、料理店にはインド人の家族が集まり、和やかに歓談を始めた。

寺院の建設費は土地代を含め約二億円。江戸川インド人会が中心になり、在日インド人約一万人から寄付を集めた。ヒンズー教寺院は同教徒が多いインド人の心の支柱であり、各種行事をする上で欠かせないもの。西葛西のインド人コミュニティー待望の施設だった。

アルケッシュさんは実はIT（情報技術）エンジニア。日本のゴルフ場管理会社でソフトウェアの開発をしている。一九八三年にビハール州バーガルプルで生まれ、インド工科大学（IIT）を卒業した。IITはここを落ちた人が米国のハーバード大やMITに行くといわれるほどの難関大学。卒業後、インドのシリコンバレーといわれるバンガロールにある同国第二位のIT企業、インフォシス・テクノロジーズに入社。その後、米国のヘッドストロングに移り、二〇〇七年に同社から派遣されて来日した。「来る前は日本のことをよく知らなかったが、今はここでの生活が気に入っている」と話す。

西葛西周辺に住むインド人はほとんどがITの技術者だ。インド人が増えたのは二〇〇〇年代前半から。日本でIT技術者を求める需要が高まり、IT産業が急成長したインドに注目が集まった。

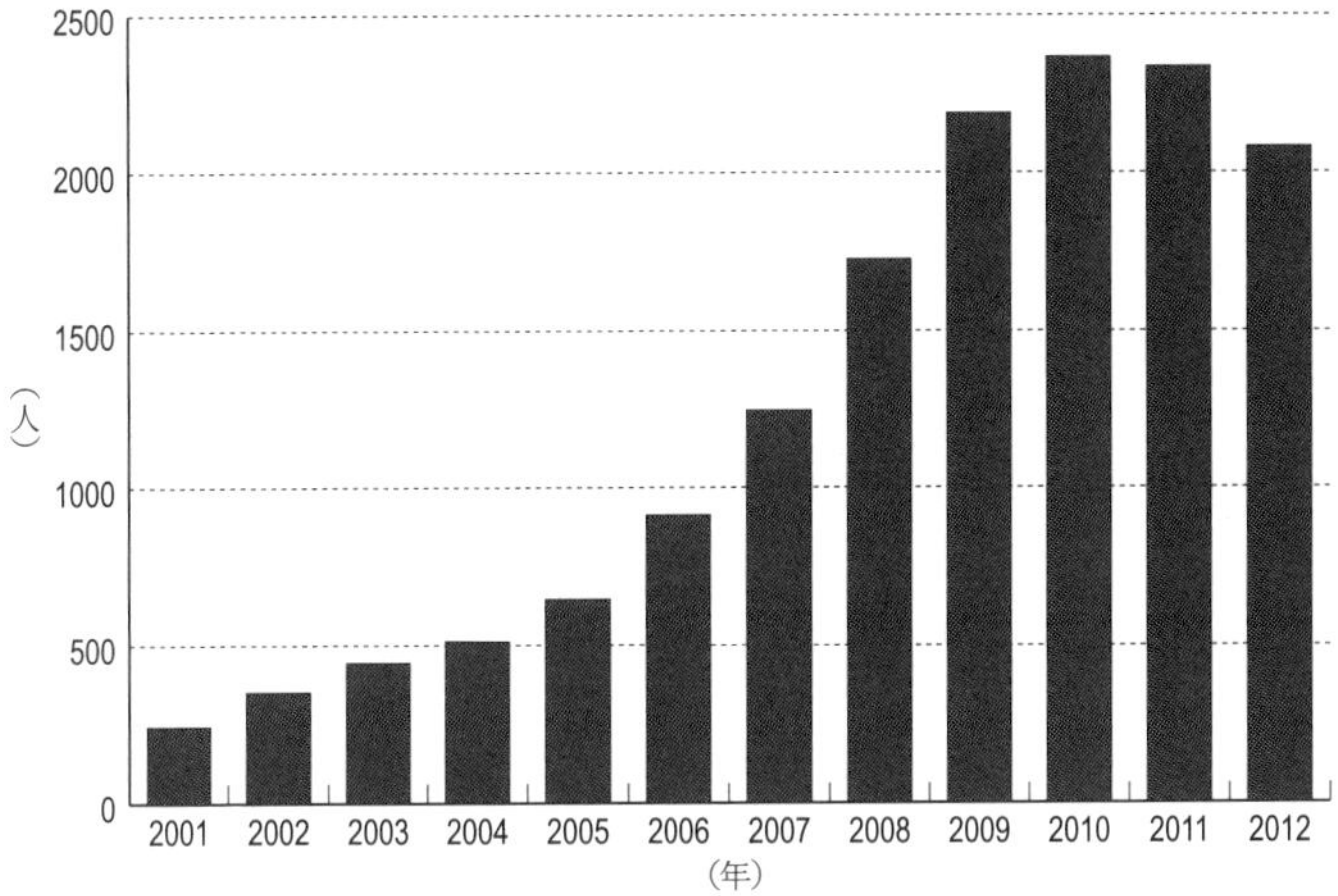

出典：東京都「外国人登録人口」（各年1月1日現在）

図表1―6　江戸川区のインド人人口の推移

二〇〇〇年に当時の森喜朗首相がインドを訪問、ＩＴ分野の協力推進で合意、同国のＩＴ技術者が日本に滞在するビザを容易に取得できるようにしたのを機に、来日するインド人が一気に増えた（**図表1―6**）。

それではなぜ西葛西なのか。チャンドラニさんは「地下鉄で大手町まで十五分と都心へのアクセスが抜群にいい。新しい街だから外国人も溶け込みやすい。比較的安い賃料の公団住宅もある」と話す。西葛西には駅のすぐ近くや荒川寄りの清新町に三つの都市再生機構（ＵＲ）賃貸住宅があり、ここに大勢のインド人家族が住んでいる。

だが、それ以上に大きいのは、そう話すチャンドラニさん自身の存在だ。来日したのは一九七八年。在日歴は三〇年を超す。二〇〇〇年に江戸川インド人会をつくり、来日するインド人の世話をしたことが西葛西に彼らのコミュニティーができ

西葛西でインド人の世話役を務めるチャンドラニさん

る土台になった。

インド人会の創始者

チャンドラニさんは一九五二年生まれで、コルカタ（カルカッタ）出身。デリー大学経済学部を卒業後、貿易商を営む父親の事業拡大のために来日した。最初は日本のプラスチック原料などを本国に輸出していたが、日本で本格的なビジネスをしたくなり、自由化されたばかりのインド紅茶の輸入販売を始めた。事業の拠点として選んだのが東京湾や倉庫街が近く、成田に行くのにも便利な西葛西だった。かつてノリの養殖で栄えた漁師町だった西葛西は当時、駅周辺に現在のような集合住宅はなく、所々に木造家屋があるだけで一面に原っぱが広がっていたという。

チャンドラニさんが経営するインド料理店

二〇〇〇年以降、来日するインド人が増え始めると、チャンドラニさんは住宅などの生活相談を受けるようになった。当時はまだ外国人に部屋を貸したがらない大家が多かったので、不動産屋を回って頼み込んだ。ＩＴ技術者で高収入だから、家賃の支払いは問題ないと説明したり、それでも信用されない場合は保証人になったりもした。当初はバス、トイレ共同で一日三千円、二〇世帯用のゲストハウスも用意した。またベジタリアンが多かったので、外食ができない彼らのために、野菜を中心にした家庭料理を提供する食堂を始めた。こうして「西葛西に住めば便利」との情報が口コミで本国に伝わり、チャンドラニさんを頼って西葛西に来るインド人が増えていったのだ。

ちなみにチャンドラニさんが始めた食堂は

美味しいと評判になり、近所の日本人からも食べたいとの声が上がったため、日本人向けにランチも出すことになった。これが現在のインド料理店「スパイスマジック・カルカッタ」に発展する。「カルカッタ」は北インド料理を出す店が西葛西駅の北口、南インド料理を出す店が南口にある。

チャンドラニさんが会長を務める江戸川インド人会はどこかに事務局があるわけでも、会員が定期的に集まる会合があるわけでもない。電子メールでつながる緩やかな共同体だ。必要な時にメールで情報交換し、連絡を取り合う。すでに帰国した人も登録メンバーとして残っているから、会員は約一万人にのぼる。ただ年に二度、春のホーリーフェスタと秋のディワリフェスタのインドの二つのお祭りは大勢の会員が参加して行なわれる。特に秋の収穫祭のディワリフェスタは盛大で、インド伝統舞踊の実演や現代音楽の演奏が行なわれ、インド料理が振る舞われ、日本人住民も参加して楽しむ。この時ばかりは西葛西がインド人街であることが誰の目にも明らかになる。

西葛西のすぐ西側には荒川がゆったり流れている。休日には川沿いを散策するインド人の家族の姿をよく目にする。実はこの荒川がインド人たちを引き付けてやまないのだという。西葛西のUR住宅に住み、東京・日本橋の外資系銀行に勤務するガガン・アワスティさんはコルカタ出身。生まれた家はガンジス川の支流のすぐそばだった。まだ二十代で日本には単身でやって来た。「荒川を見ると、故郷の川を思い出す」と話す。平日は夜遅くまで仕事で忙しいが、休日は友人と一緒に荒川の土手を散歩し、日常の疲れを癒している。

ガンジス川はヒンズー教徒にとって「聖なる川」だ。インド北部を横断する大河だけに、川沿いで育ったという人は少なくない。ヒンズー教寺院の管理人、アルケッシュさんが生まれたバーガルプルもガンジス川沿いの町。「荒川を見ると、ほっとする。インド人にとって川は大事」と語る。

都心へのアクセスの良さ、江戸川インド人による手厚い支援……。西葛西はインド人にとって暮らしやすい街だが、便利さだけに引き付けられて彼らがやって来たのではない。インド人にとって特別なものである川の存在も大きいのだ。

平均二、三年の滞在者

二〇一二年四月中旬の水曜日。西葛西駅の南一キロメートルの清新町コミュニティ会館にインド人など外国人女性約一〇人が集まった。二、三人がグループになり、日本人の女性と向き合い、たどたどしい日本語をしゃべっている。ボランティア団体「F&Sの会」が毎週一回開く外国人向けの日本語教室だ。

「ここに来ると、病院やショッピングの情報など色々なことを教えてもらえる」と話すのは近くのUR住宅に住むヒマニ・ゴールさん。アニメーション制作会社でITエンジニアとして働く夫に同行して日本に来たインド人妻だ。来日してまだ一年半。日本の生活に慣れるにはまず言葉を覚えることが重要、と教室に通う。「日本人の友達をつくり、日本の文化を知りたい」と語る。

教室で日本語を教えるのはほとんどが近所に住む主婦。F&Sの会は江戸川区を巡るバスツアー

F&S の会の日本語教室。左端が代表の亀井さん

やお茶会、クリスマスパーティーなども開き、インド人をはじめとした地域の外国人住民と交流を深めている。

代表の亀井雪子さんは鍼灸師。西葛西にインド人が急に増えたが、「こんにちはと話しかけても無視されるのが悲しかった」と振り返る。インド人の多くは日本語が分からないため、日本人とどう接触したらいいのか戸惑っていた。これではいけないと感じた亀井さんは支援活動を思い立つ。江戸川区の生涯学習講座でインド人女性と知り合ったのをきっかけに、交流を始め、二〇〇八年にはF&Sの会を立ち上げた。

ディワリフェスタなどのお祭りの際には江戸川インド人会に協力し、一緒にイベントを盛り上げている。西葛西に住むインド人はチャンドラニさんのような同国人の世話役と亀井さんのような日本人ボランティアに支えられ、異国での暮らしを楽しんでいる。そのせいか、地域の日印住民間で大きな摩擦はない。たまに一部のインド人がゴミ捨てのルールを守らない、窓から物を投げるなどの苦情が寄せられることもあるが、それほど深刻なトラブルにはなっていないという。その後、人繰りの問題で日本語教室は一時休止となったが、その他の活動は今も続いている。

西葛西に住むインド人は九割以上がIT関連の技術者とその家族で、高学歴高収入の人が大半。日本のルールを尊重する礼儀正しい人が多いという。ただ、二、三年で帰る人が少なくないため、地域住民としての意識はそれほど高くない。滞在年数が短いのは、インド人の技術者のほとんどが日本企業に直接雇用される正社員ではないからだ。彼らの多くはインドもしくは米国など外資系のIT企業の社員で、日本企業のプロジェクトのため、日本に派遣され、その期間だけ東京で働く。チャンドラニさんによると、不況でそのプロジェクトの期間が短くなっており、一年か一年半で帰る人も増えているという。

インドのソフトウェア産業に詳しい拓殖大学の小島眞教授は「日本ではIT技術者の位置付けが低いが、インドは優秀な人がこの世界に行く。しかも日本では外国人が管理職に登用されることも少ないため、多くのインド人は日本企業に入りたがらない」と指摘する。

西葛西のインド人社会は形成から一〇年以上が経ち、二千人規模のコミュニティーが出来上った。ただ連続して一〇年間いる人はわずかで、二、三年で人が入れ替っている。今後も日本企業のIT

技術者需要がある限り、このコミュニティーは続くだろう。インド料理店に続いてインド食材店も現れ、二〇〇六年には同じ江戸川区の瑞江にインド人学校「グローバル・インディアン・インターナショナルスクール（GIIS）」が開校、二〇一一年には冒頭に紹介したヒンズー教寺院も生まれた。チャンドラニさんは「次はパーティーや簡単なスポーツができるインド人のコミュニティセンターを建設したい」と語る。

西葛西は日本のIT産業が作り出した特異な移民街である。

高田馬場はリトル・ヤンゴン

東京の「リトル・ヤンゴン」と呼ばれるのが新宿区の高田馬場である。ヤンゴンはミャンマー最大の都市。高田馬場周辺にはミャンマー料理店をはじめ、食材・雑貨店などミャンマー人が経営する店が約二〇店舗もあり、千人近くのミャンマー人が住んでいる（図表1―7）。

彼らの多くは迫害を恐れて本国を逃れてきた難民だ。一口に難民と言っても、難民認定されて定住者になった人、難民と認定されなかったものの人道的配慮で在留特別許可を得た人、認定申請中の人と在留資格は様々だ（図表1―8）。日本は難民の受け入れが少ない国として世界的に有名だが、ミャンマーについては例外的に受け入れが多い。二〇一一年に難民認定された人と在留特別許可を得た人の合計は二六九人だったが、このうち約八割に当たる二一四人がミャンマー人だった。

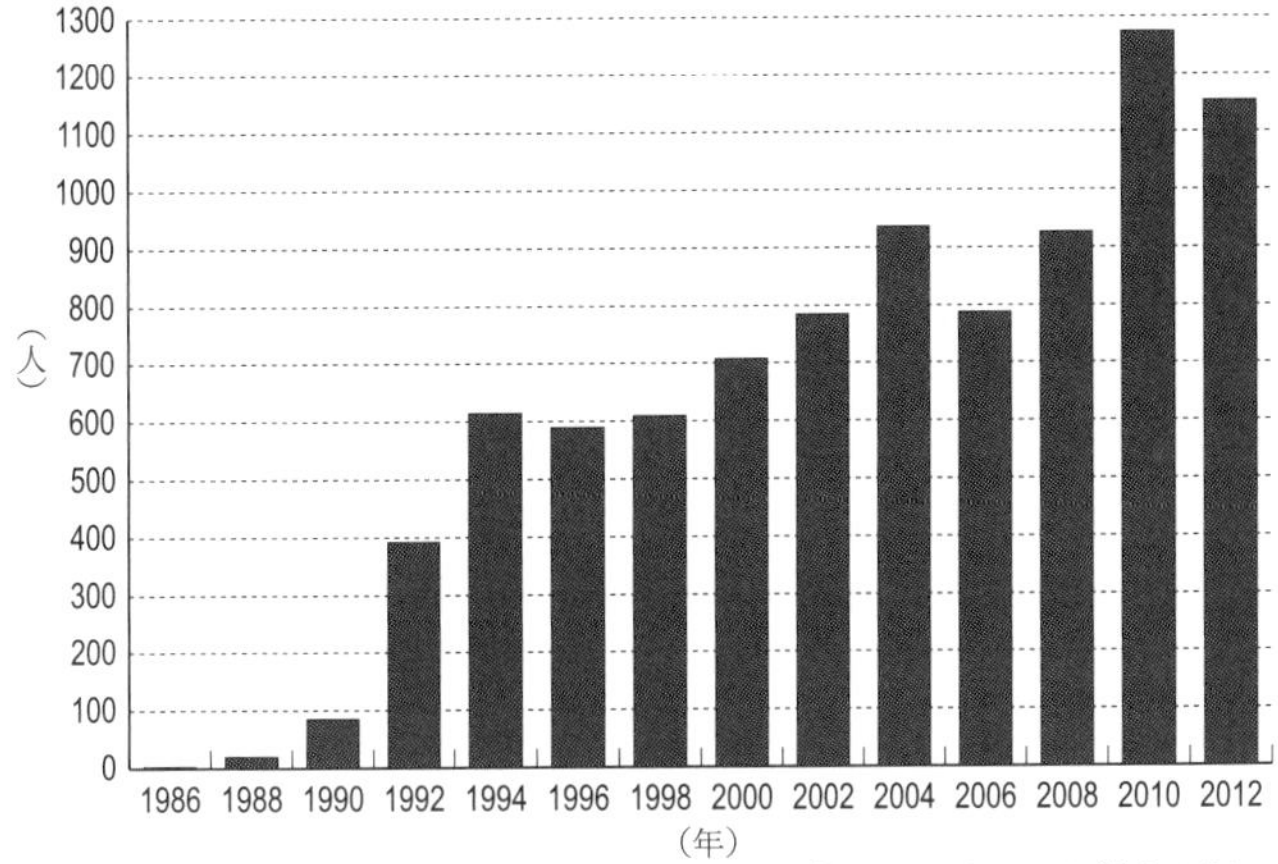

出典：東京都「外国人登録人口」（各年1月1日現在）

図表1—7　新宿区のミャンマー人人口の推移

ミャンマー人に聞くと、高田馬場に同国人が多いのは、ＪＲ山手線の沿線で交通の便が良く、その割に家賃が安いからだという。これは池袋の新華僑、大久保の韓国人ニューカマーがそれぞれなぜ池袋に住むのか、なぜ大久保かと聞かれ、答えるのと同じ理由だ。同じ山手線沿線でも池袋は中国、高田馬場はミャンマー、大久保は韓国といっしか住み分けが行なわれているのだ。もっとも、大久保は東京最大のエスニック街だけに、中国人もミャンマー人も多いが……。

ミャンマー人は実は一九九〇年代、西武新宿線中井駅周辺に多くの人が住んでいた。同国から来た仏教の僧侶が住み、彼の営む寺院がコミュニティーの核になっていた。それが次第に便利な高田馬場に移っていったのである。

ＪＲ高田馬場駅から徒歩三分の「ルビー」。チェッターヒン(鶏とジャガイモの煮込み)やトー

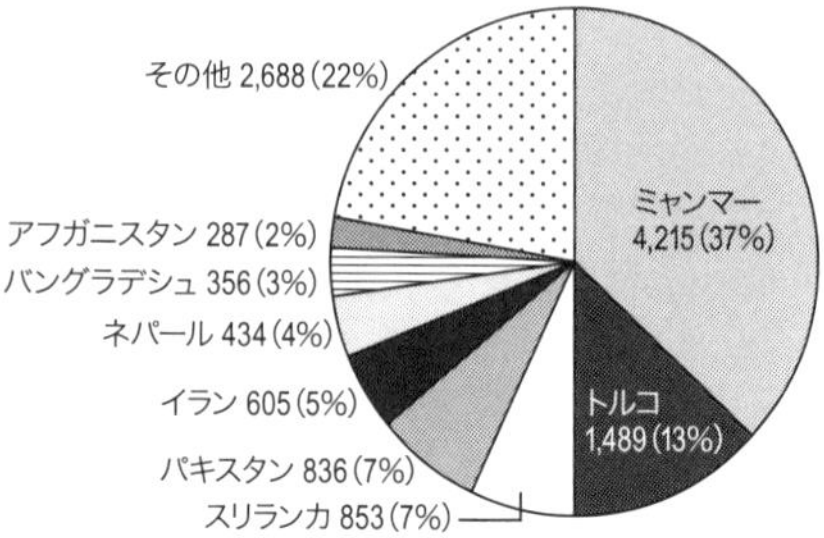

難民認定申請者の国籍別内訳

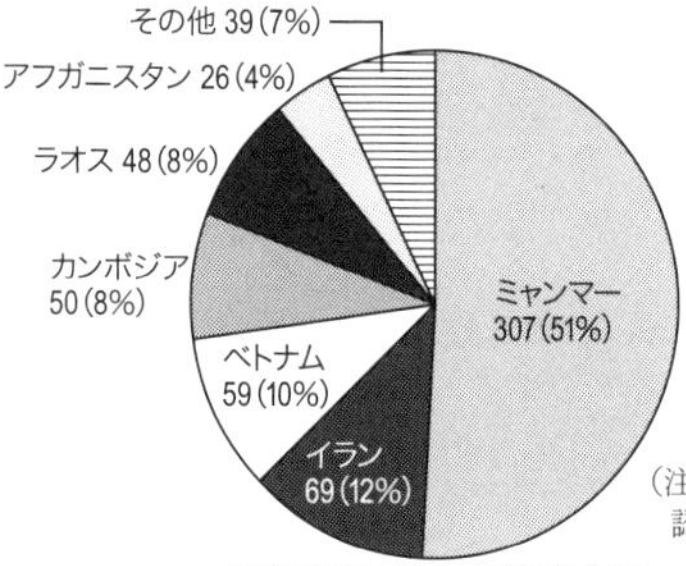

（注）異議申立手続において難民認定された者を含む。

難民認定者の国籍別内訳

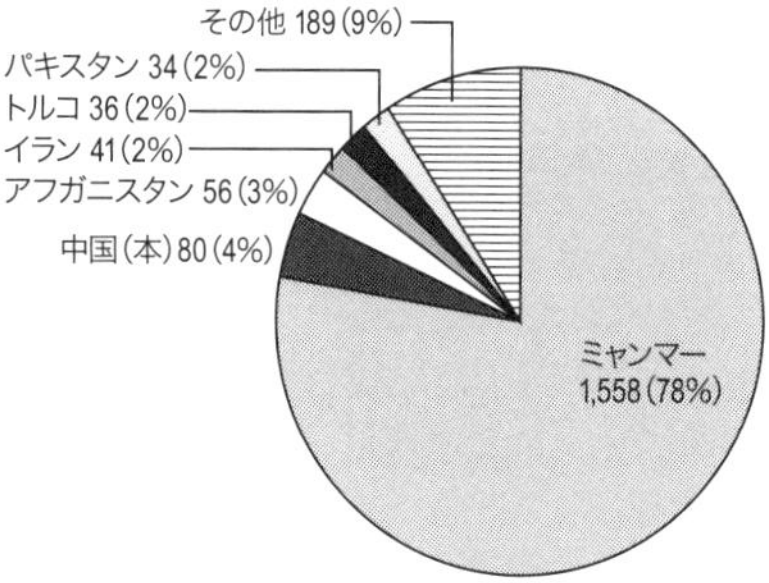

人道配慮による在留特別許可の国籍別内訳

出典：法務省「入国管理局統計」
（注）難民認定制度発足（1982年1月）から2011年末までの統計。

図表 1―8　制度発足以来の難民認定の状況

迫害を逃れて日本に来たチョー・チョー・ソーさん（左から２人目）

フトウ（豆腐の和え物）など本場のビルマ料理がメニューに並ぶ。この店を経営するのはミャンマー難民のチョー・チョー・ソーさんだ。ソーさんは自分の祖国をミャンマーではなく、ビルマと呼ぶ。ミャンマーは一九八九年に軍事政権が国名を変えるまではビルマという名称だった。ソーさんには軍事政権が付けた国名を受け入れることはできない、という強い思いがあるのだ。

ソーさんは一九六三年生まれ。ヤンゴン経済大学を卒業し、会計士の仕事をしていたが、一九八八年に発生した民主化デモが軍部によって弾圧され、民主化運動に加わっていたソーさんは追われる立場になった。タイに逃れ、バンコクの日本大使館から観光ビザをもらい、一九九一年に日本に来た。来日後は東京の工事現場で働いたり、千葉県の電気工事店に勤めたりして生活費を得た。日本語が分からないため、工事現場ではパイプの置き場所を間違えて怒鳴られたこともあるという。一九九六年に日本政府に難民認定の申請をした。日本は簡単に難民を認める国ではない。不認定になって強制送還されたら、どうしようと心配だったが、幸い一九九八年に認定された。翌年、本国から妻を呼び寄せ、ようやく家族一緒に暮らすことができるようになった。

イタリア料理店で六年間働いた後、高田馬場で友人四人と一緒にルビーを開店した。日本では店を経営する傍ら、民主化運動も続け、現在はNHKのビルマ語放送のアナウンサーも務めている。二〇一一年の東日本大震災の際は岩手県陸前高田市や宮城県多賀城市などの被災地に他のミャンマー難民と一緒に炊き出しや土砂除去のボランティア活動に出かけた。「我々は日本社会の一員。困っている人に知らん顔はできない」と語る。

ソーさんには大震災で家を失った人の気持ちがよく分かる。というのも、彼の本来の家は祖国にあるからだ。長く日本にいる間に両親は死に、家には兄と姉が住んでいる。母国に戻れないソーさんにとって日本は避難所と一緒なのだという。

難民起業家

JR高田馬場駅から徒歩約十分の「アジア料理　実の里」。アジア料理とあるが、ミャンマー・

カチン族料理店を開くマリップ・センブさん

カチン族の料理だ。店主のマリップ・センブさんも民主化デモに参加、身の危険を感じ、一九九二年に日本に逃れてきた難民だ。ミャンマーのカチン族の出身で、一九六四年生まれ。日本料理店や蕎麦屋で働き、一九九六年に同じカチン族の夫と結婚。夫と一緒に難民認定を申請したのは二〇〇三年で、二〇〇五年に在留特別許可を得た。来日してすぐ難民認定を申請しなかったのは「どうしていいかよく分からなかったから。その後、同じ難民の友人の話を聞いたが、認定されるのは非常に難しいと言われた」と当時を振り返る。

焼き肉店に勤めていたセンブさんの夫は二〇〇八年に独立、貯金に加え金融機関から融資を受け、西早稲田に焼き肉店「実の里」を開いた。外国人だけに融資の審査は厳しかったというが、それまで真面目に働き、自己資金もあったことが評価されたという。「アジア料理　実の里」はその姉妹店で、二〇一一年三月開店した。

「まさか、自分がお店をやる気なんて。そんなつもりはなかった」とセンブさんは言う。最初はアパートを借りることだけを考えていた。夫が以前勤めていた焼き肉店は門前仲町にあったため、センブさん夫妻は近くの木場に住んでいた。「実の里」まで遠かったので、店の近くでアパートを探したところ、大家から「一階の店舗とセットで借りてくれないか」と言われたのだ。外国人に部屋を貸してくれる大家は少ない。焼き肉店が軌道に乗ったこともあり、セットで借りて料理店を開く考えに傾いた。「やるからには祖国の料理を出したい。料理を出すことで自分の国のことを知ってもらえるかもしれないと思った」と話す。

西早稲田には東京平和教会カチン伝道所もあり、日曜日にはキリスト教徒のカチン族が礼拝に集まる。カチンの料理店を出すには絶好の場所だった。

難民は政治的迫害などを逃れてきた人たちで、本国ではエンジニアや弁護士などの専門職に就いていた人もいる。能力も経験もありながら、日本ではそれに見合った仕事をすることはできない。それだけに自国料理の店を開くなど起業する人は多い。特定非営利活動法人（ＮＰＯ法人）「難民支援協会」はこうした難民を支援しようと、二〇一二年三月に最大百万円を融資する公益社団法人「難民起業サポートファンド」を設立した。協会の支援で今後、センブさん夫妻のような難民起業家が増えるかもしれない。

センブさんはチョー・チョー・ソーさんのように「ビルマ」という国名には愛着はない。ビルマ族ではなく、カチン族だからだ。ミャンマーには国全体の七割を占めるビルマ族のほかにカレン族、チン族、シャン族、モン族、カチン族など数多くの少数民族がいる。在日ミャンマー人もビルマ族だけでなく、様々な民族がいる。カチン族も日本に約五百人いる。そのうちのかなりの数の人たちが高田馬場周辺に住んでいるという。

ミャンマーの民主化進展で「難民の帰国が可能になる」との指摘もあるが、センブさんは「政府はカチン族の弾圧をやめておらず、帰れるような状況ではない」と語る。センブさんは二〇〇七年から二〇一一年までカチン民族機構日本事務局長を務め、二〇一一年からは他の国から来た難民もメンバーに入った「難民連携委員会」の事務局長も務めている。料理店を通じて、カチン族や難民の置かれている現状について今後も情報発信していく考えだ。

北関東、東海に住むブラジル人

日本にいる外国人で最も数が多いのは中国人で、次が韓国人だが、三番目はブラジル人である。二〇一一年末の外国人登録者数を見ると、ブラジル人は約二一万人で、日本全体の一〇・一%を占める（**図表1—4**）。彼らの多くは日本の製造現場で働く工場労働者で、長く日本の製造業を支えてきた。

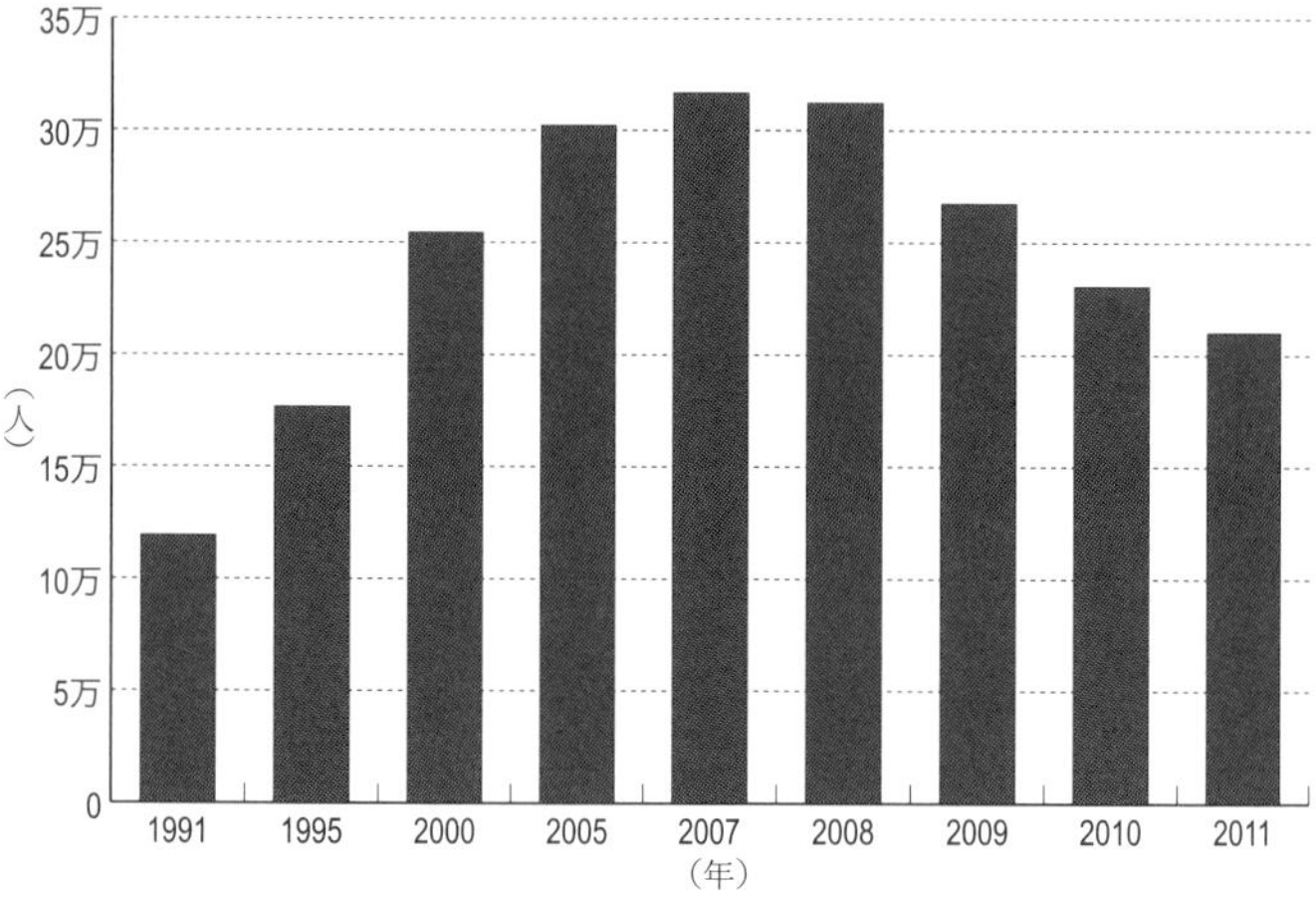

出典：法務省入国管理局「登録外国人統計」（各年末現在）

図表1―9　在日ブラジル人人口の推移

一九九〇年施行の改正出入国管理法で、日系の二世、三世とその家族に就労制限のないビザが発給されると、ブラジルからデカセギに来る人が急増した。彼らは二、三年で帰国すると見られていたが、その予測は大きくはずれ、定住する人が多数を占めた。日系ブラジル人はもともと日本からブラジルに移民した人の子孫だが、移民の還流が始まったのである。

日本に在住するブラジル人は二〇〇〇年末には約二五万四〇〇〇人と外国人全体の一五％を占めるに至った（**図表1―9**）。二〇〇七年末には約三一万七〇〇〇人にまで増えている。ところが、二〇〇八年秋のリーマン・ショックで派遣労働者の雇い止めが始まると、職を失うブラジル人が相次いだ。政府が本国への帰国を希望する日系人に資金を援助する「帰国支援制度」を実施したこともあって、出国するブラジル人が増えた。それで

リーマン不況後、介護研修を受けるブラジル人が増えた（三重県四日市市の福祉専門学校）

も二〇万人を超えるブラジル人が国内にとどまり、主に工場労働者として働いている。最近は人手不足の介護分野で働く人も出てきた。

ブラジル人は日本各地で生活している。特に多いのが群馬県、静岡県、長野県、愛知県、岐阜県、三重県、滋賀県などの地域である。ブラジル人住民の比率の高い二九都市（二八市一町）は「外国人集住都市会議」を構成している（第五章参照）。同会議が公表している「会員都市基礎データ」によると、二〇一二年四月一日現在、最もブラジル人が多いのは静岡県浜松市で、一万二二六八人である。同市は二〇〇八年四月には約二万人のブラジル人がいた。実に四割近い減少で、リーマン不況とその後の東日本大震災の影響がいかに甚大かを物語っている。ただ浜松市がブラジル人が最も多い都市であることは今も変わらない。ホンダ、ヤマハ、スズキなど大企業の工場が立地する製造業の集積地であることがその主な原因だ。

二位は豊橋市で八一八六人、三位は豊田市で六〇一四人。ともに愛知県三河地域の都市だ。豊田市にトヨタ自動車の本社があるため、周辺の三河地域は自動車関連産業が集積している。両市に住むブラジル人は大半が自動車部品などの関連産業で働いている。

外国人集住都市の四位以下の順位を見ると、四位は静岡県磐田市、五位は群馬県大泉町。以下、群馬、愛知、三重、岐阜などの各県の都市が並ぶ。大泉町は総人口四万九八〇人に対し、ブラジル人が四三九六人と、住民のほぼ一〇人に一人がブラジル人という高い比率だ。ペルー人、フィリピン人なども含めた外国人比率では一五・三%と、全国で最も外国人の割合の高い町になっている。

大泉町には三洋電機や富士重工業などの工場があり、ものづくりの町として有名だ。群馬県では伊勢崎市、太田市もブラジル人が多い。企業の生産拠点が多い北関東は東海地方と並ぶブラジル人集住地域なのである。

日本に住むブラジル人の多くは日本語が話せない。このため地域社会で日本人との交流はほとんどなく、ゴミ捨てのルールや深夜の騒音など生活習慣を巡るトラブルが絶えない。特に深刻なのは日本語の授業に付いていけない子どもの不登校や不就学の問題で、ドロップアウトした青少年の非行も一部で顕在化している。こうした事態を問題視し、政府もようやく重い腰を上げて対応に乗り出したが、具体的な対策は市町村に丸投げされているのが実態だ。現場では主婦を中心にしたNP

O法人などが外国人児童の教育支援などに取り組んでいる。だが、その献身的ともいえる努力も事態の深刻さに追い付かないのが現状である。

リーマン・ショック後の長期化する経済停滞も日本のブラジル人社会に深刻な影響を及ぼしている。不況で真っ先に解雇されたのは派遣の外国人労働者であるブラジル人だった。バブル時代から製造業の人出不足を支え、貴重な労働力とされてきた彼らが、情勢の変化でいとも簡単に用済みの存在とされることが明らかになったのである。その実態については第二章の保見団地ルポで詳しく触れたい。また日系ブラジル人に対する政府の施策については第五章でページを割くので、参考にしていただきたい。

東北に多い農村の外国人妻

二〇一一年三月十一日の東日本大震災では日本人だけでなく外国人の被災者についてもよく報道された。中でも哀れを誘ったのが、津波で夫を亡くし、悲嘆に暮れる外国人妻のニュースだった。大震災は普段は隠れていて表に出ない外国人妻の存在を浮き彫りにしたのである。

東北地方や新潟県の農村や漁村には中国、フィリピン、韓国などから嫁いできた外国人妻が数多くいる。宮城県国際交流協会によると、県内には二〇一〇年末時点で約一万六〇〇〇人の外国人がいたというが、その四割は中国などアジア出身の外国人妻と見られている。北関東や東海地方の工業地帯ではブラジル人など日系の南米人の存在が際立っていたが、東北や新潟県などの農村部に多いのがアジア出身の外国人妻である。

農村部の外国人妻の実態はきちんとした統計がなく、よく分からない。県や市町村にどのくらいの人数がいるかも明らかにされていない。外国人登録者の中で「日本人の配偶者等」などの人数をもとに推計するしかないが、外国人妻の中には「永住権」を取得している人や日本に帰化した人もいるため、正確な数字はつかめない。プライベートに関わることでもあり、外国人妻の存在を隠す家も少なくないことから、行政も状況を把握していないのが実態である。

外国人妻の多い市町村には必ずといっていいほど、日本語教室がある。花嫁がろくに日本語の教育も受けずに来日するケースがほとんどだから、夫や妻本人の要望が高く、行政や地域のNPOによってこうした教室が設けられるのだ。実はこの日本語教室が外国人妻の情報を最も多く持っているのである。東日本大震災でも各県の国際交流協会などが外国人の安否確認と支援ニーズを調べるため被災地に入ったが、調査の手掛かりにしたのが地域の日本語教室だった。

日本の農村地帯で外国人花嫁を迎える動きが本格化したのは一九八〇年代である。一九八五年には山形県朝日町が嫁不足に悩む全国の自治体の先陣を切って行政主導でフィリピンから外国人花嫁を受け入れた。翌年の一九八六年には山形県大蔵村がこれに続き、同県では真室川町、鮭川村、戸沢村、新潟県では安塚町（現上越市）、松代町（現十日町市）、塩沢町（現南魚沼市）なども外国人花嫁を受け入れた。嫁不足に悩む東北や新潟県の農村地帯で外国から花嫁を迎える動きが一気に広がったのである。

だが、自治体が音頭を取り、アジアの国からお見合い方式で外国人花嫁を迎える手法に批判が集まり、行政主導型の受け入れは長くは続かなかった。代わって主流になったのが結婚紹介業者の仲介による国際結婚である。

業者仲介では日本から国際結婚を希望する男性が数人のグループを組んで、アジアの国に出向くのが一般的。旅行期間は数日間から一週間で、現地で紹介された女性たちと一緒に食事や観光に行き、結婚相手を決める。その後、現地ですぐ結婚式を挙げるケースもあれば、いったん帰国し、一カ月後ぐらいに再訪問し、式を挙げる例もある。結婚式の後にビザを申請し、花嫁が来日するのは二、三カ月後になる。この間に簡単な日本語を勉強するのが一般的なパターンだ。

費用は仲介料のほか、現地への航空運賃、宿泊代、食費、結婚式・披露宴の費用など全部で三百―四百万円かかるという。当初はフィリピン、韓国出身者との国際結婚が多かったが、二〇〇〇年以降は中国出身者が増えている。外国から嫁いでくる女性は国や家が貧しいケースが多く、結婚後働きに出て本国の親に仕送りする例も少なくない。また何らかの理由で結婚適齢期が過ぎたとか、離婚経験があるという人も多く、人生をリセットし、やり直すために日本に来る人もいる。シングルマザーの場合は前夫との間の子どもを連れてくる例が多く、こうした子どもたちの日本語教育が大きな課題になっている。

業者仲介による国際結婚はトラブルも多い。よくあるパターンは入籍まもない外国人妻が家出し、行方不明になるケース。もともと結婚の意思はなく、日本に渡航するビザ目当ての結婚と見られ、悪質な業者が関与している例が多い。

厚生労働省の「婚姻に関する統計」の概況によると、二〇〇五年に「夫が日本人、妻が外国人の結婚件数」が全国で最も多かったのは東京都の五九一七件、以下、神奈川県、愛知県、埼玉県、千葉県、大阪府、静岡県の順になる。比率では山梨県が七・六％で一位、以下、長野県、東京都、千葉県が続く。行政主導の国際結婚で東北地方が話題になったため、これらの地域に外国人妻が多いと見られていたが、この統計を見ると、必ずしも東北が多いわけではない。東京などの都市部で国際結婚した外国人女性が多いのは当たり前。当然のことながら、その女性たちは農家に嫁ぐ外国人妻とは違う。ただ山梨、長野、千葉、静岡などの県は農村部を抱えているため、農家に嫁いだ外国人妻も多いのではないかと推測できる。

農村の外国人妻については先に述べたように統計が少なく、詳細は明らかではないが、東北や新潟県に限らず全国に広がっていると見られる。農家に嫁いだ外国人女性がどんな生活を送っているかなどの実態は新潟県南魚沼市を舞台に第四章で詳しく触れたい。

大阪の生野コリアタウン

日本で中国に続いて多いのは韓国・朝鮮籍の外国人で、二〇一一年末で約五四万五〇〇〇人。日本が韓国を植民地支配していた時代に日本に来たオールドカマーと一九八〇年代以降に来日したニューカマーがいるが、前者が特に多い地域が大阪府、京都府、兵庫県などの関西地区である。大阪府は韓国・朝鮮籍の外国人が約一二万四〇〇〇人と全国第一位で、その八割に当たる約一〇万一〇〇〇人が「特別永住者」の資格を持つオールドカマーである。

整備が進む生野コリアタウン

その大阪府で、特に在日コリアンの多い所として知られるのが生野区だ。同区には「百済」などの地名も残り、古代には朝鮮半島から来た渡来人が住んでいたとされ、歴史的に半島と縁の深い場所だ。現在は韓国・朝鮮籍の住民が五分の一を占める。彼らの中には日本国籍を取得した人もいるため、帰化した人も含めると、四分の一から五分の二近くに達すると見られている。

ＪＲ鶴橋駅から約十分、仁徳天皇が御幸の際に森で休憩したという御幸森天神宮がある。ここには朝鮮半島から日本に漢字を伝えたとされる王仁が詠んだ和歌の石碑もあり、日韓友好を象徴するような場所だ。神社の北門を出ると、御幸通商店街が広がる。通りに立つゲートには「ＫＯＲＥＡ ＴＯＷＮ」の文字が刻まれ、キムチやチヂミ、チマ・チョゴリなど韓国の食材、料理、雑貨の店が並ぶ。韓流ブームを反映してか、最近できたばかりという感じのＫ－ＰＯＰ歌手や韓流スターのグッズを売る店も目につく。大阪・生野のコリアタウンである。

コリアタウンは御幸通商店街、御幸通中央商店会、御幸通東商店街の三つの商店街からなり、東西六〇〇メートルの通りに約一三〇店舗がひしめく。在日コリアンが営む店が全体の七割を占めている。この周辺はかつて「朝鮮市場」と呼ばれていた。近隣のお年寄りの中には昔を懐かしんで今も「朝鮮市場」の愛称を使う人が少なくない。

御幸通東商店街を抜け、平野川沿いを北に上ると、猪飼野新橋がある。今は橋にその名称が残るだけだが、以前この辺り一帯は猪飼野と呼ばれていた。ここが在日コリアンの集住する街になったのは、一九一九年に平野川の改修工事が始まり、働きに来る人が増えたからだといわれている。大

生野コリアタウンにはキムチなどの食材店が多い

正末期の一九二三年には、大阪・築港と済州島の間に定期連絡船「君が代丸」が就航し、海を渡り、大阪に来る人が増えた。当時の大阪は産業の隆盛期で「東洋のマンチェスター」と呼ばれ、いくらでも仕事があった。済州島から大阪に来た人は次第に猪飼野周辺に住み着くようになっていった。実際、この地域には済州島をルーツに持つ在日コリアンが多い。

終戦後、祖国に帰らなかった在日コリアンが中心になり、猪飼野でキムチなどの韓国食材を売り、朝鮮市場が形成された。一九六〇年代は全国から食材や民族衣装、雑貨を求める韓国人であふれ、市場は大いに賑わった。ところが、一九七〇年代に入り、客足は遠のき、市場は衰退し始めた。在日コリアンの二世、三世が増え、チマ・チョゴリなどの民族衣装を着る人は減り、食文化も変わり始めたからだ。一九八〇年代後半には閉鎖する店舗が相次ぎ、通りは歯抜け状態になった。

コリアタウン構想はこうした街の衰退を何とか食い止めようという危機感から生まれた。ソウル五輪があった一九八八年ごろから地元の商店街が検討を始め、一九九三年に韓国風の楼門や街灯を建て、門に「KOREA TOWN」の文字を刻み、まちづくりを開始した。修学旅行の誘致にも乗り出し、キムチ作りや韓国の歴史や文化を学ぶ体験学習プログラムを組み込み、情報発信に努めた。三つの商店街が協力し、毎年十一月には「コリアタウン共生まつり」も開き、韓国の民族舞踊や伝統音楽、韓国民謡、韓流歌謡を披露するイベントと値引きセールを行ない、多くの観光客を集めている。

こうした取り組みに加え、二〇〇〇年代に入ってからの韓流ブームで商店街は息を吹き返し、コリアタウンとして蘇った。コリアタウンを大々的に名乗ることに、当初地域の日本人住民から反対の声も上がったというが、街の活性化によって日本人商店も潤うことから、声は次第に小さくなっていったという。

「在日」をアピール

生野コリアタウンは元々、地域の韓国人住民を対象にした商売が中心なだけに、食材店と雑貨店が多い。この点がレストランが多い東京の大久保と大きく違う点だ。雑貨店といっても日用雑貨が中心だが、最近は韓流目当ての日本人観光客が多いため、韓流スターなどのグッズ店も増えてきた。御幸通中央商店会の籠本浩典会長は「これまで日本人客は少なかったが、ここ四、五年で新たな客層が一気に増えた」と話す。

在日コリアンの多い商店街だが、籠本会長は日本人だ。「古い商店街だけに日本人と韓国人は仲良く共生している」と話す。会長も日本人がなったり、韓国人が務めたりで、どちらかの国が独占することはない。この点も日中、日韓でそれぞれ摩擦がある池袋や大久保とは違うところだ。猪飼野といえば、ビートたけし主演の映画で話題になった梁石日の小説「血と骨」や玄月の芥川賞受賞作「蔭の棲みか」で描かれたように、ディープなエスニック街というイメージがある。だが、最近はおしゃれな雰囲気の店も現れ、韓流ファンの若い女性が闊歩する明るい街に変わりつつある。

「日本人の韓国観は確かに変わった。だが、その一方で日本における『在日』の存在は希薄になっている」と語るのは、コリアタウン近くの生野区桃谷に事務所を置くコリアNGOセンターの金光敏事務局長。三世、四世の時代になり、帰化する人が増えた上に、在日コリアンの約八割が日本人と結婚しているという。このまま在日は日本社会に吸収されてしまうのだろうか。「祖父は済州島から大阪に出てきて、貧しかったから、何の仕事でもした。二世の父はこの近くでプラスチック成型の仕事をしていた」と話す金さん自身も在日三世。韓国への帰属意識が薄れ、在日の日本人化が進む現状も理解できるという。「でも、在日は日本におけるエスニック・コミュニティの先駆者だ」と指摘する。「我々が消えたら、日本のエスニック・コミュニティもなくなる。日本社会の多様化という観点からも我々は貴重な存在だ」。

生野コリアタウンの変貌と軌を一にするように、日本の在日社会も変わろうとしている。

神戸の中華街「南京町」

関西には古くからの外国人街が多い。オールドカマーの韓国人街より長い歴史を誇るのが神戸の中華街、南京町だ。ここは横浜中華街、長崎新地中華街とともに日本の三大中華街を形成している。その歴史は一五〇年前にさかのぼる。一八五八年の日米修好通商条約の締結で、横浜港、長崎港に続いて、一八六八年に神戸港が開港、多くの外国人がやって来た。最初に神戸に来た外国人は長崎の中国人だったとされる。神戸の地図に「南京町」という地名はない。この名は神戸の市民が中華街に付けた呼び名である。

ＪＲ元町駅から徒歩五分。東の入り口、長安門をくぐると、彩り鮮やかな中華世界が広がる。東西二七〇メートル、南北一一〇メートルの区域に約一五〇もの店がひしめく。ここで二〇一一年三月二十日、九日前の東日本大震災でイベントの自粛が続く中、獅子舞や太極拳を披露する「興隆春風祭」が開かれた。自粛では何もアピールできないと、被災地支援のための義援金を募ったのだ。

「自粛で何もしなければ、不況が広がる。阪神大震災のことがすぐに頭をよぎった」と語るのは南京町商店街振興組合の曹英生理事長だ。実は一九九五年一月の阪神大震災の時に横浜中華街も春

観光客が集まる神戸南京町の広場

節祭を中止しようとしていた。しかし、イベントで義援金を募れば支援につながると考え直し、予定通り実施された。南京町に義援金が送られ、「関東大震災の時にお世話になったので、礼はいらない」と言われた時は感動したという。

阪神大震災の時は南京町も被害を受け、さすがに自分たちの春節祭は中止せざるを得なかった。その代わり、神戸を元気づけようと、炊き出しを行ない、ラーメンやおかゆ、豚まんなど二〇店近い屋台が南京町広場で被災者に温かい料理を振る舞った。それから少しずつ屋台や簡易テントで営業を始め、三月中旬には南京町の復活を宣言した。

南京町はこうして阪神大震災の危機を乗り切った。だが、長い歴史を振り返ると、その歩みには様々な試練があり、神戸という地域

行列ができる豚まんの店「老祥記」

に根付きながら発展してきたことがよく分かる。曹理事長は行列のできる店として有名な元祖豚まんの「老祥記」の三代目店主。中国浙江省出身の祖父が一九一五年に天津包子《パオツー》の店を開業、「包子」では分かりにくいので「豚まんじゅう」と名付けたのが後年、「豚まん」として全国的に有名になった。南京町は戦前、中華料理店だけでなく、食肉店、青果店、雑貨店などが並ぶ賑やかな街だった。だが、戦争中、米軍の空襲に遭い、焼かれた。「老祥記」も曹さん一家が空襲を逃れ、疎開。戦後戻って店を再開した時は、南京町はすっかり寂れていたという。

　南京町は今でこそ観光地として栄え、全国から人が訪れるが、戦後すぐは一般市民から敬遠される危険な街だった。朝鮮戦争が勃発すると、外人バーが乱立、船員が昼間から酔っ払い、夜は女を求める男を勧誘する客引きが立つ街だった。

変化が訪れるのは一九七〇年代に入ってから。一九七七年、NHKの連続ドラマ「風見鶏」が放映され、神戸が全国的に脚光を浴びた。北野の異人館に続いて、南京町を観光スポットにしようと神戸市が区画整理事業に乗り出した。同じ年に南京町商店街振興組合が設立され、南京町の整備が始まった。区画整理は長い年月をかけて進められ、一九八五年には長安門が完成し、今日の南京町の骨格が出来上った。一九八七年からは旧暦の正月を盛大に祝う春節祭を開始、これが呼び物になった。春節祭の時期には近畿一円のほか、四国や名古屋、最近は中国、韓国、台湾から来る人もおり、合計で約四〇万人もの観光客が訪れる。

老華僑と新華僑

こうして南京町は発展して今日に至るわけだが、「長い時間をかけて先輩たちが努力し、信用を得てきた結果。祖父が商売を始めたころは銀行からお金を借りるにも大変だったらしい」と曹理事長は言う。

神戸の中華街の特徴は南京町だけでなく、それ以外の地域にも中華料理店が多いことだ。市の中心街を歩いていると、あちこちに中華の店がある。また神戸の華僑は料理店だけではなく、医師や建築家、不動産業、貿易業など様々な分野に進出し、比較的裕福な人が多い。華僑の多くは小学校から中学まで神戸中華同文学校に通い、中国語はもちろん、中国の歴史、地理、文化を学び、華僑としてのアイデンティティーを維持している。

だが、一世、二世が減り、三世、四世が中心になり、神戸の華僑社会も変容している。神戸華僑総会の黄仁群事務局長は神戸中華同文学校の卒業生だが、同級生の二割は帰化したという。「日本人との結婚のほか、日本企業に就職する人も多く、海外出張の際に中国籍だと不便なため、帰化する人も増えている」と話す。黄事務局長は三世で、ルーツは中国福建省。祖父が長崎経由で神戸に来て、貴金属の行商していたが、広東省出身の祖母と知り合い、結婚。神戸・三宮で中華料理店を始めたという。

南京町の曹理事長はすでに中国の血が四分の一になっている。祖母も母も日本人だからだ。妻も日本人だから、子どもには八分の一の血しか流れていない。「中国籍は私の代で終わり」と語る。

神戸市に在住する中国人の数は約一万四〇〇〇人。同市でも一九八〇年代以降に来た新華僑が多数派になっており、曹さんのような老華僑をしのいでいる。南京町でも新華僑の店が増えており、約三〇店舗がそうだという。ただ、新華僑は商店街への加盟率が三割程度で、独自行動が目立つ。老華僑は日本の生活文化や風習を尊重し、「日本化」しているが、新華僑はビジネス優先でドライなところがあるという。

横浜中華街と池袋チャイナタウンの違いともいえるが、最近は横浜中華街の中にも新華僑が進出、同様の摩擦がある。在日コリアンと韓国人ニューカマーの間でも似たような問題があると指摘されている。古くからの移民の子孫と新しい移民の摩擦は世界中どこにでもあるテーマかもしれない。

ちなみに神戸の新華僑で多いのは福建省の出身者。これに対し、老華僑は広東省の出身者が多い。横浜中華街の老華僑も広東省をルーツに持つ人が大半だ。広東料理といえば日本の中華料理の定番。老華僑に広東省出身者が多いことが影響しているのだろう。神戸の老華僑は山東省、浙江省、台湾の出身者も少なくない。

第二章

ブラジル人集住の街

豊田市保見団地

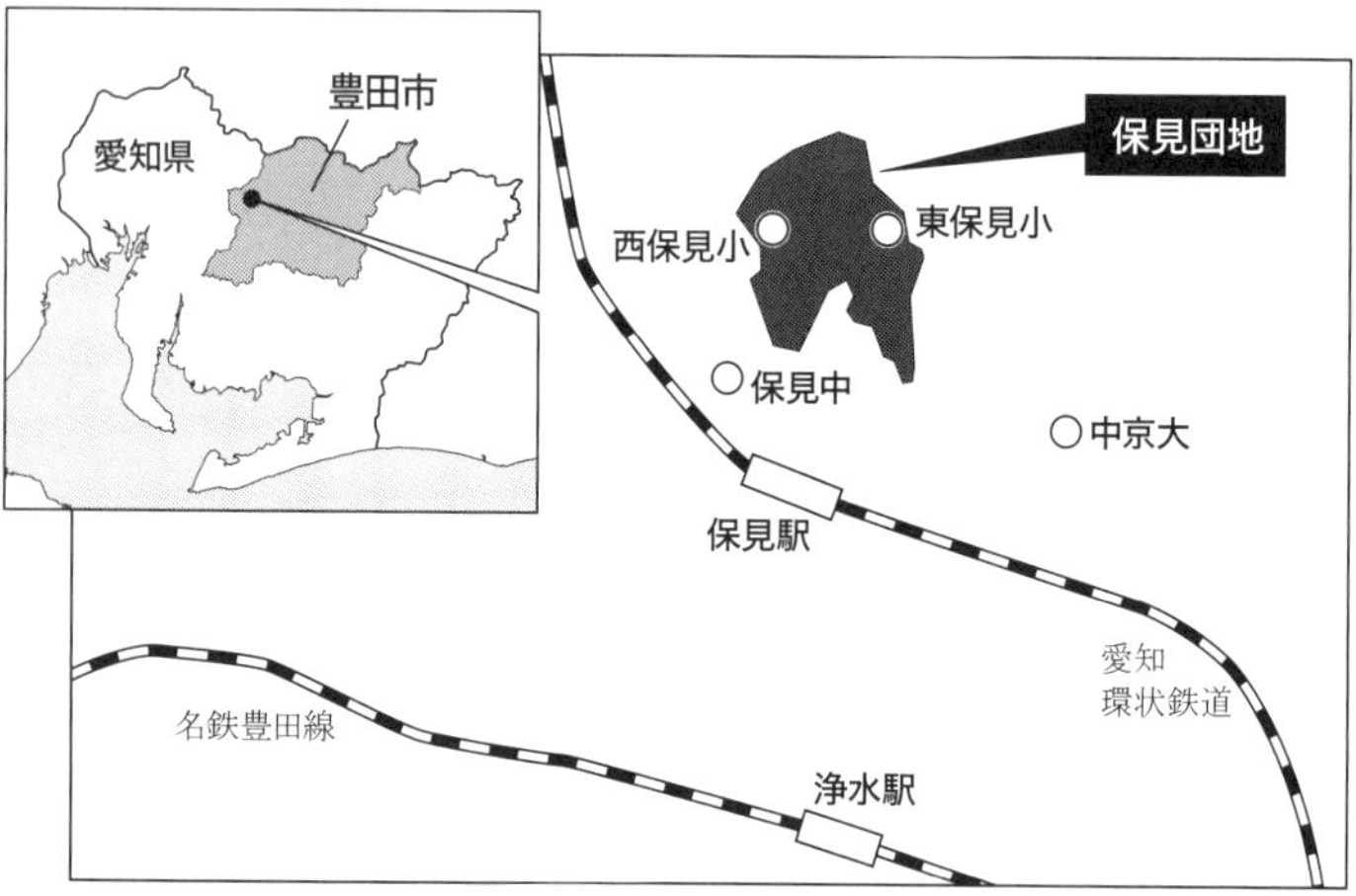

図表 2―1　保見団地の地図

日系ブラジル人が多い豊田市の保見団地

住民の約半分が外国人

保見《ほみ》団地は日本を代表する企業、トヨタ自動車の本社がある愛知県豊田市の西端に位置する大型団地である（図表2―1）。私はここに二〇〇九年の二月下旬から三月下旬にかけて一カ月間の住み込み取材をした。当時、団地の人口は約九千人で、その約半分が外国人だった。外国人の中で最も多いのが日系のブラジル人で、ほかにペルー人、ボリビア人など南米出身の日系人がいた。最初に訪れたのは一年前の二〇〇八年で、団地のエキゾチックな雰囲気に、ここは本当に日本なのかとびっくりした。アジア系の風貌だが日本人とは微妙に感じが違う女性、浅黒い彫りの深い青年、金髪のフランス人形のような女の子……。擦れ違う外国人住民のカップルが話す言葉は、映画で聞き覚えのあるフランス語ともイタリア語とも違う、でもどこかラテン的なテーストが漂う言語だった。公園では子どもたちがフットサルに興じていた。

この団地に住み込んで取材をしようと思ったのは、日本人と外国人がほぼ半分ずつ暮らす場所でどんなことが起こっているのか、両者はどんな交流をしているかを実際に自分の目で知りたいと考えたからである。人口減少社会を迎え、移民を本格的に受け入れたら、どんな事態になるのか、ここには将来の日本を知る重要な手掛かりがあるのではないかと思ったのである。

保見団地には愛知県と都市再生機構（UR）の両方の集合住宅がある。県営住宅は入居条件が厳しく、一定の基準をクリアしないと借りることはできない。私にはURの住宅しか選択肢はなかった。ただ、URの賃貸住宅はなかなか物件が出なかった。豊田市にはトヨタ自動車を頂点に自動車関連の下請け企業が数多く集積しており、市内にある大型団地の保見団地は自動車産業で派遣労働者として働く日系ブラジル人に人気の団地だったのだ。派遣会社が社宅代わりにこの団地の部屋を何十室もまとめて借りるケースも多く、空き物件がなかった。ところが二〇〇八年秋のリーマン・ショックで状況が一変する。年明けの二〇〇九年から少しずつ物件が出てきた。電話で予約をし、数週間後に名古屋のUR事務所に行って契約した。「外国人が多い団地だと知っていますか」と職員の女性に念を押された。日本人が借りるのは珍しいらしく、怪訝な顔をされたのを覚えている。

皮肉なことにブラジル人を取材するためにやっとの思いで部屋を借りたのに、借りられた時はリーマン・ショックで派遣切りに遭うブラジル人が続出し、失業した人が退去を始める時期だったのである。それはともかく、部屋は確保できた。二月下旬の入居日。団地の管理事務所で鍵を渡され、生活の注意事項が記された書類をもらった。何と日本語とポルトガル語の両方で書かれてあった。私が契約したURの集合住宅は一三階建ての大型棟で、部屋は九階にあった。

棟のエレベーターホールに行くと、「夜遅くの大きい音・声は止めましょう」「ごみは指定された日に出しましょう」「駐車違反は止めましょう」と壁に注意書きが貼られていた。これも日本語とポルトガル語の両方だ。エレベーターに乗り込むと、がっしりした体の目付きの鋭い男が後から来て二人きりになった。背筋に緊張が走る。

住み込み取材の準備で名古屋市などに行った時、「保見団地は怖い所ですよ」と脅かされていたのだ。ここではかつて右翼団体とブラジル人の若者が対立する騒ぎがあり、愛知県警の機動隊が出動する事件があった。そんなイメージから、団地に近づきたがらない人も多く、怖い場所というイメージが定着していた。当時は失業者も多く、治安が悪くなるとの見方もあった。

恐る恐るポルトガル語で「ボアタルジ（こんにちは）」と挨拶すると、男は笑顔を見せた。最初のうちは夜の一人歩きはやめるなど、注意して暮らしたが、すぐに危険な場所でないことが分かった。日本では「外国人の多い地域＝危ない場所」と図式的に捉える人が少なくないが、それが間違いであるケースがほとんどだ。

九階で降り、部屋に行くと、郵便受けにポルトガル語のチラシが入っていた。宅配ピザの広告だ。

事前に送っておいた荷物が届くのを待ち、部屋の整理が終わると夕刻になった。どこかで食事でもしようかと部屋を出た。

リーマン不況で失業相次ぐ

表に出ると、団地の駐車場が賑やかだった。テントが張られ、炊き出しが始まろうとしていた。団地で外国人支援をしている特定非営利活動法人(NPO法人)「保見ヶ丘ラテンアメリカセンター」主催の一日派遣村が行なわれていたのだ。リーマン・ショック後の不況下で二〇〇八年大晦日から二〇〇九年一月五日まで東京の日比谷公園で年越し派遣村が開かれ、大きな話題になっていた。一日派遣村はその保見団地版で、日系ブラジル人が大量に失業していることを広く社会に訴える狙いがあったと思われる。

午後六時半ごろ、開村式が始まった。保見ヶ丘ラテンアメリカセンターの野元弘幸代表理事が「激しい状況をみんなで乗り越えていこう」とあいさつ。続いて、県議会議員が「愛知県を支えたのは自動車を中心とする製造業。それを支えたのがみなさんです」とスピーチをした。ブラジル人学校の校長、派遣会社の経営者、団地住民らが次々にマイクを握る中、鶏肉と野菜が入ったブラジルのスープが配られた。豚汁やソーセージ入りのパンもある。この日の昼間は日系ブラジル人向けに生活や健康、教育についての相談会も開かれていた。

ノムラ・ウィリアムと名乗る三十七歳の日系ブラジル人男性に話を聞いた。長野県伊那市の溶接工場で働いていたが、解雇され、二カ月前から愛知県岡崎市の「ホテル白扇」で暮らしている。「家を購入する資金を貯めようとサンパウロから夫婦で日本に来た。妻も失業中で、二人で仕事を探しているが、見つからない。住む場所がなく、食べるものにも困る生活だった。ブラジルに帰りたいが、飛行機代がない」と話す。ホテル白扇は当時、失業して住むところがないブラジル人などに無償で部屋を提供していた。このホテルの女性オーナーも来ていた。ホテルは三年以上も前に廃業したが、その部屋を開放して住んでもらっているのだという。このホテルの住人一七人も派遣村に来ていた。

「もっと集まると思っていたのに……」。スープを配っていた愛知県立大学の女子学生だというボランティアスタッフがつぶやいた。当初、五百人の参加を予定していたのに集まったのは百人ほど。それも岡崎市や刈谷市など周辺から来た人が目立ち、肝心の団地のブラジル人住民が少ない。リーマン・ショック後、日系ブラジル人の派遣切りが続いており、保見団地でも住民の半分は職を失ったといわれている。彼らは何をしているのか、なぜ炊き出しに来ないのか。夜の闇が深まるとともにナゾも深まった。

団地住民に食材を提供する「フォックスマート」の店内

NPOでボランティア

翌日から、団地で日系ブラジル人をはじめ外国人児童に日本語を教える活動をするNPO法人「トルシーダ」でボランティアを始めることにした。一カ月間、ってもなくただ団地内を歩き回っても仕方ないので、取材するための拠点があった方がいいと思ったのだ。トルシーダの日本語教室に通ってくる子どもたちやその親をはじめ、色々な人たちと接触できるだろうとの思いもあった。日本語教室は月曜から金曜まで、午前十時から正午までの二時間開かれていた。午前中、子どもたちに日本語を教え、午後から取材活動をする日々が始まった。

トルシーダが日本語教室を開くのは団地に

スーパーやレストランが入居する「フォックスタウン」

ある第二集会所。前は広場になっており、日本人とブラジル人両方を対象にした食品スーパー「フォックスマート」や直輸入品を豊富にそろえたブラジル専門の食材店「ジ・アミーゴズ」、日本料理店などが軒を並べていた。フォックスマートがあるのは「フォックスタウン」というショッピングセンターの二階部分で、三階にはブラジル料理店やカフェ、ブラジル人向けのレンタルビデオショップ、美容院、携帯電話店、旅行代理店、フィットネスクラブなどが入居していた。近くにはURの事務所もあり、団地の中心ともいえる場所だった。

十時ちょっと前に、第二集会所に行くと、伊東浄江代表をはじめトルシーダのスタッフが集まり、子どもたちに日本語を教えていた。スタッフは約一〇人で、ほとんどが団地周辺

トルシーダに通うブラジル人の子どもたち

や近隣に住む主婦。ほかに学生や退職したシニア男性がいる。伊東さんは一九九九年から団地でブラジル人児童に日本語を教え始め、二〇〇三年にトルシーダを設立した。トルシーダとはポルトガル語で「応援」という意味がある。文字通り、ブラジル人の子どもたちの応援団だ。

初日は柴口パメラという十三歳の女の子に日本語を教えた。といっても私は日本語教師の資格はなく、教えた経験もない。伊東さんから日本語のプリントを渡され、それを教材にした。そこには「長い」「細い」「多い」などの形容詞が書かれており、一緒に読み書きの練習をした。この子は近くにあるブラジル人学校、エスコーラ・ピンタンド・オ・セッチに通う中学二年生だったが、つい最近学校をやめたばかりだった。日本語は少し話せる

日系人の子どもに学習指導をするトルシーダの伊東さん

けれど、読み書きは苦手のようだった。

ここに通ってくるのは、どこの学校にも通っていない不就学の子か、日本の公立学校に通っていたが不登校になった子、もしくはブラジル人学校に通っている子どもたちだ。日本語が得意でない子が大半で、日本語指導というより、学校に通っていない子の居場所づくりという側面がある。

二時間、冷や汗を書きながら授業を続け、気がつくと正午になっていた。子どもたちは三々五々、団地内にある自分の家に帰っていく。スタッフの何人かは児童が去った後もそのまま残り、雑用をしたり、おしゃべりをしたりしている。そんな時、十歳の女の子と四歳の男の子を連れたブラジル人の夫婦が集会所にやってきた。男性が片言の日本語で伊東さんと話を始めた。どうやら日本語が習いたいらしい。ここは子どものための教室で大人は対象ではない、と伊東さんが断った。がっかりした顔で帰ろうとする夫婦を引きとめた。せっかくなので話を聞こうと思ったのだ。

この男性はヨシダ・ファビオさんという三十四歳の日系ブラジル人三世、女性はファビオさんの妻、モニカさんで三十歳。二人は失業中で、仕事を探しているが、なかなか見つからないので、今のうちに日本語を勉強しておきたいのだという。家族四人で団地内のURの住宅に住んでいる。電話番号を聞き、会う約束をした。

失業給付で持久戦

後日、通訳を連れてファビオさんの家を訪ねた。リビングルームに案内されて驚いた。大きなソファセットが置かれた部屋には、大画面の薄型テレビやパソコン、オーディオ機器など最新鋭の家電製品が並んでいた。食い詰めた生活をしているとはとても思えない。テーブルには夫婦の結婚式の写真が置いてあった。モニカさんが若い。二人が結婚した時、モニカさんは十六歳で、ファビオさんは二十歳だった。

この後もブラジル人の色々な家におじゃましたが、どこも裕福な暮らしとまでは行かなくても、日本人の普通の家と変わらない家具や電化製品を揃え、まずまずの生活をしている様子が伺えた。マスコミでは「日系ブラジル人→デカセギ→不安定な生活→弱者」という図式的な捉え方がよくされる。そういう面も確かにあるが、それは一面に過ぎず、彼らはわれわれの想像以上に豊かな消費生活を送っているのである。もっとも、それがゆえに貯金が思うようにたまらず、短期間のデカセギのつもりがついつい滞在が長引き、いつのまにか定住するという結果になっている面もある。

ファビオさんが日本に来たのは二〇〇六年十二月。それ以前にも二回来ており、来日は三回目だ。サンパウロ州ウバトゥバで農業を営んでいたが、もうからず、借金を抱え込んだため、それを返すためにデカセギに来たという。単身で来日、自動車部品の工場に派遣され、溶接の仕事をした。残業も厭わず働き、毎月手取りで三八万円の収入を得て、三〇万円を本国に仕送りした。九カ月後には借金の返済が終わった。自動車部品の輸送会社に移り、今度はトラックの運転手として働き、十月に家族を呼び寄せた。妻のモニカさんも自動車部品の工場で働き始め、日本での生活が順調に滑り出したのも束の間、リーマン・ショックが起こった。ファビオさんは二〇〇九年二月、モニカさんはそれより早く二〇〇八年十一月に解雇された。

「今、帰るつもりはない」。ファビオさんははっきり言った。「今回は三年から五年働くつもりで来た。不景気になったからといって帰れない」と話す。ファビオさんはブラジルでパソコンショップを開く夢がある。そのために保見団地の中にあるブラジル人向けのパソコン教室に通い、技術を習得している。開業資金を稼ぐまでは日本で頑張るつもりだ。

夫婦二人で仕事を探しているが、なかなか見つからない。雇用保険の失業給付と貯金で食いつなぐという。モニカさんも食費を削るなど節約に努めている。自動車部品の輸送会社からはすこし景気が持ち直せば、再雇用するといわれており、減産中のトヨタが元に戻らないまでも少し生産を増やすのに期待をかけていた。保見団地のブラジル人はほとんどが自動車関連の工場に勤めている。トヨタの生産がどうなるかでその下請け、孫請けの状況が決まる。まさにトヨタ次第なのだ。

モニカさんは大の日本好き。「日本ほど安全な国はない。慣れたら、こんなに住みやすい国はない」と言う。スーパーに商品があふれ、物は何でも手に入る。子どもが外で遊んでいても安全。日本人は親切できれい好きだ。日本語ができないので、今は日本人と付き合うこともないが、日本料理や日本の文化を学びたいという。仕事が見つからなくて途方に暮れた時、ファビオさんはもう帰ろうかと思ったこともある。だが、モニカさんが日本にいたいと泣くのを見て、思いとどまった。モニカさんは欧州系のブラジル人で、日本人の血は流れていない。日本語もしゃべれない。でも、日本がいいと思っているのだ。

ファビオさんの祖父母は広島県からブラジルに移民した。現地で土地を開拓して農業を始め、ファビオさんの父が引き継いだ。父は日系二世だが、母は欧州系のブラジル人。ファビオさんの父も当時、日本にデカセギに来ていた。豊田市内の別の県営住宅にファビオさんの弟、妹と住んでいた。ちなみに姉は保見団地に部屋を借りて暮らしていた。日系ブラジル人の場合、一族そろって日本に来るというのはよくあるパターン。家族、親戚の結びつきが強く、お互い助け合って暮らしている。

一回目の来日は一九九二年。父子一緒にデカセギに来て三重県木曽岬町にある日本ハムの調理加工食品の製造工場で働き、工場の近くにある会社の寮で暮らした。この時、ファビオさんはポンプの清掃で苛性ソーダを入れ過ぎて火傷を負っている。一九九五年にいったん帰国したが、その後再び父子で来日。この時、すでに結婚していたので妻のモニカさんも伴い、同じく日本ハムの三重県木曽岬町の工場で働き、二〇〇三年に帰国している。日本とブラジルを行ったり来たりするのは日系ブラジル人では一般的。ブラジルの経済成長で両国の賃金格差は縮まったが、かつて日本の賃金がブラジルの一〇倍といわれた時期もあった。まとまったお金を稼ごうと思った時、日本にやって来るのだ。

ファビオさんは失業給付をもらいながら仕事を探し続けたが、結局見つからなかった。節約のため、URから家賃の安い県営住宅に移ろうと何度も応募したが、抽選にはずれ、万策尽きた。結局、政府の帰国支援制度を活用して六月に家族四人で帰国することになる。

親戚・友人のネットワーク

同じ日、団地に住む日系ブラジル人のエノベ・マルシオさんと妻のハルミさんにも話を聞いた。二人とも失業中。マルシオさんは日系二世で当時三十五歳、ハルミさんは日系三世で三十歳だった。二人には六歳の長女、ナツミちゃんと四歳の長男、ツヨシ君の二人の子どもがいた。マルシオさんは豊田市内の自動車部品の工場で派遣社員として働いていたが、二〇〇八年のクリスマスに解雇された。実は会社から派遣社員の立場から直接雇用の社員にするといわれていたのが、不況でご破算になり、十一月末にあと一カ月の契約だと通告された。「まさに天国から地獄。ショックだった」とマルシオさんは振り返る。

ハルミさんも豊田市内のエレクトロニクスの工場で派遣社員として働いていたが、十一月末に解雇された。二人合わせて月三五万円の収入があったが、それがなくなり、夫の失業給付と貯金で暮らしている。マルシオさんは本国の両親に月六万円を仕送りしていた。妹がブラジルの大学に通っており、その学費などに充てられていた。だから貯金は少ない。失業給付は最初が一一万円、二回目が一六万円だった。派遣会社に仕事はないと言われ、ハローワークにマルシオさんは五回、ハルミさんは一〇回通ったが、何の仕事もなかった。工場の仕事はなくても、サービス業の求人はある。でも二人とも日本語ができないことがネックになったのだ。

日系ブラジル人の大半は日本語ができない。なぜなら、工場での労働はマニュアルに沿った作業で、日本語ができなくても何とかなる。必要があれば現場に通訳が来て全員を集めて説明をするのだ。

二人は生活費を切り詰めて暮らしていたが、もう限界と思い、三月末の帰国を決めた。エノベ夫妻は県営住宅に住んでいた。3DKで月二万四〇〇〇円の家賃だったが、失業中なので二月と三月は七千円にしてくれたという。帰国後はハルミさんの両親の家に身を寄せ、仕事を探す。長女が小学校に入る年なので、今後はもう行ったり来たりせず、ブラジルに定着しようと考えている。

マルシオさんはサンパウロ出身。一九九四年、二十一歳の時に保見団地に住んでいた姉を頼って日本に来た。日本では自動車部品の工場を転々とした。一方、ハルミさんの来日は一九九六年。やはり自動車部品の会社で働いた。エノベ夫妻は「保見団地はブラジル人が多く、ポルトガル語で生活できるので住みやすかった。だが、リーマン・ショックの後、団地のブラジル人の五〇％は職を失い、今後それが七割くらいまで増えるのではないか」と語る。団地にはマルシオさんの叔母と姉のほか、いとこ四人、ハルミさんのいとこ三人がいるが、仕事をしているのは四人だけ。職を失った人は失業給付で暮らしており、それがなくなったら帰国するという。

不思議なことに、帰国のため団地を出て行く人がいる一方で、仕事がないのに団地に引っ越してくる人も多い。親戚や友達を頼って来るのだ。3DKの部屋を二、三家族がルームシェアして暮らすケースも少なくないらしい。エノベさん夫妻は団地の日本人と交流がなかったが、親戚以外のブラジル人とも付き合いがなかった。親戚との絆が日本での生活の支えだったのだ。

一日派遣村の炊き出しのことを知っていたか聞いてみた。「知っていたが、行こうとは思わなかった。食うや食わずの生活をしていたわけではないから」と話す。

同じく団地に住むドス・サントス・マリオさん。二十九歳の日系三世の男性だが、二月に引っ越してきた。友人の家族とルームシェアをして暮らしている。「食料を融通し合うなど助け合って生活している」と言う。

当時、日系ブラジル人の間では「保見に行けば何とかなる」と言われていた。失業給付に加え、団地には親戚や友人の相互扶助というセーフティネットがあった。炊き出しに並ぶ必要のある人はごくわずかだったのだ。

日本語の学習熱高まる

愛知環状鉄道・保見駅の県道を挟んで正面にある豊田市の生涯学習施設、保見交流館。近くを通りかかると、百人近い大勢のブラジル人が集まっているので何事かと思った。聞いてみると、人材派遣会社が派遣社員のために開いた日本語教室だという。授業を見学した。ブラジル人たちが熱心にノートを取り、教師の言葉に耳を傾けている。不況による就職難で日本語ができるかどうかが採用の決め手になっているのだ。日本語ができないと、引き受けてくれる職場もないから派遣会社も一生懸命、日本語を教え、ブラジル人も必死で覚えようとしている。生活がかかっているのだ。

これまで日本語ができなくても工場の仕事なら、いくらでもあった。それゆえ、日本語を勉強しようとするブラジル人はほとんどいなかった。第一、仕事が忙し過ぎて勉強する余裕もなかったのである。

不況下で再就職が決まった人を見つけ、話を聞いた。今度は通訳は不要だった。みんな日本語が上手だったからだ。

団地内の一戸建て住宅に住む加藤サヨコさん。一九六七年生まれの日系三世だ。自動車部品メーカーの豊田鉄工で派遣社員として働いていたが、二〇〇九年一月末で職を失った。二月初旬、仕事を探すために行ったハローワークで豊田市が臨時職員を募集することを知り、応募。首尾よく採用された。職場は市役所の医療保険年金課。国民健康保険の手続きなどを担当する部署だ。加藤さんは日本語もポルトガル語もできる。市役所の窓口で日本人職員の隣に座り、職員の話す日本語をポルトガル語に翻訳し、手続きに訪れたブラジル人に伝える。ブラジル人も母国語での説明を納得して聞き、ほっとした表情を見せる。失業や帰国に伴い、手続きに来るブラジル人は増えており、二カ国語ができる加藤さんは職場で欠かせない存在になっていた。

加藤さんはサンパウロ出身で一九九一年、妹と二人で来日した。父は歯科医だったが、両親が離婚。生活が苦しくなり、母が一年早く来て豊田鉄工で働いていた。母と同じ会社に勤め、日系人の男性と知り合い、職場結婚した。日本語はブラジルで子どものころ、祖母から教えてもらい、漢字も習った。松田聖子など日本の歌手が好きで、歌を聞きながら言葉を覚えたという。

二〇〇九年二月、豊田市の自動車部品メーカー、利達工業で派遣切りに遭った久保田タケシさんは三月に同市内のベーカリーレストランに再就職した。久保田さんも日本語が上手だ。ハローワークに四回通い、求人があったこのレストランを紹介された。職場では午前七時から午後四時まで、厨房とフロアの両方の仕事をこなす。言葉の問題がない上、よく働くのでレストランのオーナーの受けもいい。

一九六四年、リオデジャネイロ生まれ。高校を卒業後、ホテルの日本食レストランなどで働き、同じ職場の女性と結婚するが、一〇年後に離婚。二人の娘がいたため養育費を払い続けた。妻と別れて一〇年が経ち、娘も成長したため、これからは自分のために生きようと思い、二〇〇七年、日本に来た。前の職場に比べ、給料は下がったが、飲食業は慣れた仕事で、やりがいもあるという。団地には母と二人の妹がおり、日本に定住したいと考えている。

日本語は七歳の時に一年間、日本語学校へ行って勉強した。その後、和食の店で働くようになり、必要に迫られ、辞書を頼りに独学で覚えた。日本語の新聞を不自由なく読めるが、書くのは苦手だという。

保見団地はブラジル人が多いため、ポルトガル語だけで生活ができる。日系ブラジル人は一般に日本語ができないが、団地のブラジル人は特にひどかった。だが、不況で製造業の派遣切りが相次ぎ、言葉が話せないと就職ができないことが明らかになり、日本語を勉強しようとする人が増えた。皮肉なことに、リーマン・ショックがブラジル人の日本語学習熱を高めたのだ。

帰国する子どもたち

トルシーダの日本語教室でボランティアを始めてから数日後、授業が開かれる集会所に朝出かけていくと、事務局長格の湯原由美さんらスタッフが総出でお握りを作っていた。近くブラジルに帰る子どもたちのお別れ会をするのだという。この日は授業を早く切り上げ、会が始まった。

帰国するのは十六歳のホシャ・パトリシア・メグミ・フカエさんと、その従姉妹で同じく十六歳のパハレゴ・ヘナタ・チエミ・フカエさん、十一歳のジェフェルソン・ジュニオル・ワタナベ君と、その弟で九歳のアンデルソン・イゴール・ワタナベ君、同じく九歳のガブリエル・ホドリコ・ダ・シルバ君だ。この時、トルシーダには二五人の子どもがいたが、そのうち五人が一気にいなくなることになった。

トルシーダ代表の伊東浄江さんが五人の子どもを順番に呼び、在籍証明書を手渡した。本国では何の価値もない証明書だが、子どもたちにとっては日本で生きた証だ。全員にドラえもんのTシャツも配られた。

「先生、ありがとう。みんな、元気で」。一人ひとり、交代で挨拶し、写真撮影が行なわれた。最後にスピーチしたパトリシアさんは感極まったのか、大粒の涙を流し、伊東さんと抱き合った。「日本での生活は楽しかった。友達もいるのでブラジルに帰りたくない」とパトリシアさん。伊東さんも思わずもらい泣き。「向こうでもちゃんと学校に行くのよ」と声を掛けた。

パトリシアさんは両親に伴われ、六歳で来日、三重県鈴鹿市に住んだ。十一歳で帰国したが、十三歳で再来日、保見団地で暮らした。団地近くのブラジル人学校に通いながら、トルシーダの教室に二年間通った。リーマン・ショック後の不況で両親が失職、家族一緒に帰国することになった。ブラジルではブラジリアの祖父母の家に身を寄せる。

五人の帰国はいずれも親の失業など経済的な理由による。だが、この時点で家族そろって帰国したのはパトリシアさんだけ。従姉妹のヘナタさんは両親が残った。ガブリエル君も両親は残り、兄と二人だけで帰国した。ジェフェルソン君、アンデルソン君の兄弟は母親と帰国。父親は職を失ったが、失業給付を食いつなぎながら日本で仕事を探すという。親が帰らないのはブラジルに戻っても生活の当てがないからだ。今は不況でも日本の方がブラジルよりはるかに高い収入を得られる。そう簡単に帰る気にはなれないのだ。

一方、子どもを帰すのは生活費や学費の負担を減らすため。五人の子どもはみんなブラジル人学校に通っていたが、月三―四万円かかった。この出費がなくなるだけでも大きい。

ブラジル人学校に通っている子どもが次々に帰国するのだから、学校はさぞ大変だろうと思い、団地近くにあるエスコーラ・アレグリア・デ・サベール（ＥＡＳ）豊田校に行ってみた。休み時間中なのか、グリーンのジャージを着た子どもたちが校舎のあちこちで楽しそうに談笑している。トルシーダに通ってくる馴染みの顔も何人か見かけた。

「昨年十二月に約四百人いた生徒が今は半分の二百人。まさに存亡の危機」と倉橋徒夢代表が訴える。帰国した子だけでなく、親が失業し学費を払えなくなり、退学した子も多いという。

豊田市にはこのほか、エスコーラ・ネクター、エスコーラ・ピンタンド・オ・セッチなどのブラジル人学校があるが、どこもこの時期、生徒が激減していた。ブラジル人学校は日本にいるブラジル人の子弟の母語・母文化教育を担うほか、日本の公立学校に馴染めない子どもたちの受け皿にもなっている。不況は日系ブラジル人の雇用だけでなく、ブラジル人学校の経営にも大きな悪影響を及ぼしたのである。

保見団地県営住宅のゴミ捨て場

ゴミ問題で日伯摩擦

住み込みを始めて間もない二〇〇九年の三月初旬、団地の県営住宅のゴミ捨て場に朝早くから日系ブラジル人の住民約四〇人が集まった。所々傷の付いた食器棚や戸棚、布の破れたソファ、使い古された冷蔵庫、扇風機、ストーブ……。そこには引き取り手のない粗大ゴミが無残に放置されていた。ブラジル人住民は家具を次々に解体、トラックの荷台に積み込み、近くのゴミ処理場まで運んでいった。

「ルールを守らないのは一部の人たち。ブラジル人全員が悪いわけではない。イメージを変えたかった」と話すのは団地の県営住宅に住む松田セルジオ・カズトさん。松田さん

保見ヶ丘ブラジル人協会の松田さん

は一月末に設立されたばかりのブラジル人住民のボランティア団体「保見ヶ丘ブラジル人協会」の会長だ。粗大ゴミの片付けは協会がブラジル人住民に呼び掛けて実現した。団地では外国人住民のゴミ出しのマナーが悪いと日本人住民が指摘、長年にわたるトラブルになっていた。

松田さんは一九五五年生まれ。サンパウロ出身で本国では帽子の製造販売をしていた。来日したのは一九九〇年。事業の設備投資に資金が必要なため、三年ほど日本で働き、お金を貯めるつもりで来たが、いつしか二〇年を超える滞在になった。デカセギに来るブラジル人の大半は二、三年働いて帰る予定が大抵ずるずる伸びてそのまま定住してしまう。日本の方が高い給料をもらえる上、治安も良く暮らしやすいからだ。

松田さんは叔父が大阪にいた関係で、大阪府八尾市で派遣労働者として魔法瓶の製造工場で働いた。日本に来たばかりのころは砂糖と塩の区別もつかず、苦労した。だが、近所に住む人たちに助けられ、何とか日本の生活に適応していった。その後、堺市に転居。保見団地に来たのは二〇〇七年十一月だ。豊田市の自動車部品会社で働いており、夕方出かけ、明け方に帰るきつい夜勤の仕事をしている。

団地にはすでに姉とその息子がいた。だが来てみて驚いた。ブラジル人の評判があまりに悪いのだ。団地では外国人住民が「ゴミ捨てのルールを守らない」「深夜に騒音を立てる」「駐車禁止の場所に車を止める」などと日本人住民からクレームを付けられ、摩擦が絶えなかった。大阪では周囲にほかの外国人がいなかったため、自分たちさえマナーを守れば何の問題もなかった。でも保見団地は四千人ものブラジル人がいる。一人でもルールを破れば全体の責任になってしまう。悪いのは一部の人なのに……。松田さんは困惑した。何とかしないといけないと、甥の大阪ファビオさんと相談した。そこへリーマン不況が降りかかった。困っているブラジル人住民を助けようとの思いも重なり、保見ヶ丘ブラジル人協会を設立したのである。

協会の目的は大きく二つある。一つは団地のブラジル人住民への支援。もう一つが日本人との信頼関係の構築だ。当時、団地のブラジル人の半分が職を失い、途方に暮れていた。だが、それまで仕事が忙しく、ブラジル人のコミュニティーは親族や友人を除いて相互の交流が希薄だった。日本語ができない人が多く、日本人との交流もないから、様々な生活情報が不足していた。協会は団地の外国人に情報を提供し、相談に乗るとともに、その要望を行政に届けるなどの活動を開始した。

不況はブラジル人の職を奪う大変な事態をもたらしたが、松田さんはふだんバラバラのブラジル人住民を結束させるチャンスだとも思った。一部の住民がゴミ捨てのルールを守らないのは日本語ができず情報がないのに加え、地域住民としての意識が薄いことが原因だ。経済危機で困っている今こそ、互いに連帯し、日本人とも交流しようという機運が高まるのではないかと考えたのである。

ブラジル人協会は松田さんと甥のファビオさんを中心に、一緒にサンバを練習する仲間を集め、一五人でスタートした。だが、日本人住民との関係改善は簡単ではなかった。これまでブラジル人住民の側には組織がなかっただけに、日本人側は苦情を言うにも誰に言っていいかも分からなかった。それが組織ができて日本人と仲良くしたいとまで言うのだから、一部に歓迎ムードがあった。だが、長年トラブルが続いただけに、協会の設立を半信半疑で見る人も少なくなかった。

良かれと思って行なった粗大ゴミの片付けも県営住宅の自治会幹部から反発の声が上がった。自治会に話があったのが直前だったため、「もっと早く相談してほしかった。早く言ってくれれば一緒にできたのに」と強い口調で抗議が来たという。協会の行動は十分な根回しがない独断専行と受け止められたのである。

日伯合同のパトロール

保見ヶ丘ブラジル人協会設立後も住民間のぎくしゃくした関係が続いた。そんな中、松田さんたちに手を差し伸べてきたのが団地のパトロール隊長を務めていた藍葉謙二さんだ。団地では住民による防犯パトロールが定期的に行なわれていたが、参加するのは日本人だけだった。URの自治会の役員を務める藍葉さんはブラジル人も参加するよう松田さんに働きかけたのだ。日伯合同のパトロールが開かれると聞いて、行ってみた。

土曜日の午後七時、団地に四つある自治会の役員が集会所に集まった。松田さんが率いる保見ヶ丘ブラジル人協会のメンバー一五人も揃い、室内に緊張したムードが漂う。「日本人とブラジル人の関係を良くするために設立された団体です。今日からブラジルの人にも参加してもらいます」と協会が紹介され、松田さんが挨拶に立った。

「今日から参加させて下さい。皆さんと仲良くしたい」

松田さんに続き、藍葉さんが言う。

「ゴミ問題で行き違いがあったが、彼らの思いをつぶしてはいけない。一緒にやるという気持ちをもってもらうのが大事だ。ようやく我々が理想としてきたものが実現するのではないか」

室内から突然、怒声が上がった。成瀬壮・県営保見自治区長だ。「共生、共生って昔から言っているけど、今日までできなかった。やっても一緒」。大声でさらにまくし立てた。「代表者だけがそんなことを言ってもダメだ。ブラジル人全員が参加しないと」。

一瞬、集会所が静まり返った。「日本人だって全員参加しているわけではない」と藍葉さんが口を挟むと、「だいたい事前に一言の挨拶もなかった」と成瀬区長。県営自治区のほかの役員も松田さんたちに向かって激しい口調で話し始めた。「まず住民ときちんとコミュニケーションを取って下さい」「地道に努力をして信頼を勝ち取って下さい」。

「役員だけで騒いでいてもダメだ。一般のブラジル人がちゃんと後を付いてこないと」と成瀬区長が念を押すと、「とにかく彼らの努力を見ていきましょう」と藍場さんがその場を収め、ようやくパトロールが始まった。

保見団地にブラジル人が入ってきたのは一九九〇年代。当初はURより家賃の安い県営住宅に集中的に住んでいた。県営の日本人住民はゴミや騒音をめぐるトラブルの長い歴史を抱えている。初めての日伯合同パトロールが実現したことで、藍葉さんは「団地にとって歴史的な一歩」と語った。だが、松田さんたちは散々怒鳴られたせいか、疲れ切った様子だった。パトロールの後、藍葉さんら日本人のグループは居酒屋に行ったが、ブラジル人協会の面々は団地内のブラジル料理店に向かった。打ち上げが別々に行なわれたのである。そのことが両者の関係を象徴していた。

「見ての通りです」。パトロールの後、松田さんに話を聞くと、そう語った。「私たちの考えだけでは進まない。まだ始まったばかり。これから協力して仲良くしないと。そのためにもブラジル人がもっと日本語を勉強しないといけない。日本人にもポルトガル語を覚えてもらいたい。相互に教え合えたらいい」。その後、実際に保見ヶ丘ブラジル人協会は団地のブラジル人を対象にした日本語教室を始める。

松田さんには二十歳の時に結婚した妻がいる。英国とポルトガルの血を受け継いだヨーロッパ系のブラジル人で、二人の娘がいる。松田さんは日系二世。父親は三重県御浜町の阿田和の出身で、二十歳そこそこでサンパウロから約六〇〇キロメートルのプレジデンテ・エピタシオに移住、農業を営んだ。松田さんが生まれた年に、サンパウロに移り、帽子製造を始めた。昔気質の日本人で厳しく、食事に家族全員が揃わないと怒るような人だった。面倒見が良く、ほかの日系人がよく相談に来たという。プレジデンテ・エピタシオでは日本人会を立ち上げ、会長を務めた。サンパウロでも父親はボランティアで日本人会の活動に関わり、老人ホームで奉仕活動をしたり、貧乏な人たちに食べ物を届けたりしていた。日系人は真面目で勤勉なため、ブラジルでのイメージは高い。松田さんの父親のような人たちが一生懸命働き、ブラジル社会で信用を築いてきたからである。

「ブラジルにいる時は父親の苦労は分からなかった」と言う松田さん。自分も日本で言葉の壁や文化の違いを経験し、その苦労が理解できた。今は父親を尊敬し、誇りに感じている。「親父がブラジルでやったことを日本でやりたい」。保見ヶ丘ブラジル人協会を立ち上げた松田さんは団地でブラジル人同士助け合うとともに、日本人の信用を勝ち取っていきたいと思っている。

不就学児が会社見学

日系ブラジル人の子どもの多くは、親が日本とブラジルの間を行ったり来たりする上、必ずしも親が教育熱心でないため、将来の進路が定まらず、勉強に身が入らない。そこでトルシーダは日本語を教えるだけでなく、日本での進路ガイダンスも行なっている。子どもたちが将来を考えるきっかけになれば、とトルシーダ代表の伊東浄江さんが会社見学を計画、日系ブラジル人の不就学児三人を連れて行くというので同行した。

団地から名鉄豊田線の浄水駅まで車で行き、約一時間電車に揺られ、愛知県東海市の自動車整備会社ＩＰＳコーポレーションに向かった。見学に行ったのは十五歳のダコスタ・ブルーノ君、十四歳のヤマダ・ダニロ君、同じく十四歳のオザキ・レオナルド君だ。三人は遠足気分で大はしゃぎ。リーマン不況が来る前は親が仕事で忙しく、子どもたちは遠出の経験がほとんどなかった。電車に乗るのが楽しくてしようがないのだ。

会社に到着すると、社長が出てきて事業の説明をした。会社の歴史や現在の経済環境を話した後、入社の条件を語った。「まず日本語をきちんと覚えてほしい。ちゃんとあいさつするなどコミュニケーションの能力も必要。就業規則を守ってもらわないと困る。入社したら整備士の資格を取ってもらう」。抹茶と一緒に出された饅頭にも手をつけず、子どもたちは熱心に聴き入った。

説明が終わると、工場見学だ。車体の修理や塗装の現場を面白そうに眺めた。最初は黙って見ていたが、そのうちトラックの車体に触り始め、運転席にも乗ってはしゃぎ出した。社長も顔を綻ばせ、「この仕事に興味あるかい？ 日本語をちゃんと覚えたら、呼んでやるよ」と声をかける。日本市場は飽和状態なので、この会社はブラジル進出を検討している。進出の際に日本で雇ったブラジル人が現地のリーダー役になるのを期待しているのだという。

見学の後、会社の人からこの仕事をやってみたいかと尋ねられ、ダニロ君は「ちょっと危ない仕事。体を使う大変な仕事だけれど、やってみたい」、ブルーノ君は「すごい仕事。勉強してやってみたい」と前向きな回答をした。だが、帰りがけに直接聞いてみると、必ずしもやりたい仕事ではないとの感触が伝わってくる。

日系ブラジル人の子どもの多くは中学校を卒業すると、親と同じように工場で派遣労働者として働く。高校まで進学するケースは少なく、大学となると、ほんの一握りしかいない。工場できつい仕事はしたくないのが本音だが、中卒レベルの学歴で日本語も満足にできないと、工場以外に選択肢はない。まして三人はこの段階で不就学の状態だった。伊東さんは何とか学校に通う気になってほしいと見学に連れて来たのだ。

ダニロ君は日系三世。マットグロッソ・ド・スル州の州都カンポ・グランデで生まれた。十一歳の時に両親に連れられ、岐阜県可児市に来て日本の小学校に入った。その後、保見団地に引っ越し、団地近くの豊田市立保見中学校に通ったが、中学二年の時に子ども同士の諍いがあり、退学した。

ブラジル人学校のEAS豊田校に通い始めたが、リーマン不況で親の収入が激減したこともあり、二〇〇八年十二月にやめていた。取材当時は不就学で、四月からの保見中学復学に向けて準備をしているところだった。いつも賑やかでトルシーダの日本語教室では人気者だったが、少し陰の部分も持っていた。実の両親が離婚し母親に引き取られており、一緒に暮らす義理の父に遠慮しているようなところがあったのだ。

レオナルド君は保見団地に来る前、豊田市立大林小学校に通っていた。団地に来てからはEAS豊田校に入ったが、周囲から「日本で暮らすなら日本の学校に行った方がいい」と言われ、中学二年で保見中学に入った。だが、授業に付いていけず二〇〇八年十月で退学になっていた。レオナルド君はずっと日本の公立学校に通っていたダニロ君に比べると、日本語は不得手。中学校では自分の言いたいことをきちんと表現できず、辛かったという。

ブルーノ君も日本語は得意ではない。日本の幼稚園を出た後は主にブラジル人学校に通った。日本語はトルシーダで勉強したが、来たり来なかったりの時期が続き、身に付かなかった。工場見学の後すぐ、彼はEAS豊田校に復学した。

一方、ダニロ君はトルシーダの伊東さんたちの後押しを受けて、何とか復学を果し、二〇〇九年四月から再び保見中学の生徒になった。ただ、空白の時期があったことで勉強に付いていくのが大変だったことは想像に難くない。レオナルド君も日本の中学への復学を考えていたが、結局断念し、ブラジルへ帰国した。

それぞれ行く方向が違った三人だが、工場見学が自分の将来を考える上で刺激になったことは間違いない。

卒業生が進路ガイダンス

団地暮らしを始めてしばらくしたころ、トルシーダ主催の進学ガイダンスが集会所で開かれた。大学生や社会で活躍している日系ブラジル人を講師として呼んで、子どもたちの前で自分の経験を話してもらうのだ。この日は二人が講師役を務めた。一人は三重県鈴鹿市のブラジル人学校を卒業し、鈴鹿国際大学に進学した女子学生。もう一人は団地に住むトルシーダの卒業生だった。

卒業生は自動車部品メーカーの東海理化に勤める長迫ケンジさん。一九八七年生れで、当時二十二歳。経済危機で職を失うブラジル人が多い中、彼は解雇を免れた。日本語力と勤務態度が評価され、派遣社員から直接雇用の社員に昇格していたからだ。

「彼はブラジルから来たばかりのころ、この教室で勉強しました。あなたがたの先輩です。日本語が上手になって、お父さんにもなりました」。伊東さんの紹介の後、長迫さんが壇上に立った。

長迫さんはサンパウロ州モジミリン市の出身。十三歳の時、自動車部品工場にデカセギに行く両親と一緒に来日、保見団地にやって来た。トルシーダの前身の日本語教室で数カ月間、日本語を習い、十四歳で保見中学校に三年生として入学した。三年に編入できたことで、本人も母親も喜んだが、数カ月後、授業に付いていけず、不登校になってしまった。

一般に外国人の子どもが中学校から日本の学校に入るのは小学校から入るのに比べ、かなりきつい。日本人の生徒と日本語力で大きな差がついており、それを克服するのは容易ではないからだ。長迫さんも授業で先生が何を言っているか分からず、苦慮した。国際教室で特別に日本語を習ったが、生徒は一人だけ。いつも孤独を感じた。日本人の生徒からイジメにも遭った。日本語が不得手なため、言葉の意味ははっきりとは分からなかったが、雰囲気で嫌なことを言われていると分かった。カッーとなって殴り合いのケンカをしたこともある。そんなことが続いて、ついに学校に行くのが嫌になってしまったのだ。

家に一人で籠っているとの知らせを聞いて、手を差し伸べたのが、トルシーダで伊東さんとともに日本語を教えている高山静美さんだ。自宅を訪ね、話をした。「中学を卒業するのとしないのでは、大きな違いがある。このままでいいの?」と語りかけ、長迫さんは再び学校に行く気になった。この時、「学校の教室で何も分からないまま座っているのは辛かった」と苦しかった胸の内を吐露したという。

まず日本語教室に行き、自信を付けたところで中学に復学。何とか卒業することができた。長迫さんは伊東さんや高山さんら日本語教室のスタッフを「僕にとっては家族同然の人たち」と表現する。中学校入学の時には高山さんが他のスタッフからもお金を集め、通学用のバッグを買ってあげた。そのことが自分の一番の思い出だという。

長迫さんは日本語の勉強に一生懸命取り組んだことで、普通にしゃべれるようになり、読み書きもある程度できるようになった。十六歳で豊田市内にある旭硝子の愛知工場に勤めた。二年後にはもっと給料の高いところを求めて派遣会社に登録、自動車用カーペットの工場に職場を移した。ここでは毎日残業をしたため、月給は手取りで二七万円と二倍近くに増えた。だが、それが失敗だったという。「最初に勤めた会社は直接雇用の社員だった。我慢して長くいれば役職も給料も上がっていくのに、すぐにお金がほしいと思って派遣社員になってしまった」と話す。

その後、派遣社員として会社を転々とする。だが、ほかのブラジル人に比べ、日本語ができるのに給料も役職も上がらない。職場のブラジル人のリーダーは自分が気に入った人だけに残業をやらせ、なかなか仕事が回ってこない。派遣社員になったことを後悔した。

幸い、二十歳で勤めた東海理化で直接雇用の社員になれた。休まず働き、残業の要請があった時に断らずに働いたことが評価されたのだ。この会社では勤務ぶりで派遣社員を直接雇用の社員に昇格する仕組みがあった。不況下で勤務態度が悪く、日本語もできない派遣社員は次々に解雇された。

長迫さんは仕事が安定したことで、二〇〇八年十二月に職場結婚した。相手は同じ二十二歳の日系パラグアイ人二世で、十九歳で日本に働きに来た女性だ。当時、夫人は出産で仕事を辞めたところだった。生れてくる子どもには高校、できれば大学にも進学させたいという。

「最初は考え方が幼く、日本語の勉強に身が入らなかった。でも日本で生きていくには日本語ができないとダメ。学校にも行けないし、いい仕事も見つからない。日本語ができればチャンスが広がる」。長迫さんは子どもたちにこう呼びかけて話を締めくくった。この日は子どもに加え、保護者も集まり、約二五人が真剣に話を聴いた。

トルシーダの主な事業は学齢期の不就学・不登校児やブラジル人学校に通う子どもに日本語を教えること。だが、私がボランティア活動をした二〇〇九年春は就労経験のある十八歳以上の生徒が何人かいた。彼らは失業中だった。十八歳のアキヨシ・ヂェゴ君は製造業で仕事が見つからないため、スーパーなど小売業やサービス業での就職を目指し、日本語の勉強のために教室に来ていた。

ある日、彼の相手を頼まれて教えようとすると、面接の練習をしたいという。自己紹介をするための日本語を教えた。「私は……八歳の時に……初めて……日本に来ました」。彼の喋る日本語をチェックし、ノートに書かせた。この青年はスーパーなど数社の面接を受けたが、日本語に難があり、いずれも採用には至らなかった。そのせいか、日本語を学ぶ姿勢は真剣そのものだった。

当時最年長だったのは二十五歳のジョン君。彼はトルシーダの卒業生だ。十七歳の時、ブラジルの高校を中退して来日、トルシーダで日本語を学んだ。伊東さんは働きながら定時制の高校へ行くよう勧めたが、彼は目一杯働くことを選んだ。失業して暇なので七年ぶりに日本語教室に来たのだが、「高校へ進学し、日本語をもっと勉強しておけば解雇されることもなかったはず」と残念がる。

「日本語を勉強してほしい」。進路ガイダンスでの長迫さんの話はトルシーダの日本語教室に通う子どもたちの心に響いたことだろう。

団地の希望の星

日本にデカセギに来る日系ブラジル人の子どもが大学に進学する例はきわめて少ない。リーマン・ショック後の経済危機で大学への道はさらに狭まった。そんな中、団地に住む日系三世の女子高生が大学に進学すると聞いた。三月中旬の土曜日、自宅を訪ねた。

この女子高生はURの五階建て集合住宅の一階に住む箱崎カリンさん。一九八九年生まれで、最初に会った時は十九歳だった。進学した大学は地元の名古屋商科大学。母親のトモエさんはコンビニのアルバイトで不在。父親のクロヴィスさんと弟のハルキチ君が一緒に出迎えてくれた。部屋には大画面の薄型テレビが置かれていた。最近、失業しブラジルに帰国した人から安く買ったものだという。本国に帰る時、当座のお金が必要になるので、電化製品を同じ団地のブラジル人に売りさばく人が多い。カリンさんの家にはテレビが三台もあった。

最初に日本に来たのは一歳の時。クロヴィスさんの仕事の都合で滋賀県長浜市や静岡県浜松市で暮らした。小学校に入る前に帰国。一九九九年、十歳の時に再び来日、一家は愛知県豊川市に居を構えた。それが彼女には幸いした。いきなりブラジル人が多い保見団地に来ると、ポルトガル語が通用するので日本語を勉強しようとする意欲が薄れる。カリンさんは大学に入るだけあって日本語は上手。一方、クロヴィスさんはあまり得意ではない。この日、カリンさんは自分の話をするだけでなく、ポルトガル語を話すクロヴィスさんの通訳も務めた。

豊川市では市立一宮南部小学校に入学した。日本語は全くできなかったが、「日本にいるならブラジル人学校より日本の学校の方がいい」という両親の方針で公立の小学校に入ったのだ。日本にデカセギに来てそのまま一〇年もいることになったが、当時はどのくらいいるのかはっきり決めていなかった。いずれブラジルに戻るなら、ポルトガル語で勉強するブラジル人学校が良かったのだが、それだとお金もかかる。「先のことはあまり考えず、取り合えず日本の学校にした」とクロヴィスさんは当時を振り返る。

同学年でブラジル人は一人だけ。本来なら小学五年の年齢だったが、一年下の四年生に編入された。月に一、二回市役所から通訳の人が派遣され、日本語の教材をもらって勉強したが、授業はちんぷんかんぷんだった。教師の話す言葉の意味が分からず、何でも隣の子を見て真似していたら、ある時「真似しないで」と言われて、ショックを受けた。外国人が嫌いな子もいて「近づかないで」と仲間はずれにされたこともある。ブラジルでは日系人と呼ばれた。ところが日本に来たらブラジル人。いったい自分は日本人なのか、ブラジル人なのかと、このころよく悩んだという。

一番辛い時期だった。だが、この体験が大きかった。日本語が話せないとどうにもならないと猛勉強したのだ。一年後に保見団地に引っ越し、団地内にある東保見小学校に転校した。この時、日本語はそこそこ理解できるようになっていた。同校には外国人向けの日本語特別教室があったが、その授業に出る必要はないと言われるほどだった。

東保見小のクラスでは三〇人中五人がブラジル人だった。日本語とポルトガル語の通訳もいる。団地ではポルトガル語が通用した。俄然生活は楽になったが、始めからここにいたら、日本語ができないままだったかもしれない。このころから大学進学を意識し始めた。

中学はブラジル人生徒の多い地元の保見中学校へ進学。高校は外国人募集枠のある学校には進まず、同学年にブラジル人のいない愛知県立豊田東高校を選んだ。中学はブラジル人が多く楽しかったが、大学進学に備え、日本人の中で自分を鍛えようと思ったのである。その甲斐あって二〇〇八年秋、名古屋商科大学の一般推薦入試に合格した。入試の面接では、ポルトガル語、英語、日本語を使って通訳など国際的な仕事をしたいという自分の夢を熱く語った。

日系ブラジル人の子どもは将来、日本で就職するのか、ブラジルで働くのかはっきりしないため、学習意欲が低くなりがちだ。カリンさんには日本の大学に入り、就職するという強い意志があった。「勉強しろと言ったことは一度もない」とクロヴィスさんは振り返る。だが、両親の支援なしにカリンさんの大学進学が実現しなかったことは言うまでもない。二人とも自動車部品会社で派遣社員として一日十二時間も働き、多い時は合わせて月七〇万円もの収入があった。経済危機で仕事が減り、収入は以前の四割まで下がった。生活は楽ではないが、娘には夢を実現してほしいと思っている。両親の負担を少しでも減らそうと、カリンさんも大学に入ってからはアルバイトに精を出した。大学進学は実現した。通訳になって親孝行するのが次の夢だ。団地に住む日系ブラジル人の希望の星である。

外国人比率六割の小学校

二〇〇九年三月十九日。団地内にある豊田市立西保見小学校で卒業式が行なわれた。午前九時三十五分、小学校六年生の男子一五人、女子二三人、合わせて三八人が緊張した面持ちで会場に入ってきた。正面左手に男子、右手に女子が並ぶ。君が代を斉唱した後、卒業証書が全員に手渡された。中根秀博校長が時折ポルトガル語を交えて式辞を述べた。「皆さんの中にはブラジルに帰る子もいると聞いていますが、帰っても自分の夢の実現に励んでほしい」。

卒業生のうちブラジル人を含む外国人は一五人。全体の約四割を占める。同校では年々外国人の比率が高まっており、二〇〇九年四月入学の新入生は二八人中一九人と外国人が六七・九%にも達した。学校全体では一九四人中一一六人で五九・八%だ。外国人の内訳はブラジル人が一〇八人で、以下ペルー人五人、フィリピン人二人、韓国人一人となっている。保見団地には西保見小学校のほか、東保見小学校もあるが、外国人比率は西保見小が圧倒的に高い。

それだけに外国人教育には力が入る。日本語を教える専門の教員が五人、教員をサポートする通訳が五人、特別に配置されていた。来日したばかりの外国人児童に対しては市の教育委員会が主催する初期日本語教室「ことばの教室」が三カ月程度開かれるが、この後も継続的なフォローが行なわれる。語学力が十分でない外国人児童には「入り込み」と「取り出し」の二つの指導が実施される。「入り込み指導」は普通の授業に日本語専門教員が入り、児童のそばに付いて補足の説明をする。一方、「取り出し指導」は日本語が不得手な児童を取り出して個別に指導する。

卒業式前の三月初旬、小学四年生の国語の取り出し授業を覗いてみた。「遊ぶ、曲がる……」。五人の児童が黙々と漢字の書き取りをしていた。間違えると担当教員の幸田隆さんが注意する。「ちゃんと送り仮名をつけなさい」。少人数だけに子どもたちも授業に集中している。「ブラジル人児童は漢字が苦手。漢字が読めないとすべての学習に影響する」と幸田さんは言う。授業では漢字の練習を重視するが、どう興味を持たせるかで苦労する。ブラジル人はリズム感があるので、身ぶり手ぶりを交えて教えると乗ってくるという。

成功体験をつくることで自信を持たせることも大事だ。日本語のスピーチ発表会でお祭りなどブラジルの文化を紹介させると、知ってもらいたいから一生懸命やる。それを褒めると、すごく自信を持つ。それの繰り返しでスピーチは楽しいと日本語を勉強するようになる。ブラジル人は一般に乗りのいい子が多く、感情表現が豊か。一方で思うようにいかないとすぐイライラし、感情が不安定になる。日本人の子どもとは違ったアプローチも必要になってくる。

幸田さんはもともと異文化コミュニケーションが専門で企業研修の講師などをしていた。ボリビアに行き、大学で教えたのがきっかけで、大人より学生を教える方が手ごたえがあると実感、教師を志した人だ。教師になったのは二〇〇五年で、南米に関心があったため日系ブラジル人の多い学校を志願、西保見小学校に配属された。

取材当時、西保見小で日本語教育を担当していた前田澄子さんも異例の経歴の持ち主。大学時代に名古屋でブラジル人と知り合ったのがきっかけでブラジルに興味を持ち、同国に留学。大学卒業後は自動車関連の会社に勤め、ブラジルとの輸出入業務にかかわった。仕事の傍ら、保見団地にあるNPO法人「子どもの国」で日系ブラジル人児童に学習支援をするボランティア活動に携わった。この時、日本に来たブラジル人の子どもが勉強に付いていけなかったり、学校でイジメに遭ったりして苦しんでいるのを目の当りにした。留学した時にブラジルで見た子どもたちの底抜けの笑顔はそこにはなかった。それが原点になり、日系ブラジル人児童の教育を志したのだ。会社を辞め、大学院に進学しポルトガル語を本格的に勉強した上で、小学校の教師になった。

幸田さんも前田さんも志願して外国人児童の教育に取り組んでいるため、「仕事にやりがいを感じている」と口をそろえた。西保見小は地域の非営利組織（NPO）などと連携、外国人児童の放課後学習にも取り組んでいる。前田さんが教師になる前にボランティアで関わった子どもの国もそういう団体の一つだ。手厚いシステムと熱意ある教師の存在。それが同校の外国人児童教育を支えている。

女性が活躍するNPO

保見団地で活動するNPOは四つある。私がボランティア活動をしたトルシーダのほか、冒頭で紹介した「一日派遣村」を開催した保見ヶ丘ラテンアメリカセンター、西保見小の前田教諭が関わった子どもの国、日伯合同パトロールを実現した藍葉さんが事務局長を務める保見ヶ丘国際交流センターがある。この中で保見ヶ丘ラテンアメリカセンターを除く三つのNPOはいずれも女性が代表を務め、外国人への日本語教育を中心に活動している。

トルシーダは月曜から金曜までの午前十時から正午まで団地内の第二集会所で日本語教室を開いているが、午後二時からここを使うのが、子どもの国である。午後三時半になると、ランドセルを背負った小学生が次々にやって来る。団地内の西保見小、東保見小、保見中と連携、六歳から十七歳までの外国人児童・生徒の放課後学習を支援する「ゆめの木教室」を午後六時まで開く。この教室に通う子どもは三〇人。主婦や学生、退職シニアなど約一五人がボランティアとして子どもたちの勉強を見ている。

トルシーダが不就学やブラジル人学校に通う子どもの日本語指導を担っているのに対し、子どもの国は日本の公立小中学校に通学する児童・生徒の学習支援が中心である。小中学校とは子どもたちの出欠状況を伝えるなど、密接に連絡を取り合っている。ブラジル人など外国人の子どもの多くは両親が夜まで働いているため、家に帰っても誰もいないというケースが少なくない。また日本語力が不十分なため、学校の授業だけでは足りず、自宅学習が必要だ。ゆめの木教室はこうした子どもたちのために居場所を提供し、宿題の面倒を見たり、授業の復習をしたりしているのである。

子どもの国はこのほか、土日や夏休みなどを利用して、ものづくりや自然との触れ合いを体験する「わくわく教室」を開く。毎週水曜日の夜には、中学生以上の子どもを対象に青少年自立支援事業「そら」を実施する。「そら」は将来に希望を持てない、目的意識のない青少年が自分を見つめ直し、やってみたい職業について考える機会をつくるのが狙いだ。職業訓練学校やハローワーク、パソコン教室に見学に行くなどの活動をしてきた。二カ月に一回、子どもたちと保護者、子どもの国のスタッフによる交流会も開いている。

理事長の井村美穂さんは名古屋市在住。一九六一年、石川県羽咋市に生まれ、名古屋市で育った。ブラジル人児童の教育に深く関わるようになったのは、可愛い盛りに自分の子どもたちと引き離された自身の経験が影響している。

二十二歳で結婚、三人の息子を産んだ。三十二歳の時、夫婦関係が悪化、離婚裁判になり、子どもたちと引き離された。強い喪失感がもとで神経症になり、精神科に通院。食べられない、眠れない日々が続き、一〇キログラムも体重が減り、安定剤や睡眠薬に頼った。いっそのこと死んでしまいたいと考え始めたころ、病院に行く途中で外国人に道を尋ねられた。道案内をすると、笑顔で感謝された。それを見た時、自分にはまだ人の役に立つことが何かできるかもしれないと希望が湧いてきた。「お前なんかいらないって言われたから、誰かに必要にされたいって強く思ったんです」と当時を振り返る。

子どものことが常に頭にあったから、教育に関わろうと考えた。三十三歳の時に通信教育で大学に入り、小学校教員の免許と日本語教師の資格を取得した。一九九八年から保見団地で日本語を教えるボランティア活動を始めたが、団地の広場で学校に行かず、毎日ふらふらして過ごしている外国人児童を見て衝撃を受けた。

「彼らのために何かしたい」。そう思って外国人児童の家庭訪問をしたら、親から子どもの宿題を見てくれと頼まれた。一九九九年に子どもの国の前身である民間ボランティア団体「子どもの国教育基金の会」を立ち上げ、二〇〇〇年から放課後学習支援のゆめの木教室を開始した。井村さんは「もし自分の子だったら不就学なんてとんでもない。いつも自分の子どもだと思って接してきた」とこれまでの活動を振り返って語る。

日曜日になると、第二集会所は子どもだけではなく大人も対象にした日本語教室になる。保見ヶ丘国際交流センターが午前十時から正午まで日系ブラジル人など外国人に日本語教室を開く。子どものクラスもあるが、大人のための会話教室もある。午後一時までポルトガル語による生活相談も行なっている。

理事長の楓原和子さんは保見団地に住む主婦。トルシーダの伊東さんは岡崎市、子どもの国の井村さんは名古屋市から団地に通ってくる。二人は団地の外に住んでいるのに対し、楓原さんだけが団地の住民だ。ここで活動する外国人支援のNPOは代表者だけでなく、スタッフも団地住民はほとんどいない。ふだん身近に接し、ゴミ問題などのトラブルがあるせいか、ボランティアで支援活動しようという人は少ないのだ。

楓原さんは一九九五年、団地近くの保見中学校で外国人生徒のためのボランティアティーチャーを務めたのがきっかけで、外国人への日本語教育に関心を持った。一九九八年に東京都立大学助教授（現在は首都大学東京准教授）の野元弘幸さんが中心になって団地内に立ち上げた保見ヶ丘日本語教室に参加。以後、外国人支援の活動に関わることになる。

この日本語教室が母体になって一九九九年に保見ヶ丘国際交流センターが設立され、楓原さんは当初事務局長を務め、その後理事長に就任している。ちなみにこの日本語教室からは現在団地にある二つのNPOも枝分かれして誕生した。教室開設に主導的な役割を果たした野元助教授が二〇〇一年に設立したのが保見ヶ丘ラテンアメリカセンターで、子どもの国の井村理事長も当初この教室でボランティア活動をしていた。

保見ヶ丘国際交流センターの活動は幅広い。日本語教室のほか、仕事中に事故に遭った人の労災申請の相談に乗るなど当初はブラジル人の生活支援に力点を置いていたが、現在は地域の住民交流を重視、夏祭りなど自治会のイベントに積極的に参加する。松田セルジオ・カズトさんが立ち上げた保見ヶ丘ブラジル人協会に協力して国際フェスティバルを開催するなど、事務局長を務める藍葉謙二さんを中心にブラジル人協会との連携も強めており、団地の日伯交流の橋渡し役を担っている。

トルシーダ代表の伊東浄江さんは一九五七年生まれ。日本人学校の教師だった夫に同行、インドネシア、スペインに合計六年間暮らした経験を持つ。どちらの国も濃密な近所付き合いがあり、家にも招待された。スペインでは隣家のおばあちゃんが伊東さんの子どものために靴下まで編んでくれた。他人に関心を持たない日本とは大違い。外国で親切にされた経験がその後、外国人支援の活動に乗り出す原点になったという。

帰国後、豊田市国際交流協会のパーティーで知り合った日系ペルー人から日本語を教えてほしいと頼まれた。外国で親切にされただけに、日本にいる外国人にも同じように接したいと思った伊東さんは日本語を教え始める。教えるからにはちゃんと教え方を学びたいと、通信教育で日本語教育を勉強。その後、豊田市国際交流協会の日本語指導のボランティアグループに参加した。この時、学校に通っていないブラジル人の子どもがいることを知った。子どもの親はデカセギで日本に来ており、いずれブラジルに帰るからと日本の学校に行かせるのを躊躇していた。こうした子どものために日本語を教え始め、不就学児に関わることになる。

一九九八年に「短期集中日本語教室」という教室が設置され、不就学の子どもたちに教えたところ、保見団地から通ってくる子がほとんどだった。それなら現地に行ってやろうということになり、団地内で教え始め、二〇〇〇年には日本語教室「ほみぐりあ」が設立された。「ほみぐりあ」とは「保見」とポルトガル語の「アレグリア（喜び）」からとった造語である。現在、トルシーダで一緒に活動する高山静美さんや湯原由美さんはこの時以来のメンバーである。伊東さんが高山さん、湯原さんとともにNPO法人としてトルシーダを設立するのは二〇〇三年。子育ても終わった伊東さんは本格的に外国人支援の活動をすることを決意、愛知県立大学外国語学部に通い、スペイン語を学んで二〇〇五年に卒業、日本語教師の資格も取得した。「日本にいる外国人が少しでも暮らしやすくなるよう応援したい」と日系ブラジル人など外国人児童の支援に情熱を燃やしている。

深刻な子どもの健康問題

二〇〇九年三月中旬の月曜日。この日、トルシーダの日本語教室は休み。日系ブラジル人の生徒たちは団地近くの中京大学の体育館に向かった。到着すると、二手に分かれ、男子はフットサル、女子はバレーボールを始めた。中京大学の学生やトルシーダで日本語を教える主婦も加わり、汗を流した。

男子のフットサルを見学した。巧みなドリブル、流れるようなパス。サッカー大国で育ったせいか、ボールさばきは見事だ。生き生きと飛び回る姿は普段苦労しながら日本語を勉強する子どもたちとはまるで別人。よほど楽しかったのかプレー後はみんな笑顔になった。「団地の子どもは運動不足。それを何とかしたかった」と語るのはこの催しを学生と一緒に企画した中京大学の斉藤尚文教授。保見団地をはじめ、豊田市で活動する「外国人医療支援グループ」のメンバーだ。この年の春、こうしたスポーツ教室を何度も開いた。

医療支援グループは豊田市国際交流協会で日本語を教えるボランティアの市民が中心になり、一九九八年に創設された。団地で年一回、ブラジル人など外国人児童を対象にした健康相談会を開くほか、各種医療情報を提供する壁新聞の作成などの活動を展開してきた。健康相談会には国際交流協会が医師会に要請して医師を派遣してもらうほか、看護師や保健師、一般市民や学生のボランティアが参加。団地とその周辺から相談に来る外国人の健康状態をチェックする。

斉藤教授に医療支援グループに入るよう誘われ、毎年相談会を担当してきた看護師の大谷かがりさんによると、ブラジル人の子どもの三、四割は肥満だという。「運動不足で、炭酸飲料や甘い物、脂っこい物ばかり食べている子が多い」と大谷さん。親が忙しく食事に手が回らなかったことや、子どもが通うブラジル人学校に広い運動場がないことなどが肥満の原因になっている。尿検査をすると、再検査が必要と診断される例も少なくなく、糖尿病の疑いがある子がいた。高血圧の子どもも日本人に比べて多く、ブラジル人の健康状態は概して良くない。

健康相談会には深刻な病気を抱えている子どももやって来る。口蓋裂でしゃべれず、しかも難聴の子どももいた。診察した医師が手術をすれば話せるようになると手術を勧めたが、家族がその必要はないと断わってきたケースもある。腎臓の悪い十二歳の女の子には毎年、病院に行った方がいいとアドバイスするが、行った形跡がなく、三年間で見るからに痩せてしまった。ちゃんと治療しないのに「いったい何のために来るのか」と大谷さんはいつも不思議に思う。

だが、子どもを連れてくる母親と接して次第に分かって来たことがある。話し相手を求めているのだ。「どんなに自分の生活が大変かを訴える。子どもの世話をしたいけれど忙しくてできない。それを分かってほしいと思っている」。日本でのデカセギ生活で孤独とストレスを抱え、誰かに話を聞いてもらいたいと渇望する人が多いのだ。

住民が託児所開業

私が取材した二〇〇九年春はリーマン不況で失業する人も多く、残業も激減していたが、それ以前は共稼ぎで一日十三時間も働くブラジル人夫婦も珍しくなかった。食事の問題だけでなく、子どもが病気になっても忙しくて病院に連れていけない親も多く、ブラジル人学校の先生が代わりに連れていくケースもあったという。こうした事情を反映して保見団地には特異な生活支援ビジネスが存在していた。

「託児アパート」。朝早く家を出て夜遅く帰る親のために、団地内の自宅の部屋に乳幼児を預かり、朝昼夕の三食を出し、子どもの世話をする。いわば自宅を利用した小さな保育園だ。二〇〇九年当時は親が暇になり、託児アパートは下火になっていたが、好況時は団地内に二〇カ所近くもあった。施設を見た人の話によると、六畳間くらいの狭いスペースに大勢の小さな子どもたちがひしめき合って遊んでいたという。託児アパートの中には保険証を預かり、子どもが病気になった時は親の代わりに病院に連れていったり、簡単な勉強を見たりするサービスもあった。

実際に託児アパートを運営していた青木リタ・リベイロさんという当時三十九歳だったブラジル人女性から話を聞いた。景気の良かった二〇〇六年には友人と二人で二〇人もの子どもを預かっていたという。だが、リーマン・ショック後、親の失業に伴いブラジルに帰国する子どもが増え、二〇〇九年二月には最後に一人残った子どもが帰国、ついに託児アパートは閉鎖になった。

二〇〇六年ごろ、預かっていた子は一歳から十二歳まで。預かる時間は子どもによって違うが、朝は午前七時から夜は午後九時まで受け入れていた。朝七時前に仕事に出る母親が乳幼児を預けに来る。日本の公立小学校やブラジル人学校に通う児童は学校が終わってからやって来る。食事は豆料理のフェジョンやサラダ、魚、卵、カレーライスなどが中心で、おやつにビスケットやキャンディーも出していた。アパートは3DKで、広い部屋が子どもの遊び部屋になっており、大きな遊具を置いていた。幼児は二歳からアルファベットの練習、ブラジル人学校に通う生徒には宿題の面倒を見ていたという。

保見団地に住むブラジル人は日本語ができず、日本人との交流がほとんどない。ブラジル人だけのコミュニティーに生きており、託児アパートもそうした環境の中から生まれた生活ビジネスといえるだろう。青木さんの託児アパートは一日預かると月四万五〇〇〇円で、半日だと月二万二〇〇〇円。二〇人預かっていた時は結構の収入になっていたと思われる。

青木さんは父がポルトガル系、母がイタリア系のブラジル人。日系のブラジル人と結婚して夫と一緒に来日した。その後、夫とは離婚、団地で甥と二人で暮らしていた。青木さんにはもう一つ別の仕事もあった。日本語とポルトガル語の通訳だ。団地には日本語ができないブラジル人のために通訳の仕事をする人が何人もいた。特に重宝されたのが病気の時に病院に同行してくれる医療通訳だ。通訳料は一回につき約三千円が相場だという。車で遠くの病院に連れていくような場合はガソリン代などの交通費も別途請求する。

医療通訳をしていた三十八歳の女性は「日本語ができると色々な相談が持ち込まれる」と語る。この女性は病院だけでなく、社会保険事務所、警察署、税務署などに手続きに行く同胞に付き添い、通訳をした経験があるという。最近は市役所など行政の窓口にポルトガル語ができる人を配置する例が増えているが、十分とは言えない。病院をはじめ通訳の活躍する場はまだ数多く残っている。

遠い共生への道

保見団地に住み込む前、豊田市をはじめ愛知県内で準備取材をしている時、「本当に住むの？怖い所だよ」と言われた。恐る恐る団地での生活を始めたが、危険な目に遭ったことは一度もなかった。なぜ、そんな風に言われるのか、団地の人に聞いてみると、少し考えた後でこんな答えが返ってきた。「一〇年前の例の事件のせいかな……」。

例の事件とは一九九九年六月の右翼関係者と日系ブラジル人の対立騒動を指す。団地内にあったラーメンの屋台が何者かに壊されたのが発端となり、六月五日夜、「ブラジル人の仕業」と決めつけた団地に住む右翼関係者が街宣車とバイクを連ね、「ブラジル人は出てこい」とマイクで挑発した。翌日夜には右翼関係者の街宣車が放火され、犯人探しをした右翼関係者とブラジル人の若者がにらみ合い、愛知県警の機動隊が出動する事態に発展した。団地に住む豊田市議会の松井正衛議員は「外国人は出ていけとシュプレヒコールが上がり、団地は騒然とした雰囲気につつまれた」と振り返る。新聞各紙がこぞって取り上げたことで、「保見は怖い所」というイメージが全国的に広がったのだという。

団地に入居するブラジル人が増え始めたのは出入国管理法が改正、施行された一九九〇年以降。「それ以前は県営住宅に一〇人いただけ。一九九二年から一九九八年までの六年間、団地の公団自治区長を務めたが、その間にブラジル人住民は百人から一五〇〇人と一気に増えた」と松井さんは語る。最初のころは地域のイベントにブラジル人が参加するなど和気あいあいの交流があった。だが、入居者の数が多くなるにつれ、深夜に大音量でステレオをかけたり、ベランダで大声を上げながらバーベキューをしたり、ゴミを庭に投げ捨てる者まで現れ、トラブルが絶えなくなった。

何とかしないといけないと、一九九七年、松井さんら自治会の役員が中心になり、「保見ヶ丘を明るくする会」を立ち上げた。当時は豊田市役所にまだ国際課もない時代で、行政もどう対応していいか分からないという状態だった。保見ヶ丘を明るくする会は市のほか、愛知県や住宅・都市整備公団（現在のUR）に対応策をとるよう要望した。

当時、松井さんたちが一番困ったのは急増するブラジル人コミュニティーの顔が見えなかったことだ。デカセギが目的で来日するブラジル人は移動が激しく、住民として地域に根付こうという意識が希薄だった。コミュニティーをたばねるリーダーもいないため、トラブルが起こっても、誰と話していいか分からないような状態が長く続いた。松井さんは一九九九年、市議会議員に当選、市議会でこの問題を訴えていくことになる。右翼関係者とブラジル人の対立騒動はこうした背景の中で起こったのである。

保見団地は豊田市の中心街から北西に約七キロメートル離れた丘陵地を愛知県とUR、名鉄が共同開発した団地で、一九七五年に完成、入居が始まった。団地内は四つの自治区に分かれている。県営住宅は県営保見自治区、URの住宅は公団保見ヶ丘自治区と保見ヶ丘六区自治区の二つ、名鉄が開発した一戸建て住宅の分譲地域は緑苑自治区になっている。緑豊かな環境に魅かれ、一九七六年に一戸建て住宅を購入した緑苑自治区の藤原敏範さんは「こんなに外国人が増えるとは夢にも思わなかった」と本音を漏らす。片言のポルトガル語を話し、ブラジル人との交流にも積極的だが、団地のイメージが下がったことには不満を隠さない。

団地に住み込み取材をしていた当時、県営住宅への入居を巡り、ブラジル人と愛知県が対立していた。不況の深刻化で家賃の安い県営住宅に入りたいブラジル人が入居の募集枠拡大を県に求めたが、県が応じなかったのだ。団地の県営住宅には三百戸以上の空室があったにもかかわらず、県は募集戸数を制限していた。「外国人が急増すると自治会運営が困難になる」と県営住宅の日本人住民が反対していたからだ。日本人住民には外国人がさらに増えることへの危機感が強かった。

二〇〇九年三月の時点で県営住宅は入居世帯の約六割が外国人だった。団地の中でも日本人とブラジル人の関係が特に悪く、ゴミ問題などを巡る軋轢が絶えなかった。当時の成瀬壮・県営保見自治区長は「我々は外国人に入るなとは言っていない。ただ、ルールを守ってくれる人でないと困る」

と外国人の募集枠拡大に反対する理由を語った。成瀬さんは一九八五年に団地に入居、自治区長も約一〇年と長く務めた。その経験から「日本人とブラジル人は共生できない」と断言する。

一方、日本人住民の努力次第でブラジル人住民との軋轢を軽減できると主張するのが、公団保見ヶ丘自治区長を務めていた井原邦和さんだ。かつてゴミ問題に苦しんだ井原さんはURに働きかけ、金属製のゴミステーション設置させ、住民にゴミ出しルールの順守を訴えた。その結果、URの集合住宅のゴミ問題はかなり改善されたという。井原さんには「やればできる」との思いがある。保見団地は一時、ゴミ団地と不名誉な呼ばれ方をされた時期があるが、主に問題が起こっていたのは県営住宅だ。保見ヶ丘ブラジル人協会を設立してゴミ問題に取り組んだ松田セルジオ・カズトさんが「ルールを守らないのは一部のブラジル人。すべてのブラジル人が悪いわけではない」と言うように、URの住民にも「ゴミでトラブルが起こっているのは団地の全部ではなく、一部」との思いがある。井原さんは県営住宅の問題について「県がもっと指導力を発揮すべきだ」と指摘した。「お互いが交わる『共生』は無理にしても、文化、生活習慣の違いを認めた上で一緒に住む『共存』なら可能。ブラジル人住民とは問題ごとに話し合いをし、解決を図ればいい」と語る。

未来の日本を見る旅

人口の約半分が外国人の保見団地。ここでの生活はいわば未来の日本に出合う旅だった。急激な

団地内にあるブラジル人向けのカフェ

人口減少社会に突入した日本が労働力不足を補うために移民を大量に受け入れたら、どうなるのか。未来の日本に起こるかもしれない出来事が団地ではすでに起きていた。一カ月間の生活は様々なことを学ぶ刺激的な体験だった。

団地内を歩くと、日本人の高齢者とブラジル人の子どもの姿が目に付いた。団地への入居が始まってから、四〇年近くが経つ。当時三十代だった日本人住民も七十代になる。子どもたちは団地を離れ、高齢化が著しい。デカセギ労働者が大半のブラジル人は団地には寝に帰るだけで、昼間大人の姿はあまり見かけない。目立つのは不就学の子どもと失業中の若者がたむろする光景だった。

団地内には当時、和食の店が二軒あったが、ブラジル人の客を見ることはなかった。一方、一軒あるブラジル料理店で日本人の姿を見ることはなかった。スーパーには日本人、ブラジル人双方の住民が買い物に来るが、両者が仲むつまじく談笑する光景は一度も見なかった。日本人とブラジル人は互いに交わらず、別々の集団として暮らしていた。

交流しているのは外国人支援のNPOと外国人の子どもたちくらいだが、NPOで活動するのはほとんどが団地外から来る主婦や学生のボランティアだ。しかも、こうした交流がなぜ生まれるのかといえば、不就学児の存在など外国人の子どもの教育問題が深刻だからにほかならない。松田セルジオ・カズトさんが保見ヶ丘ブラジル人協会を結成、ようやく団地の自治会幹部との交流が始まったが、ゴミ問題などトラブルがあるから交流しているともいえる。

こうした現実を見ると、移民受け入れ後の日本の未来に明るい展望を持てなくなってしまう。だが、ブラジル人のイメージを上げようと一生懸命頑張る松田さんや、言葉のハンディを乗り越え大学に進学した箱崎カリンさん、勤勉に働くことで派遣社員から直接雇用の社員になった長迫ケンジさんらの奮闘には希望も感じた。伊東さん、井村さん、楓原さんのNPO女性リーダー・トリオの活躍も今後への期待を膨らませる。だが、外国人の生活や教育の支援をNPO任せにしておいていいのだろうかとの疑問も同時に湧いてくる。NPOの奮闘は入管法を改正して日系人を受け入れた政府や日系人を下請け企業で使っている大企業に、その責任を問いかけているともいえる。

団地生活を終えてすぐの二〇〇九年三月二十八日、日本人とブラジル人が親睦バーベキュー大会を開くというので、再び団地を訪れた。団地内の東保見小学校に松田さんら保見ヶ丘ブラジル人協

団地の親睦会で行なわれたサンバの演奏

親睦会でブラジルの格闘技「カポエイラ」を実演する女性たち

会のメンバーとその家族が顔をそろえ、日本人側は井原さん、藍葉さん、藤原さんら団地の自治会幹部や保見ヶ丘国際交流センターの楓原さんらが姿を見せた。深刻な対立が続いていた県営住宅の自治会幹部は来なかったが、参加者はブラジルの焼き肉、シュラスコを食べながら、和やかに歓談。サンバの演奏やブラジルの格闘技カポエイラの実演も行なわれるなど、日伯友好の時を過ごした。

参加したのは約五〇人と団地全体の一%にも満たない数だったが、こうした会が開かれること自体が一歩前進だった。その後、保見ヶ丘ブラジル人協会は団地で国際フェスティバルを開催、保見中学校の運動会や団地の夏祭りにも参加するなど地域住民との交流を続けている。松田さんの父親がブラジルで日本人の信用を高めていったように、松田さんも保見団地でブラジル人のイメージを徐々に変えていっているように見える。団地の日本人とブラジル人はまだ点と点の交流に過ぎないが、それが面と面の交流に発展する日がいずれ来るかもしれない。

第三章

アジア人の集う街

東京オオクボ

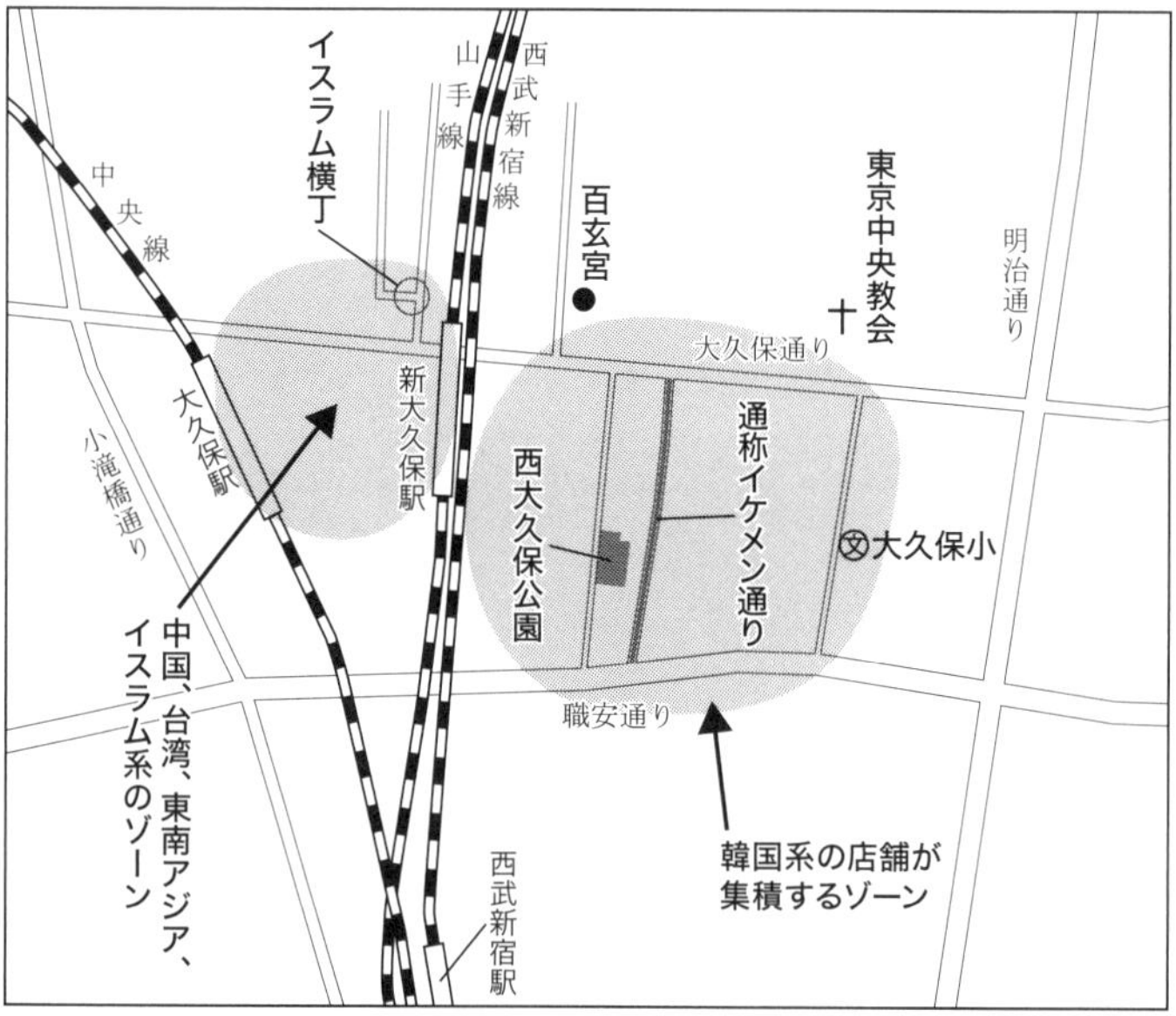

図表 3―1　オオクボの地図

アジアの喧騒

　ＪＲ新大久保駅を降りると、アジアの喧騒が広がる。聞き覚えのない言葉や鼻をつくスパイスの匂い、スカーフを頭に巻いた女性、ハングル文字の看板……。雑踏の中をくぐり抜けるように、みんなが急ぎ足で歩いている。韓国語で話すカップルは大声、早口でしゃべり、顔は笑っていても、まるで喧嘩しているように見える。駅から東西に延びる大久保通りを東に進むと、韓国料理店と韓流スターやＫ－ＰＯＰアイドルのグッズを販売する店が並ぶコリアタウンが広がり、西に行くと、中国の食材店や中華料理店など中国系の店が目立つ。駅前を北の方へ歩くと、ネパールやミャンマー、バングラデシュ、インドなどの食材店が軒を連ねている。

　新宿区は東京都で最も外国人住民が多い地域だが、中でも多いのが大久保地区だ（図表3—1）。新大久保駅周辺の大久保一丁目、大久保二丁目、百人町一丁目、百人町二丁目の人口を合わせると、外国人比率は四割近くに達する。この地域が国際都市オオクボの心臓部といえる。

　最初にここに来た時は驚いた。パリの移民街、ベルヴィルを想起させるような騒々しさと熱気、異国から来た移民たちが放つエネルギーに圧倒された。すぐにこの街の磁力に引き込まれ、二〇一〇年の三月から四月にかけて一カ月間住み込みで取材をした。借りたアパートは西大久保公園のすぐ近く。かつてこの辺りは夜になると、中南米や東南アジア出身の夥しい数の街娼が立っていたと

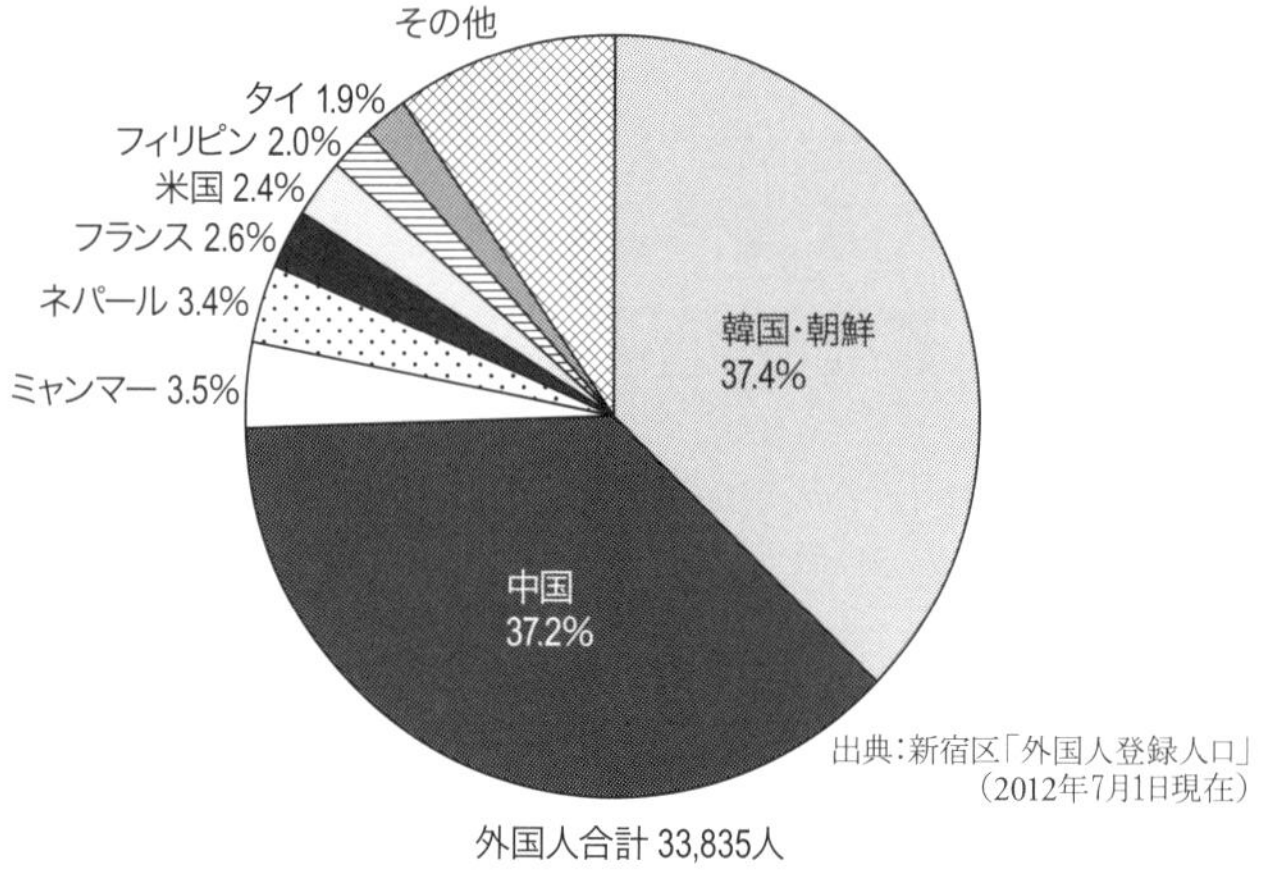

図表 3—2　新宿区の外国人の国籍別内訳

いう。アパートは新宿歌舞伎町と隣接する職安通りと大久保通りをつなぐ細い小道に面していた。職安通りと大久保通りの間にはこうした小道が南北に幾筋も通っている。

職安通りの歌舞伎町側の筋はそれほどでもないが、大久保側の筋は韓国系の店舗ばかり。もはや完全なコリアタウンだ。大久保通りは新大久保駅の東側が韓国系の店舗が多いものの、日本の店もまだ残っており、二〇一〇年の段階では拮抗状態。取材している最中にも、閉店する日本の店が何店舗かあり、代わりに韓国系の店が新規開店するなど、韓流勢力が徐々に日本の店を浸食する過程にあった。韓流グッズの店が並ぶ大久保通りや職安通りは東京だけでなく、日本各地から訪れる女性の観光客で溢れている。だが、二つの通りをつなぐ小道に入ると、そこが韓国人をはじめとした住民たちの生活空間であることが分かる。韓国料理店のほか、韓国人向けのクリーニング店、レンタルビデオショップ、美容院、安い料金の民宿などが点在する。これらの店の看板は日本人の入店を拒むかのようにハングルだけで書かれている。日本人の観光客相手の店ではなく、ここで暮らす韓国人のための店なのだ。

アパートで生活を始めた最初の夜、近くの飲食店で夕食をとろうと外に出た。だが、韓国料理の

韓流ファンで賑わう大久保通り

店はどこも客でいっぱい。仕方なく新大久保駅の近くの和食の店に入ったのだが、そこには客が一人もいなかった。毎晩賑わう大久保界隈で客を集めているのは韓国系の店ばかり。日本人の店舗はその恩恵に預かっていないのだろうか。店員に話を聞くと、「ここに来る人たちは韓流ドラマやK－POPのファンか韓国料理が好きな人ばかり。うちの店に用はない」と寂しげに語った。

夕食の後、街を散策した。夜遅い時間になってもカップルや若い女性のグループなどが大勢歩いており、一時期指摘されていたような治安の悪さは全く感じられない。韓国料理店は深夜遅く明け方近くまで営業している店が多い。アパートに戻って床に就いたが、道を歩く人のしゃべり声や足音がいつまでも続き、なかなか眠れない。歌舞伎町方面からはパトカーなのか、救急車なのか、サイレンの音が響く。大久保が眠らない街であることを実感させられた。

留学生と元留学生の街

大久保通りにある人気焼き肉店「とんちゃん」。昼も夜も入店を待つ若いカップルで行列ができる。一度食べてみたいと思って、比較的空いている午後遅い時間に行ってみた。サムギョプサルという豚バラ三枚肉のセットメニューが約千円と手頃な値段で食べられる。フロアできびきびと接客をしている若者が目に入った。働いているのはほとんどが韓国出身の留学生だ。長髪の若者二人に話を聞くと、二人とも東京で放送技術を勉強する専門学校に通っているという。当然、将来は放送関係の仕事に就くのが希望かと思ったが、二人の夢は別のところにあった。働いて資金を貯め、いずれ自分の店を開きたいというのだ。

留学生には週二四時間に限り、アルバイトが認められている。日本で学ぶ外国人留学生は大学生のほか、専門学校や日本語学校の学生も含まれる。留学生の多くはアルバイトをしており、中には

行列ができる人気店「とんちゃん」

勉強よりアルバイトに熱心な学生もいる。日本は日系人などの例外を除いて単純労働者の受け入れを禁止しているので、コンビニや飲食店で働く外国人の若者はたいていがアルバイトで働く留学生である。大久保でも韓国や中国などアジア出身の留学生が飲食店を中心に大勢働いている。彼らの中には将来、自分の店を持ちたいと思う若者も少なくない。

とんちゃんに勤めていた二人の若者は専門学校で放送技術を学ぶ一方、店で料理の作り方や接客サービスを勉強して将来に備えているのだ。もっとも、彼らが飲食業を目指す理由としては、日本でテレビなど放送関係の仕事に就くのは難しいという事情もある。これは大久保で働く多くの外国人留学生から耳にしたことだが、まだまだ日本企業は外国人の採用に消極的なのだという。

いずれにしても、大久保には将来、自分の店を持ちたいとの夢を抱いてアルバイトに励む留学生が大勢いる。実際、ここで成功を収めている韓国料理店などのオーナーは大半が元留学生だ。元留学生が現役の留学生を使って事業を展開しているのが大久保の韓流ビジネスの実態といってもいい。少し大げさに言えば、大久保は韓国人留学生たちのジャパニーズドリームを生む街なのだ。

大久保ドリームの体現者

とんちゃんで働く韓国人の若者二人の憧れの存在が、同店を運営する「K・Jライフ」の具哲《グチョル》社長だ。二〇一二年五月時点で、大久保の二店舗をはじめ東京都内に十一店舗を展開する年商約十一億円の企業経営者。新宿歌舞伎町の韓国料理店のアルバイトからスタートした元留学生で、まさに大久保におけるジャパニーズドリームの体現者だ。

新大久保駅近くのビルの四階にある本社を訪ねた。とんちゃんという店名から、太った中年男をイメージしていたが、現れたのは韓流ドラマにも出てきそうな優男だった。一九六七年生まれと四十代半ばの青年社長。社名「K・Jライフ」のKは韓国、Jは日本で、「両国の懸け橋になりたい」との思いから、この名を付けたという。

韓国第二の都市、釜山の出身で日本にはバブル真っ盛りの一九八九年に来た。日本がなぜ世界第二位の経済大国になったのか。発展の理由を探ろうと思ったのが来日の動機という。日本的経営を学ぼうと、日本語学校を経て日本大学の商学部に入学した。韓国では「植民地支配をした日本はひどい国。韓国人を差別した」と教育を受けたが、「実際に来て会った日本人は優しい人ばかりだった」と振り返る。

だが、日本では様々な苦労もあった。まずアパートが借りられない。当時は外国人に部屋を貸す家主は少なかった。先輩と一緒に何とか北新宿に四畳半の部屋を借り、本国から呼び寄せた妻と三人で暮らした。当初、日本語学校に通いながらパチンコ店の店員や宅配便のアルバイトをしたが、「宅配便のバイトでは日本人より時給が少なかった。差別され、悔しかった」と話す。

日大に入学したものの、アルバイトに追われる毎日。一九九二年から五年間は新宿歌舞伎町の韓国居酒屋で知人から深夜の営業を任された。これがその後の人生に大きな影響を与えることになる。

厨房は料理が得意な妻が担当、自身は主に接客を担当した。歌舞伎町という場所柄、店にはよく水商売の女性が来た。こうした客の悩みごとや苦労話を親身に聴いた。それが評判になり、客が増えたという。

大学を卒業して九七年に韓国に帰国。ホテルに就職したが、人に使われるのは自分の性に合わないと感じ、退社した。貿易会社を設立し、日本で流行り始めていた百円ショップのビジネスを韓国に持ち込んだ。これが大当たり。だが、すぐに大手企業が参入、競争激化で売り上げが落ち込み、事業中止に追い込まれた。

再起を期し、二〇〇〇年に再来日。友人の経営する貿易会社に身を寄せ、一緒に働いたが、かつて成功した歌舞伎町での商売を思い立つ。当時、日本で焼き肉店といえば、牛肉がほとんど。韓国の家庭でよく食べる豚のバラ肉を出してみようと考え、豚の焼き肉専門店を二〇〇二年五月に歌舞伎町にオープンする。これがとんちゃんの一号店である。メニューは具社長の妻が家で作っていた家庭料理。豚バラの焼き肉を八種類の総菜付きで一人前九八〇円で提供した。豚の焼き肉という珍しさと低価格が受けて人気を博し、韓流ブームに乗って急速に売り上げを伸ばした。

「韓国は新しい商売を発案しても、すぐに真似され、つぶされる。日本の方が商売がしやすい」と具社長。大久保で起業を目指す韓国人は多いという。取材した二〇一〇年当時、とんちゃんの従業員は約一二〇人。このうち約百人は大学、専門学校、日本語学校に通うバイトの留学生。「僕の成功が留学生たちの励みになっている」と語る。

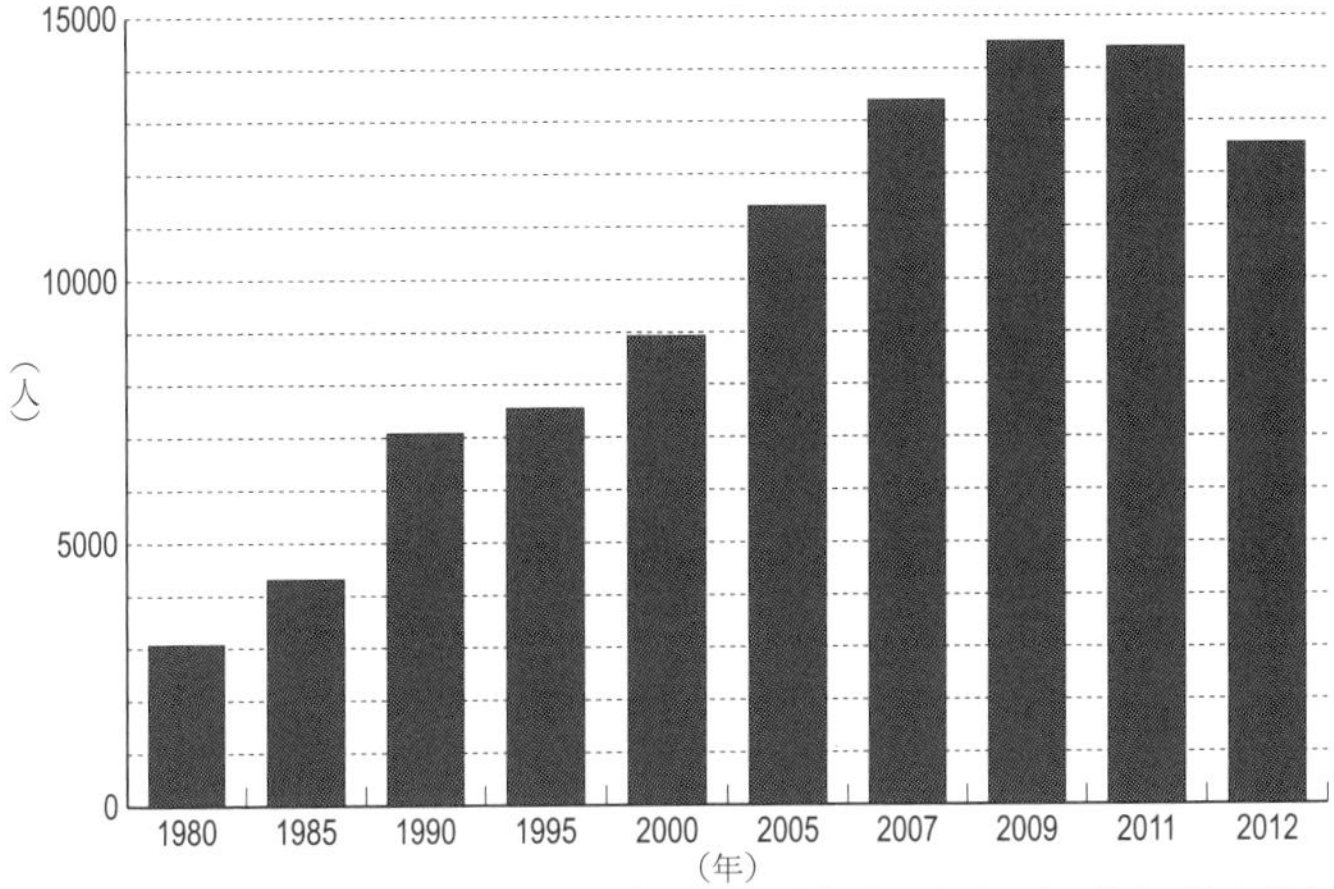

出典：東京都「外国人登録人口」（各年1月1日現在）

図表3―3　新宿区の韓国・朝鮮籍住民人口の推移

韓流ブームに乗る

大久保に韓国人ニューカマーが進出するようになったのは一九八九年の本国の旅行自由化以降である。留学生としてやって来た彼らが一九九〇年代に大久保で始めたビジネスは主として同国人を対象にしたものだった。業種も食材店、料理店、引っ越し屋、国際電話代理店、生活情報誌、レンタルビデオ店など生活に密着した分野が中心だった。それが次第に流通、貿易、旅行、IT、人材派遣、日本語学校、韓国語学校、酒造、不動産賃貸などの分野に拡大、顧客も韓国人から日本人に広がっていく。大久保に韓国系の店が集積したことが話題になり、韓国に興味を持つ日本人客が大勢訪れるようになった。それを見て韓国人ニューカマーの実業家も日本市場にシフトした戦略を取

「韓流百貨店」を経営する金徳洪さん（左）

るようになったのである。

そうした流れを決定づけたのが、二〇〇二年のサッカー・ワールドカップの日韓合同開催と翌年の「冬のソナタ」放送開始をきっかけにした韓流ブームである。このブームに乗って大久保の韓国人ビジネスは躍進を始める。その代表的企業が、ペ・ヨンジュン、イ・ビョンホンら韓流スターのポスター、カレンダー、ストラップ、マグカップや、東方神起、少女時代らK-POPアイドルのCDなどを揃える「韓流百貨店」を運営するキムスクラブだ。金徳洪《キムトクホン》社長は一九七二年生まれで、会った時は三十代だった。韓流スターのグッズのほか、韓国の食品、化粧品、ファッション製品の販売や韓国料理店も展開、二〇一一年で年商一六億円の企業だ。

韓流百貨店は新大久保駅を降りて大久保通

女性客で賑わう「韓流百貨店」の店内

りを東に一分ほど歩いた所にある。店内は韓流スターのグッズを求める日本人の主婦とK-POPアイドルのファンである日本人の若い女性であふれている。本国から来た歌手も訪れるという地下のダイニングバーで金社長に会った。

ソウルの出身。ハンシン大学の学生だった一九九八年に日本に来た。日本はアルバイトをしながら勉強できる国なので、気楽な気持ちで留学したという。日本語学校に通った後、韓国系企業に勤め、韓国製品を輸入する事業などに関わり、日本市場を勉強した。日本で韓流ブームが始まったのを見て、「チャレンジしたい」と独立を決意。まず大久保で韓国食材の店を始めた。最初は韓国人相手のビジネス。ところが、取引先に商品を販売しても入金してもらえなかったり、従業員がお金を持ち逃げしたりで、トラブル続きだった。その後、韓国料理店も開業するが、食材の販売や料理店では大きな成長は見込めない。ファッション製品や化粧品、韓流スターのグッズの販売に事業を広げた。これが折からの韓流ブームの追い風に乗った。売り上げが大きく伸びることになる。

金社長のモットーはスピード、スマイル、スマートの3S。市場の変化に合わせて意思決定を速くし、事業にスピード感を持たせる。またサービスの基本はスマイル。笑顔で接客するよう従業員には口酸っぱく指示しているという。実際、金社長自身も表情がにこやかだ。意識しているのだろうか、取材中もずっと笑みを絶やさなかった。

エレクトロニクス分野など製造業は韓国の追い上げが急。最近は韓国の勢いばかりが目立つが、「実際日本に来て、技術はもちろん、経営システムやビジネス手法など、韓国はまだまだと感じた。日本に学ぶものは多い」と率直に話す。ただ、一つだけ韓国が日本に負けないものがあるという。それは何かと尋ねると、「やる気。日本の若者にはあまりやる気が感じられない」との答えが返ってきた。

これを聞いた時はショックを受けた。金社長の言う通り、日本の若者にはやる気がないのだろうか。最近の若者は覇気がなく、内向き志向だとよく言われるが、客観的な目を持つ外国人の目にもそう映るとしたら、本当にそうなのかもしれない。少なくとも韓国の青年に比べれば、そうなのだろう。インタビューでは外国から来て事業を起こした金社長のバイタリティーに圧倒された。

その後も金さん率いるキムスクラブの韓流攻勢は続き、大久保に新たに二店舗を出店、横浜中華

韓国語学校を経営する李承珉さん

街にも進出している。

韓国人から見た日本

新大久保語学院を経営する李承珉《イスンミン》院長も韓流ブームに乗った韓国人ニューカマー実業家の一人である。新大久保語学院は新大久保駅のすぐ近くにある日本人を対象にした韓国語学校。開校は二〇〇二年六月で、当初二人でスタートした生徒数は二〇一二年一月現在、六三〇人にまで増えた。新大久保のほか、新橋、横浜、渋谷、池袋の各校を運営、全部合わせると生徒数は一五〇〇人にのぼる。

新大久保校で授業を覗くと、生徒のほとんどが女性で、熱心に講師の声に耳を傾けていた。李院長によると、生徒の八割は女性で年齢は二十代後半から六十代まで。もっとも多いのが三十代のOLだという。韓流ドラマを見たり、K-POPを聴いたりして韓流スターのファンになったのが、韓国語を習うきっかけだ。熱気あふれる授業風景に韓流ブームの凄さを改めて実感させられた。

李さんが日本に来たのは一九九六年。三十歳の時だった。韓国ではインチョン大学で政治・外交を学び、広告会社に勤めた。主に選挙に向けた政党の広報活動などを担当したが、仕事はきつく、深夜に帰宅し土日も出勤するという忙しい毎日。そんな時に留学を終えて日本から帰ってきた先輩の話を聞いた。それまで日本のイメージは悪かった。というのも、学校教育で日本はナショナリズムが強い軍国主義的な国だと教わってきたからだ。ところが、その先輩は「日本人は親切で、街は美しい。日本にもっといたかったけれど、仕事がないから仕方なく帰ってきた」と言う。同じような話をほかの先輩や友人からも聞いた。日本は本当にいい国なのか、自分の目で確かめようと思い、李さんは日本への留学を決意する。

日本語学校で一年半勉強した後、早稲田大学に入り、修士課程で地方自治や日本と韓国の国際交流などを研究した。その後、カナダに英語の語学研修に行き、二〇〇二年に大久保にある韓国系企業に就職した。韓国に戻らなかったのは、日本が気に入ったのと、日本にいれば起業のチャンスがあると思ったからである。

実際に見た日本は「天国のような所だった」と振り返る。日本語学校では世界から来た学生と交流した。中国、台湾、香港、シンガポール出身の学生たちと拙い日本語で話をした。韓国で猛烈サラリーマンとして働いていたのがうそのような穏やかなストレスのない日々だった。韓国で受けた日本についての教育もうそだと気づいた。日本は軍国主義に向かうどころか、むしろナショナリズムから離れようとしていると感じた。日常生活を見ると、日本人は極力、人に迷惑をかけないよう気を配っている。韓国人が自己中心的に行動するのとは大違い。それが新鮮な驚きだった。日本は平穏で安定しており、将来の予測が立てやすい社会。これに対し、韓国は競争が激しく、人を素直に信頼できない。将来の予測が立てられない社会だという。

韓国系企業に入った李さんは週二回、大久保で日本人に韓国語を教えるボランティア活動を始めた。ちょうど日韓共同開催のサッカー・ワールドカップの直前で、日本人の韓国への関心が高まっている時期だった。この韓国語講座が人気を集め、手ごたえを感じた李さんは韓国語学校をビジネスとして始めることを思いつく。一晩で会社を辞め、独立することを決断、一カ月後には起業した。二〇〇二年末に二一人だった生徒は二〇〇三年末に一一五人、二〇〇四年末に三三九人、二〇〇五年末に四一八人と韓流ブームに乗って順調に伸びていく。

「韓流ブームは日本に住む韓国人に誇りと自信を与えた」と話す。以前は電車で日本語が飛び交う中、韓国語で話すのは憚れたが、今は平気になった。韓国語の本を読むのも恥ずかしかったが、今は誰憚ることなく、車内で勉強ができる。

日本への好印象ばかり語る李さんだが、日本での生活が長くなるにつれ、日本社会の負の側面も見えてきたという。「役所をはじめ日本の組織はマニュアル通りにしか動かず、融通が利かない。

末端の担当者に裁量権がない。前例がないと動いてくれない」と話す。もう一つ問題点として指摘するのは日本社会の閉鎖性だ。李さんの目に日本は外国人の受け入れに消極的な国として映る。「日本人は自分たちさえ良ければ、それでいいと考えている。若者も居心地がいいから日本を離れない。外国へ行ってみようという好奇心がない。グローバル化の時代なのにこのままでは日本の若者は国際的に通用しなくなる」と語る。韓国人から見ると、日本人は安心、安全な豊かな「温室」に暮らし、そこから外に出ず、中に誰かを入れようともしないので、外の大きな変化から取り残されていく国と見えるのだろうか。その先にあるのは老大国としての衰退なのか。李さんの話を聞いていると次第に不安が募ってきた。

ニューカマーの草分け

大久保の韓国人ニューカマー実業家の草分けは、食品スーパーなどを展開する「韓国広場」の金《キム》根煕《クンヒ》社長だ。一九五六年、韓国・全羅南道の生まれ。日本に来たのは一九八五年。当時はハンシン大学大学院の学生で、北朝鮮の政策研究のための資料集めが来日の目的だったという。いったん帰国した後、大学院を休学して翌年の一九八六年に再来日。通産省（現経済産業省）傘下の財団法人・流通システム開発センターの客員研究員になり、商用バーコードの研究に参加した。

一九八六年はガットのウルグアイ・ラウンドが始まった年で欧米が新たな自由貿易体制づくりに

動き出していたが、アジアは後れていた。後れを取り戻すには日韓が関係を改善させることが必要との思いに駆られた。一橋大学に移り、日本の朝鮮に対する植民地支配政策を研究し、どうしたら日韓が友好関係を結べるかをずっと考えていたという。

そんなある日、幼稚園に通う息子と一緒にテレビで日本と米国が戦うバレーボールの試合を見た。息子は画面の向こうの日本チームに声援を送り始めた。「日本を応援しているのか」と聞くと、「パパは違うの?」と怪訝な顔をされた。息子は日本で暮らし、日本人の友達もいるから、日本を応援するのが当然だったのだ。金さんは米国が好きではなかったが、日本より米国を応援していた。日韓友好を考えながらも、日本の植民地支配の歴史を思うと、どうしても日本が好きにはなれなかったのだ。そんな金さんに息子は言った。「日本が好きでないなら自分の国に帰ったら」。

息子は一番好きなのは韓国で、次が日本、三番目が中国だという。韓国と日本は分かるが、なぜ中国なのか。金さんはそこに注目した。理由を聞くと、「中華料理が好きだから」との答えが返ってきた。「なるほど」と思った。食べ物の力は大きいのだ。息子の言葉がいつまでも耳に残り、その日の夜は眠れなかった。いくら論文を書いても日韓の溝は埋まらない。心からの友達にはなれない。でも日本人がキムチを好きになってくれたら、どうだろう。金さんは食文化を通じてなら、日本人と友達になることができるかもしれない、と考えた。

韓国食材を日本で販売する事業をやろうと思い立った金さんは、まず全国を回って調査した。東京の上野や三河島、大阪の鶴橋、名古屋に行き、韓国食材店を見て歩いたが、韓国という名を屋号にしている業者はいなかった。在日コリアンの間でいまだに被差別意識が強いのかと愕然とする一方、この意識を克服しないとどうにもならないと思った。社名を「韓国広場」としたのは、韓国を前面に出そうと考えたから。韓国広場という名前には「韓国と日本をつなぐ生活文化の広場」という意味も込められている。

一九九三年に東京・日暮里に韓国食材のスーパーをオープン。だが、翌年には大久保の職安通りに移転する。事業の大きな目的は韓国の生活文化の発信。その拠点として最適と思ったのが大久保だった。上野、川崎など在日コリアンの多い場所はほかにもあったが、これらの街は韓国文化のショーウインドにならないと考えた。大久保は新宿歌舞伎町に近く、消費が旺盛。賃貸アパートが多く、人口の流動性が高い。自分の目的を達成しやすい土地だと思ったのである。

発信する生活文化の分野として選んだのは食文化、言語、情報、遊びの四つ。スーパーのほか、韓国の音楽・映画ソフト、書籍、伝統工芸品などの販売や高級韓国料理店、日本語学校にも進出、売り上げはグループ全体で約五〇億円。職安通りにスーパーを開店した当時、大久保に韓国人ニューカマーが集まり始めていたが、韓国料理店など韓国系の店はまだ少なかった。それが現在は韓国の店舗だらけだ。金さんは大久保を「韓国の生活文化に関する聖地にしたいと思っていた」と語るが、それから約二〇年。金さんの想像を超えて大久保のコリアタウン化は一気に進んだのである。

ネパール人の食材店

コリアタウンと呼ばれる大久保だが、ここに住む外国人は実に多様だ。アジアを中心に世界各国から人々が集まっている。大久保に住み込み取材を始めてすぐ、それを実感する日が訪れた。新大久保駅近くの駐輪場。午後二時に清掃用具を手に携えた人たちが三々五々集まってきた。大久保地区の町会、商店街振興組合など地域住民の団体で構成するクリーン活動協議会が月一回実施する清掃活動だ。参加者はほとんどが日本人だが、何人か外国人らしき人の姿も見える。初参加の外国人四人が紹介された。国籍はブラジル、ネパール、ミャンマー、エジプト。アジアだけでなく、中東や中南米からもこの街に外国人が来ているのか、と改めて驚かされる。

ネパール人の男性が名刺をくれた。新大久保駅の近くでネパール居酒屋を開いているという。翌日、名刺の住所を頼りに訪ねてみた。その店は新大久保駅前を真っ直ぐ北に進んだ文化通り沿いのビルの二階にあった。残念ながらその男性は不在だったが、同じビルの一階でネパールなどの食材販売店を経営するギミレ・ブサンさんが応対してくれた。

店の名は「バラヒ」。中に入るとスパイスの香りが鼻を刺激する。様々なスパイスの入ったカレー粉が所狭しと置いてある。ネパールのほか、インドやパキスタン、バングラデシュのスパイスだという。インドの豆やナン、ネパールのラーメン、紅茶、パキスタンのパウダー、トルコのひまわり

食材店「バラヒ」を経営するブサンさん

油、タイのジュースなどもある。冷凍庫には鶏、羊、牛のブロック肉があった。しげしげと眺めていると、「これはハラルフード」と教えてくれた。

「ハラル」とはアラビア語で「許された」を意味し、「ハラルフード」とはイスラム法で許された食材を意味する。イスラム教徒は豚肉が禁止されているが、ほかの肉もイスラムの作法に沿って処理されないと食べられない。ここに置いてある鶏肉、羊肉などはすべてその作法に従って食肉処理されたハラルフードだという。

ブサンさんが大久保にバラヒを開いたのは二〇〇八年十月。最初の店は駅からもう少し離れた所にあり、現在のバラヒの場所にはパキスタン人が経営する「アリババ」という店があった。まず二〇〇九年夏にアリババの二

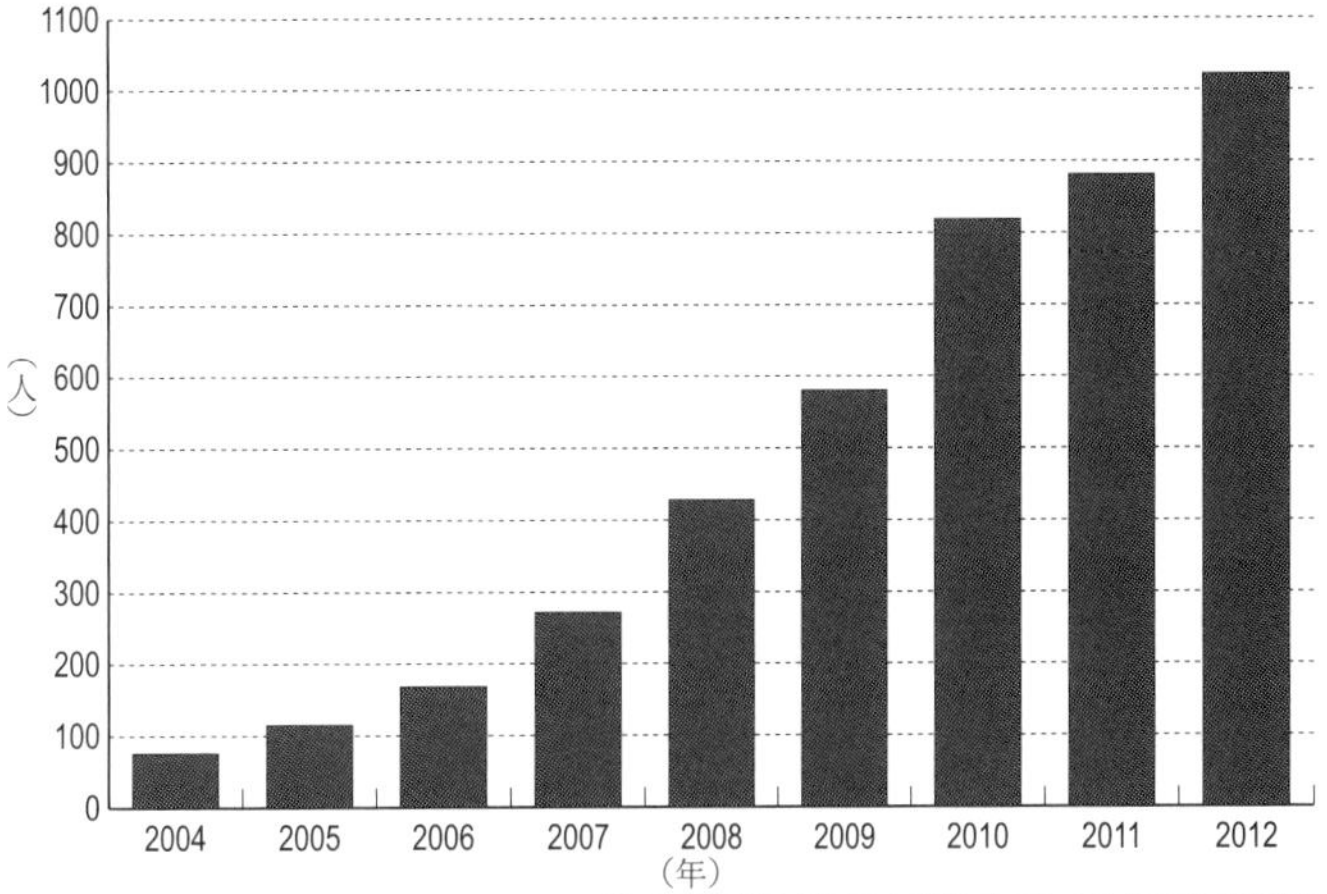

出典：新宿区「外国人登録人口」（各年1月1日現在）

図表 3—4　新宿区のネパール人人口の推移

階に移転、その年の十二月にパキスタン人から引き継いで一階に移り、現在の場所に店を構えた。二階は現在、ネパール居酒屋「モモ」になっている。

ブサンさんは一九六六年生まれ。日本に最初に来たのは米同時多発テロが起こる二日前の二〇〇一年九月九日。ネパールでは新聞やラジオでジャーナリストとして活躍していた。日本でメディアの勉強をしようと思ったのが来日の動機で、いったん帰国した後、二〇〇二年七月に再来日。一年間日本語を勉強してから上智大学の大学院で新聞学を専攻した。学業を終えた後、日本でネパール人を対象にした新聞の発行を目指し仲間と会社を設立。ただ、新聞だけでは食べていけないため、食材店を始めた。

新宿区には約一一〇〇人（二〇一二年七月現在）のネパール人がいる（**図表3—4**）。国籍別では韓国・朝鮮、中国、ミャンマーに次いで四番目。にもかかわらず、ネパール人向けの食材店は少なかった。店を開けば必ずお客が来ると思ったのだ。ネパール人の知り合いが増えれば、新聞発行にもプラスになる。新聞は試験発行を経て二〇一〇年十月から本格的に発行。当初は週刊だったが、二〇一二年三月からは隔週での発刊になっている。ネパールの政治・経済情報や在外ネパール人の活動、日本の政治や外国人政策に関わる記事などを掲載。約七千部を日本国内に住む同国人に郵送で届けている。

ネパール居酒屋「モモ」は二〇一〇年一月にオープン。ネパール風の蒸し餃子「モモ」や羊肉をスパイスでマリネした「チョエラ」、マトンジャーキーと野菜を炒めた「スクティ」などネパールの家庭料理がメニューに並ぶ。ここで料理教室を開くことも検討している。

「バラヒ」にはハラルフードも多いが、大久保周辺にはパキスタンやバングラデシュなど南西アジア出身のイスラム教徒も多く住んでいる。ネパール人の顧客は母国の食材、イスラム系の人はハラルフード、日本人は主にカレーのスパイスを買いに来る。

ブサンさんはネパール人の妻ら家族と店の近くの百人町に住んでいる。二人の子どものうち一人は本国にいるため、半年に一回は帰国する。「日本は治安もよく、住みやすい国」と話す。ただ、浅黒く彫りの深い顔のため、イスラム系の国の出身者と思われるらしく、来日当初は街でよく警官に呼び止められ、質問されたり、身分証明書の提示を求められたりしたという。「ひどい時は週に五回も呼び止められた」。ちょうど米同時多発テロの後だっただけに警戒体制が厳しかったのだろ

ハラルフード店やモスクがあるイスラム横丁

うが、「どこの国から来た？　何をしている？」といつも同じことを聞かれ、ウンザリした」と振り返る。

イスラム横丁

「バラヒ」周辺にはハラルフードの店が多い。隣のビルの一階にはイスラム教徒のインド人が経営する「グリーンナスコ」があり、二階にはイスラム教徒のミャンマー人が店主の「ローズファミリーストア」、その角を左に回ると、「グリーンナスコ」の姉妹店「ナスコ」がある。このほか、周辺にはバングラデシュ人の「ザ・ジャンナット・ハラルフード」やミャンマー人の「フジストア」など全部で七つのハラルフード店がある。この一角を地元の人は「イスラム横丁」と呼んでいる。

イスラム食材店「ザ・ジャンナット・ハラルフード」

「ザ・ジャンナット・ハラルフード」がオープンしたのは二〇〇七年一月。当初は違う場所にあり、現在地に移転したのは二〇〇九年で、インド、パキスタン、バングラデシュ、ネパール、トルコ、タイなどの食材が置いてあり、特にコリアンダー、シナモン、ベイリーフなどの香辛料が豊富にある。イスラムの作法で食肉処理されたハラルフードも多い。鶏肉はブラジル産、羊肉はオーストラリア、ニュージーランド産だという。

　店主のブイヤー・ショブズさんは一九七九年生れ。バングラデシュ出身で二〇〇三年、二十三歳の時に来日した。日本語学校を卒業後、情報処理関係の専門学校に進んだ元留学生だ。専門を活かしてＩＴ関連の職業に就きたかったが、望むような仕事がなく、会社勤めなどを経てハラルフード店を開いた。来日後、池袋や練馬区などに住んだが、大久保はバングラデシュ人を初め外国人が数多くいるので、商売をしやすいと考え転居した。「バラヒ」のギミレ・ブサンさんと同じく、「日本は平和で住みやすい国」と語る。ただ、周辺にハラルフード店が多いので、競争が厳しく大変だという。

金曜日の午後、イスラム横丁を歩いていると、突然、ビルの上階からコーランらしき文章を読み上げる声が響いてきた。十五分後、ビルの中から浅黒い肌の人たちが吐き出されるように次々に出てきた。全部で二百人くらいはいただろうか。五、六人ずつグループをつくり、横丁で談笑を始めた。

ビルの四階にモスクがあったのだ。ビルから出てきた人たちはモスクで金曜礼拝をしていたのである。談笑している人に声をかけてみた。埼玉県蕨市から来たという二十七歳の男性はスリランカ出身のイスラム教徒。日本に来て六年目で、パソコンの専門学校に通っている。毎週金曜日には必ずこのモスクに来るという。「友達に会えるし、この辺にハラルフード店が多いので、ついでに買い物をして帰る」と笑顔で話してくれた。東京の小岩から来た二十二歳のインド人の男性は日本に来て三年目。ハンバーガーショップでアルバイトをしながらＩＴの専門学校に通っているという。

この日礼拝に来た人は、インドネシア、バングラデシュ、パキスタン、インド、ミャンマー、スリランカなど国籍は様々。アフリカ出身のイスラム教徒もいた。住んでいる場所も東京二十三区をはじめ、多摩地区や神奈川県、埼玉県など首都圏各地に及ぶ。新大久保駅周辺になぜハラルフード店が多いか不思議だったが、モスクの存在が大きかったのだ。モスクがイスラム教徒を呼び寄せ、イスラム教徒のためのハラルフード店が集まる。店の集積がさらにイスラム教徒を引きつけているのだ。

モスクの管理人は横丁でハラルフード店「ナスコ」を経営するナッセル・ビン・アブドラさんだ。一九五九年生まれ、インド出身のイスラム教徒である。アブドラさんの許可を得てモスクを見せてもらった。ビルの四階に行くと、部屋が二つあり、男性礼拝所と女性礼拝所に分かれている。礼拝所はカーペットが敷き詰めてあるだけの簡素な部屋だった。

横丁で談笑していた若者は十分くらいで、三々五々いなくなった。買い物をする者、場所を移して引き続き話をする者など様々だ。彼らはここで何を話していたのだろう。生活の悩みの相談か、それとも、良いアルバイト先はないかといった情報交換か。いずれにしても彼らの笑顔が印象に残った。異国の都会の片隅で孤独に暮らす若者たちが週一回ここに集い、話をするのを楽しみにしているのは間違いない。

中国朝鮮族は東アジア人

大久保の街を歩いていると、看板に延辺料理と書かれた店をよく目にする。延辺とは中国吉林省の延辺朝鮮族自治州のこと。延辺料理とは中国朝鮮族の料理である。中国朝鮮族は中国に居住する朝鮮半島をルーツにする民族で、中国の少数民族の一つ。二〇〇〇年の中国の国勢調査によると、

朝鮮族の池田さん夫妻

人口は約一九〇万人で、そのうち九割は吉林省、黒龍江省、遼寧省の旧満州（中国東北地方）の三省に住んでいる。特に多いのが吉林省で約一一〇万人、このうち延辺朝鮮族自治州に七割の約八〇万人が居住している。中国朝鮮族の存在には日本の植民地支配が大きく関わっている。日本が韓国を併合していたころに朝鮮半島から当時の満州国に移住した人が多いのだ。日本に住む中国朝鮮族は約五万人とされ、東京では大久保や新宿、池袋、上野に大勢住んでいる。

大久保通り沿いにある延辺料理の店「金達莱」を訪ねた。メニューには韓国料理のほか、「乾燥豆腐をキュウリ、ピーマンで和えた「乾燥豆腐ムチム」や「鉄板砂肝炒め」、「骨付き豚肉辛口炒め」などの代表的な延辺料理が並ぶ。店主の池田紗英さんによると、延辺料理は「中華料理と韓国料理を組み合わせた辛味のある料理」だという。
紗英さんは黒龍江省のハルビン出身の朝鮮族。一九七〇年生まれで、日本に来た時は三十歳だった。その前に韓国に行き、一日十二時間以上も飲食店で働き、お金を貯めた。その貯金と親戚、友人からの借金を元手に店を開いた。開店は二〇〇二年。大久保で店を開いたのは「故郷の人が多い所でやりたかったからだ」という。オープン当初は朝鮮族の客が大半だったが、次第に日本人の客も増えていった。

夫の泰義さんは日本企業向けのノベルティー商品を中国、韓国で生産し輸入する会社の経営者。故郷の料理が食べられるというので金達菜を訪れ、紗英さんと知り合った。泰義さんは一九七四年生まれ。延辺出身の朝鮮族で、一九九八年に来日、日本語学校を経て国士舘大学に入学し、経営学を勉強。卒業後は日本貿易会社に三年間勤め、独立した。会社名はゾルハラ。日本の食品メーカーが主な顧客だという。中国、韓国、日本の三カ国を股にかけ精力的にビジネスを展開している。

ＪＲ大久保駅近くの日本語学校「フジ国際語学院」で一橋大学法学部の学生、金冠希さんに会った。一九九一年生まれで、延辺出身の朝鮮族だ。両親と一緒に小学校三年の時、日本に来たが、長く日本にいると中国語を忘れてしまうという両親の配慮で、二年後に帰国、中学、高校は延辺の学校に通った。二〇〇九年六月に再来日、フジ国際語学院で日本語の勉強をした後、一橋大学に進学した。

中国朝鮮族はたいてい家庭では韓国語をしゃべり、学校では中国語で教育を受ける。日本にいる朝鮮族は韓国語、中国語、日本語を話すことができる。金さんは英語も習ったから四カ国語の使い手だ。「語学力と大学で学ぶ法学の知識を活かし国際的な仕事をしたい」と将来に夢を膨らませる。日本、中国、韓国の間には過去の歴史の経緯から複雑な問題が横たわり、相互理解が難しい面もある。金さんは言葉だけでなく、中国、韓国、日本の文化を少しずつ理解し、その違いも分かるから、三カ国を客観的に見ることができるという。

中国朝鮮族の特徴は移動性が高いことだ。もともと朝鮮半島から中国東北地方へ移り住んだ人たちだが、彼らは今、中国の他の地域や韓国、日本への移住の動きを強めている。日本に約五万人いるとされるが、韓国には約四〇万人、中国の北京・天津など華北地方に約一七万人、山東地方に約一八万人、上海、南京など華東地方に約八万五〇〇〇人、広東など華南地方に約六万人の朝鮮族がいると見られている。多くは出稼ぎ労働者だが、韓国には嫁不足に悩む農村部に花嫁として嫁ぐ朝鮮族女性も多いという。

まさに東アジアを股にかけて生きる人たち。鳩山由紀夫元首相が東アジア共同体構想を提唱した時はピンとこなかった東アジアという言葉が身近に感じられた。金さんのように朝鮮半島をルーツに持ち、中国で育ち、日本で学び、日中韓三カ国語を話す朝鮮族はまさに東アジア人といえるかもしれない。金さんは将来、国際的な仕事をしたいというが、東アジア共同体構想の実現に向け、中国朝鮮族の果す役割は大きいだろう。

清掃活動をする韓人会の朴会長（2012年3月）

韓人会の清掃活動

「これまでの活動が少しずつ認められてきた。これからもずっと続けていきたい。この活動で利益を得るのは我々自身です」――。住み込み取材をしていた二〇一〇年三月中旬の火曜日。在日本韓国人連合会（韓人会）会長（当時）の朴栽世《パクジェセ》テクノピア社長が職安通りの韓国料理店「大使館」に集まった韓国人約三〇人の前であいさつした。「活動」とは韓人会が月一回、大久保地区で行なうクリーン活動だ。大久保では日本人住民が主催する清掃活動とは別に、韓国人側も独自に街の掃除を実施している。この日は午後三時から韓人会に入会する地元の韓国系企業の経営者とその従業員が参加した。

十分後、黄緑色の作業用ベストを身にまとった参加者は四組に分かれて清掃に出発した。朴会長に同行し、街に出た。職安通りを少し進んだ後、細い路地に入った。会長はゴミトングで路上の紙くずやたばこの吸い殻を器用に拾い上げ、ちり取りに入れていく。後ろから若い女性二人がビニール袋を持って付いていき、ちり取りのゴミを次々と袋に納める。

韓流ブームに沸く大久保の商店街。買い物や食事に来る客が増える一方で、ゴミの数も増えている。作業の合間に話を聞いた。

「クリーン活動を始めたのは二〇〇九年一〇月から。ここでビジネスをする以上、ゴミの捨て方など日本のルールを守らないといけない。日本人から悪く思われたら、韓国人のためにも良くない。我々は日本人以上のマナーと常識を持つ必要がある」

朴会長は韓人会を挙げてクリーン活動をする狙いをこう強調する。大久保など新宿区でビジネスを展開する韓国人ニューカマーの企業家は永住権などを取得、日本に定着しようと考える人が多い。だが、韓国人の中には一時的に日本で金儲けをし、すぐ帰国するという人も少なくない。こうした人はゴミ捨てなどの日本のルールには無頓着で、特に若い人の間でそういう傾向が強いという。朴会長には、自分が率先して清掃活動をすることで、韓国人全体を啓蒙したいとの思いがあるのだ。

韓人会は二〇〇一年に韓国人ニューカマーによって設立された親睦団体。それまで日本には在日本大韓民国民団（民団）と在日本朝鮮人総連合会（朝鮮総連）という主に戦前から日本に住んでいた在日コリアンたちの組織があったが、日本に来た経緯や生活の悩みも異なるため、馴染みにくい団体だった。ニューカマーの人たちは自分たちの団体が必要と考え、新組織を立ち上げたのである。韓人会のメンバーは大半が大久保など新宿区で飲食店や会社を経営する人たちだ。お互いの親睦のほか、子どもの教育問題や地域との交流について協力することがこの会の主な目的だ。

二〇〇九年には大久保地区で暮らすニューカマーの地域組織として「新宿韓人発展委員会」も設立された。この委員会はいわば韓国人側の町内会で、日本人の町会や商店街と協力して地域の交流を図ることを目指している。街の清掃は委員会が最も力を入れる活動の一つだ。なぜ韓人会は清掃活動を始めたのか。朴会長をはじめ幹部には苦い思い出がある。

二〇〇八年、韓人会は日韓の交流を目的に韓国の伝統舞踊や食文化を紹介する「韓流祭り」の開催を計画した。駐日韓国大使館の支援を受け、新宿区に相談して大久保公園での開催を決めた。ところが、祭りの内容を詰め、ポスターまで制作し、後は開催するだけという段階になって中止に追い込まれたのである。

「地域住民への根回しが十分できていなかった。日本の習慣への理解が足りなかった。いい勉強になった」と語るのは当時、韓人会会長を務めていた趙玉済《チョオクジェ》ニュークリエイティブ社長。開催直前に地元住民に説明に行ったところ、商店街など一部の地域住民から猛反対されたのだ。

「こちらの要望も聞かず、勝手にご馳走をつくって、さあ食えというようなもの」「祭りの前にほかにやることがあるだろう」——。日本人の商店街幹部からは厳しい言葉を突きつけられた。趙社長は自分たちが地域に受け入れられていないと痛感させられた。

そこで韓人会は地元の町会や商店街の幹部を呼んで地域の声に耳を傾けた。その場でも韓国人への厳しい批判の声が噴出した。批判の対象となったのは①ゴミ捨てのルールを守らない②看板や商品を店の前に置いて道路を私物化している③違法駐車が目立つ——など韓国人のマナーの悪さである。「随分叱られました」と趙社長は当時を振り返る。街を汚しているのは韓国人だけではないのに……。色々言いたいことはあったが、黙って聞いていたという。このままではまずいと思い、日本人と交流する必要を感じて設立したのが、新宿韓人発展委員会である。

二〇〇九年四月に開かれた委員会の発足式には中山弘子新宿区長をはじめ大久保地域の各町会長や商店街振興組合の理事長らが招待され、趙社長は韓人会会長として「地域のため努力していきたい」とあいさつした。その後、二〇〇九年九月、韓人会会長には朴栽世テクノピア社長が就任、朴会長のもとでクリーン活動が始まった。新宿韓人発展委員会の委員長は当初、朴会長が兼務していたが、二〇一〇年五月に李孝烈《イヒョヨル》上智学院代表に交代。二〇一二年五月に韓人会会長に白永善《ペクヨンソン》コスモコンサルティング社長が就任すると、白会長が委員長を兼務することになった。

我々はオオクボ人

韓人会の元会長である趙玉済社長は一九五七年生まれで、一九八五年に日本に来た。韓国が海外旅行を自由化する一九八九年より前だったので日本への渡航は簡単ではなく、在日韓国人の生活研究という目的での来日だった。大学を卒業後、日本の会社に四年勤め、独立。ニュークリエイティブを設立、韓国人を対象にしたＫＤＤＩの特約代理店を始めた。現在は発光ダイオード（ＬＥＤ）照明器具の輸入販売などを行なっている。一方、前会長の朴栽世テクノピア社長は一九六〇年生まれで、二十五歳で来日、日本語学校を経て日本大学経済学部を卒業、日本の商社に勤務した。一九九五年にテクノピアを設立、医療用機器や自動車用タイヤ、アルミホイールなどの輸出入販売をしている。

二人とも永住権を取得、日本に腰を据えてビジネスを展開している。それだけに地域に根付いて生きようとの思いは強い。趙社長は「韓国人の中にルールを守らない人がいるのは事実。自分だけでなく、地域のことを考えてほしい。我々はオオクボ人にならなくてはいけない」と言う。

二〇一〇年四月上旬、趙社長が当時経営していた韓国料理店に韓人会幹部と地元の町会や商店街の日本人幹部が集まった。いつもギクシャクしていた両者の会合がこの日は和やかな雰囲気で進んだ。また同年五月に大久保地域センターで開かれた「五月まつり」に韓人会も参加、韓国の民族衣装を身にまとった子どもたちが踊りを披露するなど、少しずつ日韓の交流が前に動き始めた。だが、両者の間には依然深い溝が横たわっている。日本人の地域住民との交流のため設置した新宿韓人発展委員会にしても、「ようやく対話の窓口ができた」と歓迎する声がある一方で、「なぜ既存の町会があるのに別の組織を作るのか。韓国人が我々の町会に入ってくればいい」と日本人側に反発する声もある。

児童の過半数は外国人

「私たち二七名は感謝の気持ちでいっぱいです。地域から消えた大久保つつじを里帰りさせ、広めるための活動に本気で取り組んできました。この活動を通じて地域の人とつながることができました」――。二〇一〇年三月上旬。新宿区立大久保小学校で開かれた「感謝の集い」。卒業を目前に控えた小学校六年生二七人が教師や保護者、来賓として招かれた地域住民の代表の前で「大久保つつじを広める活動」の成果を発表した。

「はじめは私たちも、地域のことも大久保つつじのことも関心がありませんでした」

「でも、大久保つつじをテーマに、オリジナル劇をすると決めてから、少しずつ地域のことを考えるようになりました」

「日本語が分からなくて自分から話す勇気がなかったけれど、グループで活動するうちにできるようになりました」

二七人の児童は代わる代わる一年間の取り組みを報告。その顔は自信に満ちていた。

大久保はかつて、つつじの名所だった。江戸時代に、この地に住んだ鉄砲組百人隊が内職として育てたのがきっかけで、広大なつつじ園ができた。大久保小の六年生は「総合的な学習の時間」を利用して大久保つつじの歴史を調査、地域住民と連携して再び普及させる活動に取り組んだ。六年生は地域の人にインタビューして大久保に対する思いを聞いたり、大久保つつじや鉄砲隊について調査したりして知識を深め、大久保つつじをテーマにした劇を学芸会で上演した。

こうした活動を通じ、群馬県館林市の県立つつじが岡公園から、つつじを寄贈してもらうことも決まった。同公園のつつじの一部はかつて大久保のつつじ園から移植されたものが基になっているとされるから、大久保つつじの里帰りだ。大久保つつじにマスコットを作ろうという話も浮上、大久保地区協議会の支援でマスコットも生まれた。この活動を総合学習の一環として指導した大久保小の三田大樹教諭は「子どもたちに地域への愛着心を育てたかった」と語る。

大久保小は外国籍の子どもが多く、児童の半数以上が外国にルーツを持つ子どもたちだ。その国・地域は一三に及ぶ。六年生二七人のうち外国にルーツを持つ児童の割合は実に七割を超え、韓国、台湾、フィリピン、タイ、米国につながりを持つ子がいた。多文化共生は地域の課題。子どものころから地域の一員としての自覚を持たせることがこの活動の狙いだったのだ。

感謝の集いでは大久保つつじの活動報告のほか、校長やPTA会長、来賓の挨拶、児童による和太鼓の演奏などが続いたが、子どもたちが一番盛り上がったのが、六年生児童の母親たちの歌だった。彼女たちはSMAPの「世界に一つだけの花」を熱唱、韓国、台湾、フィリピンなど外国出身の母親によるたどたどしい日本語の歌が会場に響くと、子どもたちは大喜び。お母さん、やるじゃないか。子どもたちは手拍子をし、歓声を上げた。

大久保つつじの活動報告をする時の子どもたちは緊張気味ですっかり優等生の雰囲気だったが、

母親の歌を聴く時の子どもたちは心の底から楽しそうで、少しやんちゃな顔を見せる。大久保に住む外国人の子どもたちはいったい、どんな思いを抱いて日本で暮らしているのだろうか。

異文化を生きる子どもたち

大久保小学校が地域との交流と並んで力を入れているのが、人権尊重を基盤にした国際理解教育である。外国人児童の多い大久保小には日本語が得意でない児童を対象にした日本語国際学級があり、三人の専任教員が配置されていた。二〇〇九年度は新学期の段階で全校生徒二一九人のうち、日本語国際学級の生徒は四一人。出身国は韓国、中国、フィリピン、タイ、ベトナム、コロンビア、フランスの七カ国だった。七年間、この学級を担当した善元幸夫教諭が二〇一〇年三月末で退職するというので、最後の授業を見学に行った。それは極めて風変わりな授業だった。

「昔、ある村に目の見えないイタコの婆さまがおった。イタコちゅうのはな、呪いで病気治したりする力を持っとる人のことだ。ところがこの婆さま近ごろもうろくしたのか、はずしてばかり。おまけに腰まで痛めてだれも婆さまに仕事頼むもんはいなくなった」。

さねとうあきら作「おこんじょうるり」。善元先生は子どもたちに紙芝居を見せながらこの物語を語り始めた。「おこんじょうるり」は盲目のイタコの婆さまが、食べ物を盗みにやって来た腹を空かしたキツネのおこんと出会い、奇妙な連帯感でつながる話。おこんは浄瑠璃を聞かせることで病人を治す特殊な能力を持っており、ある日二人は評判を聞きつけた殿様の娘の病気を治しに行く。見事成功し褒美をもらって帰るが、途中で盗人に襲われ、最後はおこんが婆さまの身代わりになって殺されてしまう。

「おこん、おらあ、悪い胸騒ぎがする」。物語の進行とともに善元先生の語りが熱を帯びた。落ち着きのなかった子どもたちが紙芝居にくぎ付けになる。おこんが死ぬ終盤まで息を凝らして話に聴き入っていた。

この授業を受けたのは中国出身の五年生二人と韓国出身の五年生一人、フィリピン出身の六年生一人、台湾出身の五年生一人、全部で五人だ。全員が来日して一年未満の子どもたちで、日本語がまだ十分にできない。日本語国際学級で日本語の教育を受けている。子どもたちが熱心に聴いていたのは分かったが、なぜ「おこんじょうるり」なのか。善元先生はこう説明する。

「盲目の婆さまとキツネのおこんはまさに異文化の出合い。外国人の子どもたちだからこそ、それが理解できると思った。外国から大久保に来るニューカマーの子どもたちは突然、日本という異文化と出合う。異文化に戸惑っている子どもたちに今後日本でどう生きたらいいのかを考えてほしかった」

この授業を受けた後、五人の生徒は「おこんじょうるり」を聴いた感想文を書いた。それを見せてもらった。

「私は中国人です。今日本に来た。このキツネと同じです。キツネは動物、ばあさまは人、人間

はキツネがきらいです。ばあさまはいい人、キツネはばあさまを助けました。とてもいいことです」（中国出身五年生）

「ぼくはびっくりしました。どうして動物が人間を助けるのですか。さいごにきつねがおばあちゃんのために死にました。それは（ふつうの）人間はやりません。ぼくはこのはなしをきいて、やっぱりけんかより仲良くするほうがいいと思いました。ぼくは日本にきて日本人とけんかをしたり、わるいことをいっぱいしました。だけどやっぱりけんかをしたらあいてもぼくもいいことがないです」（韓国出身五年生）

小学生に授業の意図が分かるだろうかと思ったが、子どもたちは感覚でそれを捉えていたのだ。外国人の子どもだから分かるのだろうか。

長年、外国人の子どもに関わって来た善元先生は「日本に来る外国人の親にとって日本は生活基盤を形成する場だが、子どもたちにとってはアイデンティティーを喪失する場でもある」と語る。ある時、教え子の来日一年の韓国人児童がこんな詩を書いたという。

「ぼくは韓国が大好き。一番好きな国民だ。国民はやさしいから好き。ぼくは日本に来て一年たった。でもぼくは韓国語を忘れちゃった。ぼくは悲しい。ぼくはこのまま日本人になるのかな」

善元先生はこの詩を読んでショックを受けた。日本語の習得が早く、優等生だったこの児童は日本語を早く覚えた分、韓国語を早く忘れてしまったのだ。子どもたちにとって母国の言葉と文化は自分の拠り所と言ってもいい。それが日本にいる間に忘れられていく。子どもたちの多くは日本に来て、偏見や差別にさらされ、自分の国の文化が劣っている、価値のないものだと感じさせられ、日本社会への同化を迫られる。それは自分の根っこを失うことでもあるのだ。善元先生は大久保小で外国人に日本語を教えるだけでなく、日本でどう生きていくのか、自らの生き方を模索することの重要性を教えてきた。

その授業内容はユニークだ。例えば人間と動物とどちらが賢いかを児童に問う。人間は科学を発展させ、生活に便利なものをたくさん作ったが、環境を破壊してきた。人間と動物の色々な面を提示することで、生徒は混乱する。だが、多面的な見方があることを理解し、人間と動物、違う者同士がともに生きることこそが賢さだと気づく。地球全体が完全凍結し、生物が絶滅の危機に襲われた「全球凍結」を題材に、外国人が日本で生きていく意味を考えさせる授業も行なった。

二〇〇八年、中国製ギョーザの中毒事件が起こった時は授業で事件の記事を読んで感想を話し合い、中国や台湾出身の児童三人が当時の福田康夫首相や中国の胡錦濤国家主席、厚生労働省など日本の関係省庁に「俺たち日本にいる中国人が一番苦しいです」と手紙を出した。この手紙に当時の舛添要一厚生労働相から「きちんと原因を確認することが、お互いの国にとって大切。中国は日本にとって大切な隣国です。お互いに相手の国を尊重して、仲良くすることは大切なこと」などと書かれた返事が来たという。

外国人児童の教育に情熱を燃やす善元さん

母語尊重の教育

善元幸夫教諭は一九五〇年生まれ。東京学芸大学を卒業後、一九七四年に中国や韓国の残留孤児の二世が多かった江戸川区立葛西小学校に日本語学級の教師として着任した。当時、中国から引き揚げてきた残留孤児の子どもたちは「くさい」「中国へ帰れ」と激しいイジメに遭っていた。日本語学級に入ったばかりの子に「君は日本人か中国人か」と尋ねると、彼らは決って「中国人です」と胸を張った。ところが半年も経つと、自信なさそうに「私は日本人」と答えるようになる。そこで気づいたのだという。大事なのは日本語を教えることではなく、自分の母語である中国語や中国文化に誇りを持たせることだ、と。

ギョーザの歴史や文化を調べて教材を作り、日本や中国の文化を学ぶ授業を考案した。戦後、中国からの引き揚げ者がギョーザを日本に本格的に広めたと教えると、子どもたちは身を乗り出して話を聴いた。興味のあることにはこんなに熱心になる。この経験が彼の日本語学級担当教師としての原点になっている。

子どもたちに接するため、中国語や韓国語も習得した。親の就職や住居の世話にも駆け回り、日本語が不得手な子どものため、都立高校の入試制度に特例措置を求める運動も行なった。こうした活動が中国からの引き揚げ者に評価され、一九八八年に墨田区立中川小学校に異動する時には引き止めのための署名運動まで起きたという。中川小に一〇年、荒川区立第四峡田小学校に四年勤務した後、二〇〇三年に大久保小学校に着任した。

善元先生が大久保小で熱心に取り組んだのは外国出身の子どもの母語や母文化を尊重し、子どもの自尊感情を大切にする教育だった。大久保小の日本語国際学級の教室には、韓国、中国、タイなどの写真やポスター、土産品などが彩り鮮やかに飾られている。子どもたちがルーツを持つ国の文化がよく分かるように展示されているのだ。母語維持のため、大久保小では時間数は少ないが、韓国語、中国語、タイ語などの授業も行なわれていた。また課外活動として実施される「外国語倶楽部」では、外国出身の子どもと日本の子どもが一緒になって、中国の切り絵やタイのお祭り、韓国の太鼓やキムチ作りなどに取り組み、外国の文化を楽しんだ。

外国、特にアジア出身の子どもは偏見を持たれ、差別され、日本にいるうちに自尊心を傷つけられることも少なくない。出身国の文化を日本も含めほかの国の児童が一緒になって学び、楽しむのを見れば、その子は自信を持つことができる。日本の子どもも外国への理解が深まり、偏見がなくなるのである。外国と日本の子どもがともに異文化を学ぶ外国語倶楽部の意義はそこにある。

大人でも子どもでも文化の相互理解が進めば壁は低くなる。外国人児童への教育はともすれば、一刻も早く日本語を覚えさせ、日本社会に馴染ませることだけに重点を置いたものになりがちだが、大久保小で善元先生が実践したのは日本への同化ではなく、まさに異文化を尊重する多文化共生教育といえるだろう。

定年より一年早い五十九歳で善元先生は退職した。その後は立教大学や琉球大学などの講師を務め、外国人子弟の教育問題について教鞭をとるとともに、講演などで全国を飛び回っている。一九九五年から始めた草の根レベルで日韓の教育交流を促進する「日韓合同授業研究会」の活動も続けている。最近気になるのは、大久保を中心とした新宿区内でイジメなどで不登校になる外国人児童が増えていることだという。新宿区で日本語学級がある小学校は大久保小学校だけで、中学校はなかった。中学校にも日本語学級を設置するよう区に要望、二〇一三年度からの設置に向けて区を動かすなど、大久保小を辞めた後も外国人児童支援の運動を精力的に展開している。

大久保小の国際理解教育は多文化共生社会を願う善元さん個人の熱い思いに支えられた部分が大きい。彼が教育現場から去ったことで、今後大久保小や新宿区の外国人児童教育が後退するのではないかと心配である。

大久保のマリア様

大久保で善元幸夫教諭と並んで外国人の子どもの教育に強い関心を寄せてきたのが、大久保のマリア様と呼ばれる小林普子さんだ。特定非営利活動法人（NPO法人）「みんなのおうち」の副代表で長年、外国出身の子どもたちの日本語学習支援に取り組んできた。

二〇一〇年三月十八日、小林さんが学習指導をする教室の様子を見に行った。中国、台湾、タイ、コロンビア、ホンジュラスなどにルーツを持つ子どもたち一七人が集まり、日本語や数学などの学習指導を受けていた。

「これ、何て読むの?」「違うでしょ」……。小林さんは時にやさしく、時に厳しく、熱心に子どもたちと向き合っていた。教えているのは小林さんをはじめ、みんなのおうちのスタッフやボランティアの市民ら一三人。一二のテーブルに分かれ、一対一もしくは一対二の指導が行なわれていた。小林さんは火曜から土曜までの毎晩、子どもたちの勉強を見ている。

小林さんは一九四八年生まれの団塊世代。もともと子育て支援のボランティアをしていた。外国人児童に目が向くようになったのは、日本語が分からないため、予防接種の情報も知らない母親がいると知ってからだ。日本語教授法を学ぶ新宿区のボランティア養成講座を受講し、まず外国人にどう日本語を教えるかを学んだ。二〇〇四年に親子日本語教室「新宿虹の会」を立ち上げ、子育て

大久保でアートプロジェクトに取り組む小林さん

中の外国人の母親に日本語を教える活動をスタートさせた。二〇〇六年からは新宿区が募集する区と非営利組織（NPO）の協働事業に手を上げ、外国人の子どもの学習指導を始めた。

外国人の子どもの教育に関わっていると、子どもの家庭環境や学校での様子が知ろうとしなくても分かってくる。親が仕事に追われ、放置されているケースや学校でイジメに遭っている例など様々な状況が見える。日本語ができないと、高校にも進学できず、仕事も限られる。日本社会に溶け込めないと、孤立を深め、不満が募る。ついには非行や犯罪に走ることにもなりかねない。こうした事態を少しでも防ごうと、小林さんは外国出身の子どもの日本語指導に取り組み、毎晩彼らと向き合う。

二〇一〇年からは大久保に住む外国人の子どもに地域に愛着を持ってもらおうと、子どもたちが大久保の街をビデオなどで撮影するアートプロジェクトも始めた。子どもたちの中には初めてビデオカメラを手にする子もおり、大喜びだったという。一緒に撮影に取り組んだネパールの高校生と中国の高校生が仲良くなるなど、外国人同士の交流も進んだ。小林さんはこのプロジェクトに日本人も数多く参加してもらい、地域の住民交流を促したいと考えている。

国際友好会館

大久保に住み込み取材をした時に住んだアパートは西大久保公園の西側にあった。公園を挟んで反対側の東側に「国際友好会館」という名前の三階建ての建物があった。どういう施設だろうと興味を惹かれた。名前から留学生や国際交流のための会館かとも思ったが、普通のアパートのようにしか見えない。時間に余裕のある時、近くまで行って、どんな人が住んでいるのか建物を眺めてみた。出入りしているのは大抵若い女性だ。東洋人の風貌だが、日本人らしくない感じで、東南アジア風の女性もいた。怪訝に思い、ますます興味を惹かれたが、地元の人への取材で、ここが夭折した在日コリアン二世の芥川賞作家、李良枝の父親である田中浩さんが経営するアパートだと分かった。

管理人の女性に話を聞いた。この女性は田中さんが経営する不動産管理会社に三〇年間も勤めていた人だ。アパートに住んでいるのはほとんどが新宿歌舞伎町で働く中国、韓国、タイの女性だという。国際友好会館はもともとラブホテルで、一九九五年に外国人向けの賃貸アパートに建て替えられた。現在は大久保のアパートに入居する人は外国人が多く、外国人の入居を嫌がる家主はほとんどいない。だが、当時は外国人に部屋を貸す家主は極めて少なく、住む所が見つからず苦労する外国人が多かった。在日コリアン一世の田中さんは自分も同じような経験をしたため、外国人を積極的に受け入れるアパートを建てたのだ。外国人を対象にしたアパートであることを示すため、名前に「国際友好」の文字を入れたのだという。

序章で触れたように、田中さんは織物の商売を経てラブホテル事業に乗り出す。大久保、池袋で五つのホテルを経営していた。大久保にはもう一つ、田中さんが建てたパークハイム河口湖というアパートがあるが、これも以前はラブホテルだった。田中さんは二〇〇八年ごろまでは大久保のマンションに住み、別荘がある千葉県御宿町と大久保を行ったり来たりしていたが、八十歳を過ぎて体調を崩したため、御宿町に引っ込んで、大久保から姿を消した。

国際友好会館の屋上に李良枝の遺品を集めたコーナーがあるというので、見せてもらった。屋上に登ると、視界に大久保や新宿歌舞伎町の街が広がった。倉庫として使われていた四畳半ほどのスペースに、ドストエフスキー全集、ヘルマン・ヘッセ全集、内田百閒全集など蔵書が所狭しと置かれている。ここにあるのは一部で、三倍もの本が地下室に収蔵されているという。部屋の正面に芥川賞授賞式の時に撮ったものなど数点の写真が飾られ、棚の上に花瓶や簡単な仏具が並んでいた。

国際友好会館にある「李良枝コーナー」

命日にはこの棚が祭壇になるのだ。生前に愛用していた韓国の民俗舞踊の服も置いてあった。大久保に住んでいたころの田中さんは命日には必ず墓参りに行き、この部屋を訪れた。「良枝と話しにきた」と弁当を持ってやって来て、長い時間をここで過ごしたという。

　死の直前、李良枝は国際友好会館からすぐの北新宿のマンションで一人暮らしをしていた。管理人の女性によると、夜型で、夜に小説を書いて、日中は寝ていた。彼女はひどい寂しがりやで、「今から行っていい」と突然朝、電話をかけてきて会館の管理室にお茶を飲みに来たという。「お父さんの田中さんはやさしく思いやりがあり、よく人を笑わせていた。人使いがうまかった。日本人になろうと帰化したが、娘の良枝さんは反発した。彼女は自分には二つの国があるけれど、本当の祖国はどこか分からないと言っていた。在日の人はみんなそう」とこの女性は語る。

数日後、李良枝コーナーで、妹のカマーゴ・李栄さんに会った。栄さんは東京・六本木を拠点に翻訳・通訳の会社「ザ・サードアイ・コーポレーション」を経営している。「姉は高校生の時、父とよく言い争いをしていた」と当時を振り返る。栄さんは一九九二年、大久保で日本人と外国人の共生をテーマにした月刊の生活情報誌を発刊した。日中英韓四カ国語を併記した雑誌だった。四カ国語にしたのは様々な国の人に読んでもらいたかったから。この年、栄さんはコロンビア系米国人と結婚した。彼からは、日韓の問題が全く違う視点で見えることを教えてもらった。「日韓の間で姉があれだけ苦しんでいたのを見て第三者の視点が必要だと思った」と語る。雑誌発刊のために設立したのが今も翻訳会社として存続する「ザ・サードアイ・コーポレーション」。サードアイ（第三者の目）の会社だ。

創刊号を見せてもらった。表紙には日本の広告代理店に勤務する台湾女性の写真。四〇ページで、価格は三五〇円。巻頭には姉の李良枝が寄稿したエッセー「わたしたちのDISCOVERY（発見）を求めて」が掲載されていた。この中で良枝は「文化の出合いは、人との出会いを意味している。異質な文化との出合いを、新たな文化創造の力とできるかどうかは、出会った者同士が、どれだけ互いを深く理解し合うことができるのか、ということにかかっている」と書いている。

創刊号が発売されたのは一九九二年六月。良枝は雑誌を見ることなく、五月二十二日に急性心筋炎で亡くなった。「姉はソウルから帰ってきたばかりだったけれど、雑誌発刊に全面協力してくれた。

私は発刊直前の五月三日に結婚式を挙げた。今思えば、姉は私の結婚を待っていてくれたのだと思う」と栄さんは言う。李良枝という大きな支えを失ったものの、父親の田中さんの資金支援で発行を続けた。だが、資金難で一年半後の一九九三年十二月を最後に休刊に追い込まれた。

李良枝の遺影の前で、栄さんが誕生日祝いに姉からもらったというゼブラ（シマウマ）の写真集を見せてくれた。中に手紙が挟まれていた。「ゼブラはその姿を草むらにも隠すことはできない。ありのままをさらけ出し、逃げ隠れしないで生きていくしかない」。栄さんが自分のアイデンティティーに苦しみ、試行錯誤していた時にソウルにいた良枝が送ってきたものだという。「ゼブラと同じく、姉は自分をさらけ出して生きたが、何か言った後にすぐ後悔し、悩むような繊細な人だった」と話す。

千葉県御宿町で静養中の田中浩さんに電話で話を聞いた。

――国際友好会館は外国人のためのアパートとして建てたそうですね。

「外国人に入ってもらいたいから、そういう名前にした。外国人の中には家賃を払わない人もいたから、嫌がる大家もいた。良枝が部屋を借りる時も、李という名字だから断られた。でも芥川賞をとったことが分かったら、すんなり貸してくれた」。

――日本に帰化したことに良枝さんは反発したと聞きました。

「戦後、山梨県の富士吉田を拠点に織物の行商で大阪や仙台など全国を回っていた。でも、安定した仕事がいいなと思って、韓国人が多い大久保でラブホテルをすることにした。建てるのに大金がいる。でも当時は銀行が韓国人に金を貸してくれなかった。それで帰化した。税金をちゃんと収めていたから、すぐに許可された。帰化は日本で生きていくために必要だった。祖国を忘れたわけではない。良枝も最後は分かってくれたと思う」。

約二十分、田中さんの話からは在日一世が日本で生きる苦悩が伝わってきた。日本人になろうとした一世と韓国人になろうとした二世。二人は対立しながらも心の中ではつながっていたのだろう。

二〇一〇年五月二十二日。一八回目の命日に国際友好会館の屋上で「李良枝を偲ぶ会」が開かれた。田中さんは来られなかったが、栄さんをはじめ親族、友人、講談社など出版関係者が集った。部屋の正面の棚に白い布が敷かれ、花と果物が供えられ、線香が上げられた。参加者はテラスで食事をしながら思い出話に耽り、故人を偲んだ。

高齢化するオールドカマー

大久保にはニューカマーの韓国人が来る前から、田中さんのようなオールドカマーの在日コリアンが数多くいた。戦後、JR中央線の大久保駅から新宿駅にかけての線路沿いには朝鮮人部落があった。在日韓国人の重光武雄氏が創業したロッテが一九五〇年、大久保に本社と工場を置くと、多くの在日コリアンがここで働くようになった。チューインガムを製造する新宿工場は今も新大久保駅近くの百人町二丁目にある。大久保に一九八〇年以降、韓国人ニューカマーが集まってきたのは、もともとここに在日コリアンが多かったという事情もある。

在日コリアンは日本名を名乗っている人や帰化した人も少なくなく、詳しい実態はよく分からないが、大久保を中心に新宿区にはかなりの数のオールドカマーの韓国人がいると見られる。戦前に日本に来た一世の人は高齢化しており、子どもが独立し、夫婦二人もしくは一人住まいの高齢者も多い。大久保のオールドカマーは焼き肉店、パチンコ店、ラブホテルなどの事業で財をなした人がいる一方、十分な所得がない上に無年金の人も多く、生活保護に頼って生計を営む人もいる。

新大久保駅近くの老朽化したアパートに一人で暮らす女性を訪ねた。この人は八十四歳の在日コリアン。「年金がないため、貯金を食いつぶして暮らしている」と話す。日本の韓国系教育機関に長年務め、定年退職後も日本を訪れる韓国の視察団の通訳などをしていたが、その仕事も数年前からなくなったという。「足腰が弱くなり、二十分以上は歩けないなど、身体にも不安がある。生活保護を受けないと暮らしていけない」と語る。

一九八二年まで日本国籍を持たない在日外国人は国民年金に加入できなかった。このため、在日コリアンの中には年金を受給できない世代が存在する。一九九〇年代後半から無年金高齢者に対し独自の特別給付金を支給する自治体も増えており、新宿区でもようやく二〇一〇年から支給が始まったが、金額は月額二万円とわずか。大久保のオールドカマーの多くは自身の健康問題、配偶者の介護や経済問題など不安を抱えながら、ひっそりと老後の生活を送っている。

外国人の駆け込み寺

大久保は外国人移民の希望と苦悩が交錯する街である。事業を拡大した韓国人ニューカマーの企業家のように目覚ましい成功を収める人もいれば、深刻な問題を抱え、苦しんでいる人もいる。オーバーステイ（超過滞在）、病気、失業、貧困、売春の強要、配偶者・パートナーによる暴力（DV）など悩みは様々だ。大久保にはこうした外国人の抱えるトラブルの相談に乗り、支援をする団体がいくつかある。NPO法人「アジア友好の家」（FAH）もその一つだ。

新大久保駅近くのFAHの事務所を訪ねた。事務所は駅西側のエスニック料理店が軒を連ねる賑やかな通りの雑居ビルの四階にあった。ここで副理事長の木村妙子さんに話を聞いた。FAHは困っている外国人にとって、まさに駆け込み寺。木村さんは助けを求める外国人から「木村のお母さん」と慕われている。

「ここには色々な人がやって来る」と木村さんは話を始めた。つい最近は日本人の夫の暴力に苦しむタイ人女性が思い詰めた表情で訪ねてきた。「夫と別れたい」と訴えるこの女性に、木村さんはまず離婚調停のための弁護士を紹介した。女性は当座の生活資金もないため、役所の福祉部署に連れて行き、相談に乗ってもらったという。

一年前には「母親が重病にかかった」と大久保で東南アジアの食材店を営むミャンマー人の男性

が半ば、錯乱状態で駆け込んできた。本国に住む母親が息子に会うため観光ビザで日本を訪れたのだが、病気で倒れてしまったのだ。母親は健康保険が適用されないため、医療費が多額になった。未納を恐れた病院から「健康保険がないと、これ以上治療を続けられない」と通告され、困り果てて助けを求めてきた。木村さんは母親が息子の健康保険の被扶養者になれるよう在留期間を延長してもらおうと、入国管理局に出向いた。首尾よく母親は延長が認められ、健康保険で治療が受けられた。「昨日、治療が終わり出国する母親が息子と一緒に挨拶に来た。一年前は私の前でわんわん泣いていた男性が昨日は満面の笑顔だった」と話す。

木村さんのもとには様々な事情からオーバーステイになった外国人がよく相談に訪れる。その度に入国管理局に出向くので、職員とは顔見知りだ。

ＦＡＨの理事長は木村さんの夫の吉男さん。一九三一年生まれで、日本鉄鋼連盟に長年勤め、一九九一年に退職した。妙子さんは一九三六年生まれ。約五〇年前から二人三脚で活動を続けてきた。大久保には台湾や東南アジアの留学生が多く、近所付き合いをするうちに悩み事の相談に乗るようになり、やがて自宅に迎え入れ、ホームステイさせるようになった。サイゴン（現ホーチミン）が陥落した一九七五年には、祖国を失い困窮する旧南ベトナムの留学生支援のため奔走した。仕送りが途絶え、大学を除籍になった上、帰国もできない留学生を受け入れる一方、行政に窮状を訴え、支援を求めた。

一九九〇年代はエイズウイルス（ＨＩＶ）などに感染したタイ人女性の救済が活動の中心になっ

た。当時、日本に出稼ぎに来たタイ人女性がオーバーステイになって治療も受けられずに死ぬケースが相次いだ。ＦＡＨはＨＩＶや性病に感染しながら帰国できないオーバーステイの女性に対し政府に緊急保護対策を求めるとともに、女性に帰国する方法を記したチラシを配布、電話による相談にも応じた。タイは仏教国。日本で不安定な生活を送るタイ人女性の精神的な支えになればと、タイ語のお経のミニ冊子も作り、無料配布した。

その後、主な支援対象がミャンマー人に移る。ＨＩＶなどの病気にかかった人やオーバーステイの人の支援を行ない、日本で亡くなった場合には火葬し、遺骨を本国に送った。引き取り手がない時は遺骨を預かり、知り合いの寺院などに置いてもらったという。

長年、私財を投じて支援活動をしてきた木村さんは高齢も手伝ってか、疲労の色が濃かった。近所付き合いから自然発生的に始まった活動がいつの間にか半世紀にも及んだ。外国人の間で口コミで情報が広がり、「木村のお母さんのところへ行ったら、何とかなる」と頼られるようになった。「別に高い志があったわけではない。目の前の困っている人を放っておけなかっただけ」と語る。

外国人支援を巡り役所と接してきた木村さんは、行政の事なかれ主義的な対応にウンザリしていた。「地域の人も私たちの活動に十分理解がなかった」と振り返った。新大久保駅近くに事務所を開いたのは一九八八年。「どこの誰か分からない不審な外国人が出入りしている」と近所の住民から嫌がられたという。

高齢の夫妻を支えて活動する長男の一男さんも最初は両親の活動が理解できなかった。「子どものころ、家に外国人がいるのは楽しかった。でも、僕の友達はそうじゃなかった」と語る。当時の大久保はまだ外国人が少なく、遊びに来る友達やその家族には拒否反応があったという。外国人支援に力を入れる両親から次第に逃げ出したいと思うようになり、高校は全寮制の学校に入学、家を出た。両親の活動の意義を理解できるようになったのは二十代半ばを過ぎてからだ。

五〇年にわたり、大久保の外国人を支えてきた木村さんだが、二〇一一年八月二十九日、その生涯に幕を閉じた。前年の九月にがんを宣告されていたという。生前、木村さんはこれまでの活動を振り返り、「民間ボランティアの限界を感じた。これからは行政を突き上げるだけでなく、緊密に連携を取っていきたい」と話していた。新しい手法で活動したいと決意を口にしていた矢先の死である。一男さんによると、亡くなる直前まで事務所に顔を出し、活動していたという。

二〇一〇年春の住み込み取材が終わった後も何度かお会いする機会があったが、いつも元気そうで、病気のことはおくびにも出さなかった。訃報を聞いて九月二日、通夜に駆け付けた。木村さんの遺言で親族など限られた人だけの家族葬にしたというが、どこで聞きつけたのか、ミャンマー人をはじめ多くの外国人が参列、故人を偲んだ。

夫の吉男さんは八十歳を超える高齢。活動の中心は一九六三年生まれの長男の一男さんに移るが、「母と同じことはとてもできない」とひとまず事務所を閉鎖した。しばらく活動を休止し新たな展開を考えるという。「木村のお母さん」が担った大久保の外国人支援を今後誰が担うのか心配だが、まずは「お疲れ様」と木村さんのご冥福をお祈りしたい。

路地裏の仏堂

大久保周辺には宗教施設が多い。その数は百近くに達するといわれている。大久保通りには日本福音ルーテル東京教会、ウェスレアン・ホーリネス教団淀橋教会、韓国系の東京中央教会と三つの大きな教会がある。このほか、雑居ビルのワンフロアや一室を利用して布教活動に取り組む小さな教会が数多くあり、そのほとんどが韓国系の教会だ。台湾の宗教施設も多い。亡くなったＦＡＨの木村妙子さんは外国人支援のネットワークに詳しいからか、こうした宗教施設をよく知っていた。木村さんの案内で木造アパートの一室を利用した仏堂兼関帝廟「百玄宮」を訪ねた。

百玄宮は大久保通りから北に伸びる細い道をすぐ東に入った横丁の古びた建物が並ぶ路地裏にあった。誰かに教えてもらわないとまず分からない。韓流ブームで全国からやって来る観光客がこの仏堂に気がつくことは決してないだろう。ここを訪れるのは台湾や東南アジアの出身者で、ひたすら祈るため、あるいは仲間と会って孤独を癒すためにやって来る。韓国料理店や韓流グッズの店が軒を連ねる表通りの喧騒はここにはない。同じ大久保でも色々な世界があり、様々な外国人がいるのだということを改めて気づかせてくれる場所だ。

「南無阿弥陀仏」と書かれた張り紙のあるドアを開けて中に入ると、六畳間に朱色の祭壇があった。お釈迦様や観音様などの仏像のほか、関帝、媽祖など道教の神々の像が置いてある。百玄宮を管理

路地裏の仏堂「百玄宮」で読経を上げる僧侶

しているのは遠藤健次郎さんという台湾人女性を妻に持つ日本人だ。遠藤さんによると、この仏堂ができたのは二〇年以上も前で、日本にいる台湾出身者の祈りの場所として台湾人の夫婦が開設した。この夫婦は夫が亡くなり、妻が台湾に戻った。その際、管理を遠藤さん夫妻に任せたのだという。この仏堂は午前九時から午後六時まで開放されており、誰でも参拝ができる。

台湾では旧暦の一日と十五日が祈りを捧げる日。次の旧暦の十五日にあたる日に台湾から僧侶が来ると遠藤さんが教えてくれた。その日の午前十時。行ってみると、赤と橙色の法衣をまとった僧侶と黒装束に身を包んだ三人の女性が祭壇に向かって読経を上げていた。近所に住む外国人の女性が供え物を持って次々に訪れ、線香を上げる。祈りの後は食事。

集まった人たちが笑顔で精進料理を囲んだ。

餅菓子を持ってきたマレーシア出身の四十二歳の女性は「時間があるとここに来る。この近くで一人暮らしをしているが、寂しくない。ここで色々な人に会えるから」と話す。来日して十五年。祖国に息子二人、娘一人を残し、新宿の中華料理店で働いている。来日二〇年の五十一歳の台湾出身の女性は「旧暦の一日と十五日は必ず祈る。神様に手を合わせれば、つらいことを考えずにすむ。心が落ち着く。ここに来れば、友達にも会える」と語る。この女性は高校一年の息子を持つシングルマザーだ。

遠藤さんは言う。「この辺りは様々な事情を抱えた外国人が住んでいる。みんな、異国での寂しさを癒すためにやって来る」。

取材を終えた後、しばらくここを訪れることはなかったが、二〇一一年、遠藤さんが病気で亡くなったと人づてに聞いた。今は台湾人の夫人に百玄宮の管理が委ねられている。二〇一二年春、久し振りにここを訪ねたら、祭壇から関帝、媽祖など道教の神々が消えていた。仏堂だけ残し、関帝廟は閉鎖されたということなのだろうか。詳しいことは分からない。だが、引き続きここが外国人女性の癒しの場になっていることだけは変わらない。

ビルの中の教会

日曜日の大久保は全国から韓流グッズや韓国料理を目当てに訪れる韓流ファンの日本人女性たちでごった返す。では韓国人たちはどこへ行くのか。答えは教会である。韓国は人口の約三割がキリスト教徒だ。日本に住むキリスト教徒の韓国人も日曜日は教会に行く。日曜の昼下がり、大久保一丁目の雑居ビルの二階にある韓国系のプロテスタント教会を訪ねた。

階段を上り始めると、小さな子どもたちが上から元気に下りてきた。礼拝は終わっていた。中に約四〇人の信徒がいた。韓国人らしき家族がいくつかのグループに分かれ、昼食をとっている。この日の献立はさつま揚げと野菜の炒め物、キムチ、チゲスープ。食事代は無料だ。教会に礼拝に訪れる人の九割は韓国人。信者の主婦が交代で料理を作り、自宅から持ってくるのだという。埼玉県鳩ケ谷市から来た四十五歳の主婦は「日曜日は必ず教会で礼拝をする。ここに来れば同じ国の仲間に会える。韓国人同士、自国語で話せるのが楽しい。説教も母国の言葉で聞けば恵みの深さが違う」と語る。

韓国系の教会は信仰のための場所というだけでなく、日本に住む韓国人のコミュニティーの核として重要な位置を占めている。韓国系教会の中には日本に来たばかりの留学生に対し、日本の文化・慣習を紹介、アパートやアルバイトを探す方法など生活情報を提供し、大学進学や就職のためのセミナーを開くところもあるという。

一方、ホームレスへの伝道に力を入れる教会もある。大久保二丁目にある韓国系の東京中央教会は水曜日と日曜日の週二回、ホームレスを集めて礼拝を行ない、終わると食事を提供する。水曜日の午前には入浴、木曜日の午前には散髪のサービスもしている。毎月第四日曜日の早朝にはホームレスの信徒たちが新大久保駅から明治通りまで街の清掃活動をして地域に貢献している。

大久保で韓国系の教会が増えたのは一九八〇年代以降だ。一九八九年の海外渡航の自由化で日本に来る留学生やビジネスマンが増えたが、同時に韓国人宣教師も海を渡ってきた。彼らは日本で熱心に布教活動を始め、韓国人の多い大久保周辺に次々に教会が設立されていったのである。

東京中央教会と大久保通りを挟んで反対側にある日本福音ルーテル東京教会の関野和寛牧師は「宗教施設は外国人にとって民族のアイデンティティーを高め、コミュニティーを作るのに最も適した場所。外国での絆を深めてくれる」と言う。関野牧師は東京中央教会に見学に行き、話を聞いたことがある。「この教会は本気。ホームレスを家族として迎え入れている」と話す。ただ、中央教会を真似する気は全くない。ルーテル教会にもホームレスが食事を求めてやって来た。だが、中には入れず、新宿区役所の担当部署に連れて行った。食事を出すことが本当の救済にはつながらないとの思いがあるからだ。ホームレスを無視するわけではない。でも、目を向けるべき人は他にたくさんいるという。キリスト教の教会として何を目指すか自問自答の日々だ。

関野牧師は一九八〇年生まれ。大学時代はライブハウスのステージに立ち、ロックに夢中だった。

2011年12月にオープンしたコリアンビル

牧師になったのは、重病にかかった妹が集中治療室に運ばれ、九死に一生を得たのがきっかけだ。「キリストの周りには外国人や犯罪者、娼婦がいた。大久保も外国人の多い街。この街こそキリスト教の神髄が試される場所」と語る。移民の街である大久保は祈りの街でもある。

韓流に飲まれる商店街

大久保地区にはいくつか商店街がある。新大久保駅を挟んで大久保通りの東側は新大久保商店街振興組合、西側は新宿百人町明るい会商店街振興組合、職安通りには新宿マンモス通り商栄会がある。住み込み取材をした二〇一〇年春、職安通りの北側（大久保側）は日本人の商店はほとんどなく、すでにコリア

女性客で賑わう通称「イケメン通り」

タウンとなっていた。一方、大久保通りでは西側の新宿百人町明るい会商店街は中国系や他のアジア系の店があるが、韓国系は少なく、東側の新大久保商店街も韓国系の店が多いものの、日本人の商店もかなり残っていた。

　ところが、二〇一二年春、久し振りに大久保通りを訪れ、韓流旋風の激しさに驚かされた。東側の新大久保商店街にビル丸ごと韓国系の店というコリアンビルが次々に出現、わずか二年の間に街は急速に変貌していた。新しい韓流グッズの店やレストラン、カフェ、化粧品店など韓国系の店がオープンし、生活空間だった大久保通りと職安通りをつなぐ細い通りにも韓流の店が続々と姿を現していた。

　裏通りの一つは約三〇〇メートルに六〇以上の店舗が軒を連ね、土日の食事の時間帯は通り抜けができないほどの混雑になる。この通りは関東近県や地方から若い女性が訪れるため、「韓流竹下通り」と呼ばれたり、韓国の若い男性店員の呼び込みが多いことから、「イケメン通り」ともいわれる。正確な統計はないが、住み込み取材をした二〇一〇年当時、大久保地区の韓国系の店舗は約三百といわれていたが、二〇一二年には約五百に増えたと見られている。

大久保通りは新大久保駅に近く、交通の便もいいため、韓流ビジネスをしようと出店を目指す韓国人企業家に人気が高い。日本人の商店が数多く残っているため、すでに韓国系で埋まっている職安通りより韓国系の店が今後出店する余地もある。オオクボ人気はテレビなどの紹介で全国区になりつつある。最近はスカイツリー見学とセット、もしくは横浜中華街と合わせたグルメツアーなどを企画する旅行会社もあり、大型観光バスが地方から大勢の観光客を連れてくる。K-POP人気に加え、テレビなどマスコミの紹介と旅行会社の戦略が大久保へ全国から観光客を呼び寄せているのだ。

韓国系の店が増える背景には日本人商店の閉店が止まらないという事情がある。日本人が店仕舞いをすると、出店したいという韓国人が次々に現れる。日本人のオファーはほとんどないため、韓国人同士の競争になり、賃貸価格が釣り上がり、大久保は不動産バブルの状況になっている。賃貸料が上がっているため、売り上げ不振の店が商売をやめ、店舗を貸す動きに拍車がかかる。中には地価が高いうちに店舗の建物を売却する人も出てくる。

住み込み取材をしていた二〇一〇年三月には、創業四三年のレコード店が閉店した。閉店セールをしていた店を訪れ、当時六十九歳の店主に話を聞くと、「インターネットの影響で、ここ二年間でCDの売り上げがガクッと落ちた。この辺が潮時」との言葉が返ってきた。日本人歌手のヒット曲が減り、七年前から販売が下降気味になったが、韓流ブームの影響で韓国のCD、DVDが売れ出し、一息ついた。だが、周辺に韓国人経営の韓流専門店が増え、競争が激化したという。「周りは韓国の店ばかりになった。外国にいるみたいで違和感がある。住みにくい街になった」と話す。

その後もベーカリーや家具店、文房具店、紳士服店などが二〇一二年二月までに相次いで閉店した。閉店の理由は様々だが、長引く不況やインターネット通販の普及による販売不振、店主の高齢化と後継者難が背景にある。韓流ブームで大久保への訪問客が急増しているにもかかわらず、日本人商店の多くは客を吸収できないのだ。化粧品店を営む新大久保商店街振興組合の森田忠幸前理事長は「日本人の商店はほとんどが地域住民のために生活必需品を売る店。観光客を相手にしているわけではない。今の業態のままでは客を取り込むのは難しい」と語る。

もっとも、数は少ないが、韓流ブームの恩恵を受けている日本人商店もある。大久保通り沿いにある靴店「ナイトウシューズ」の顧客は北海道から九州まで全国に広がる。もちろん、わざわざ遠くから靴を買いにくるのではなく、韓流目当てで来た客がついでに立ち寄り、買っていくのだ。この店の客は地元の日本人より韓国人や地方から来た観光客の方が多いという。店主の内藤雅也さんは「韓国の店が増えたことに抵抗感がある」と言いながらも「韓流ブームが終わったら、商店街は衰退するのではないか」と不安を口にする。

波紋呼んだ理事長発言

急速に店舗が増える韓流の攻勢に戸惑いと不安が広がる商店街。どう対応するか様々な意見が出る中、新大久保商店街振興組合の諏訪信雄理事長は韓国店の取り込みに動いている。諏訪理事長は熱帯魚の店「円満屋」の店主で、一九五一年生まれ。二〇〇九年五月に副理事長から理事長に就任した。日本人商店の閉店が相次ぐ中、副理事長時代から韓国人店舗を商店街に積極的に勧誘、加盟を促した。それが功を奏し、二〇一二年二月時点で商店街に加盟する韓国店の数は三〇店にまで増えた。

新大久保商店街は新大久保駅から明治通りまでの大久保通り周辺をエリアにしている。この区域の韓国店全体の数からすれば、三〇店はごく一部に過ぎないが、それまではほとんど加盟していなかったのだから、大きな進展といえる。一九九〇年代初めに二百店以上あった加盟店は二〇一二年二月に約一六〇店、年間八百万円以上だった会費収入は約四七〇万円と大幅に減っている。諏訪理事長が韓国店の加盟に力を入れる背景には、韓国店を入れないと加盟店がどんどん減り、商店街の運営が成り立たなくなるという事情がある。

「連休中、大久保通りは観光客が集まり、すごい人出。でも日本の店は元気がない」。住み込み取材中の二〇一〇年五月中旬に東京・東中野の日本閣で開かれた新大久保商店街の総会。挨拶に立った諏訪理事長はこう切り出した後、出席した韓国人店主に呼びかけた。「あなた方に商店街を乗っ取られてもいい。一緒にやりましょう」。

諏訪さんによると、「乗っ取られてもいい」という発言の趣旨は、韓国人店主に商店街の理事として運営に参加してほしいという意味だという。だが、この発言は商店街で波紋を呼んだ。商店街の中には韓流攻勢が止まらない時代の流れは理解しながらも、韓国人とパートナーシップを組むことに違和感を持つ人が少なくないからだ。特に年齢の高い人に韓国への差別意識が根強く残っている。商店街でも日韓共生は簡単ではない。

第四章

外国人妻のいる農村

新潟県南魚沼市

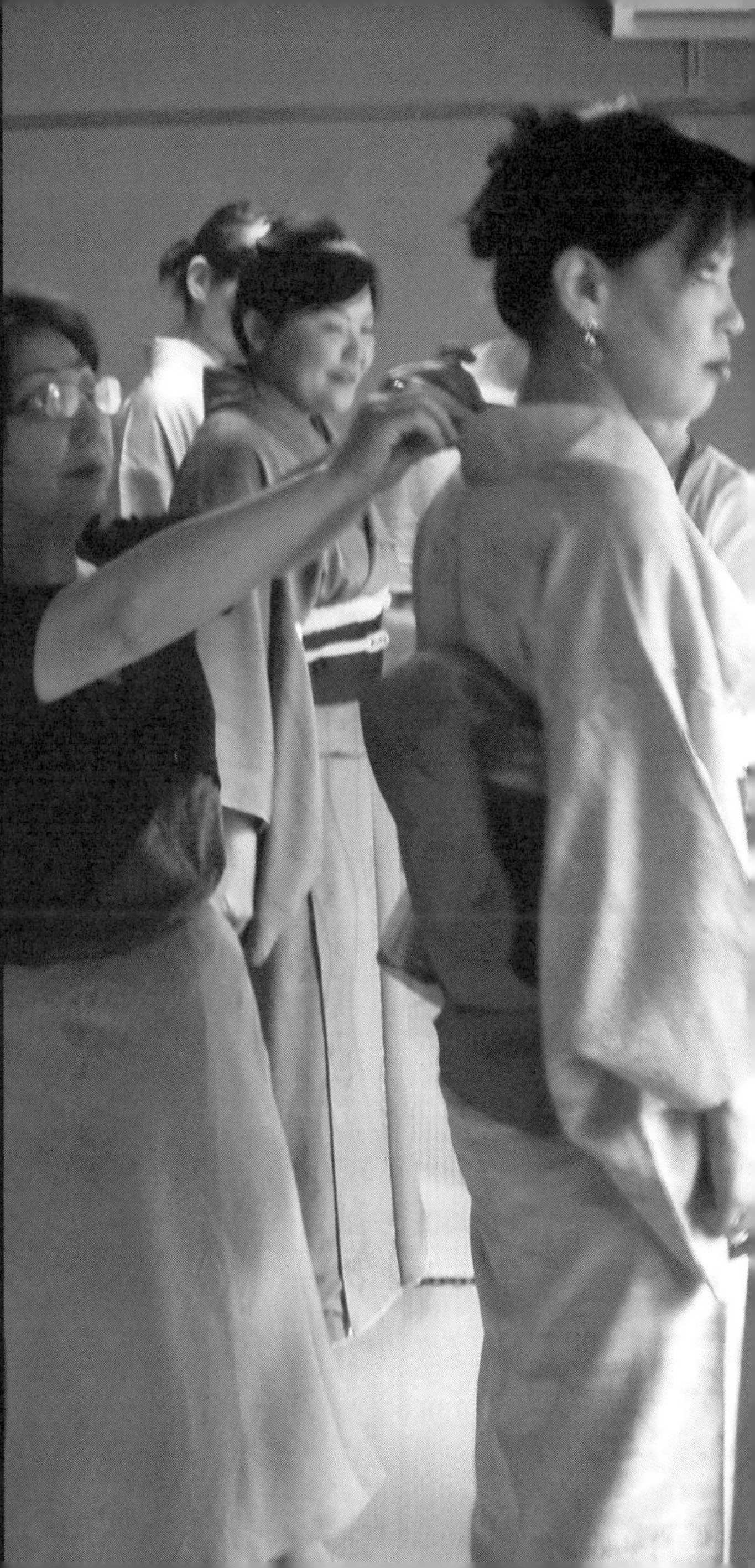

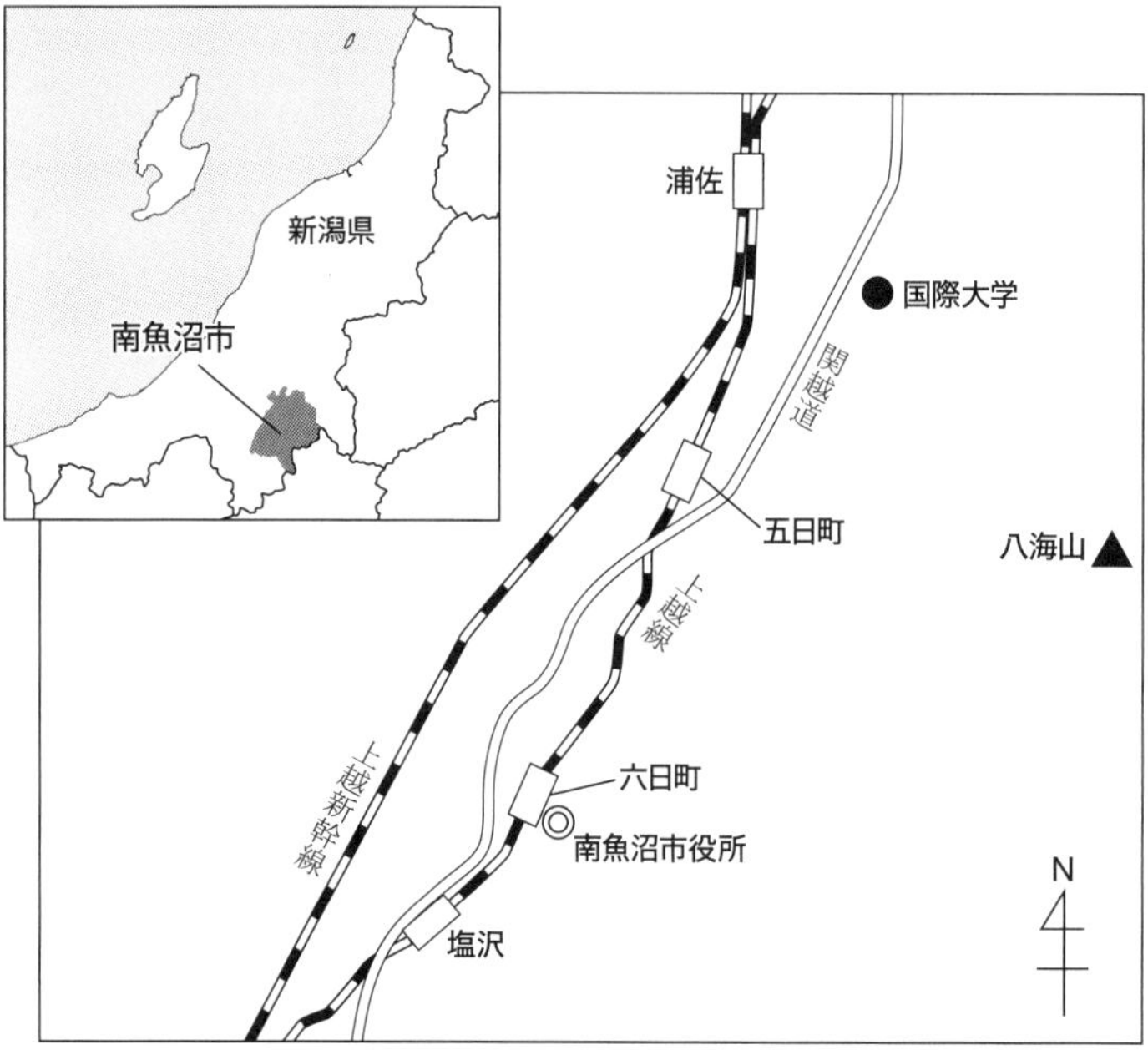

図表 4—1　南魚沼市の地図

一九八〇年代から受け入れ

新潟県南魚沼市は毎年、十二月から三月まで深い雪に覆われる。ノーベル文学賞作家、川端康成の名作『雪国』の舞台になったことで知られる湯沢町はすぐ隣の町である。二〇一一年五月下旬、JR越後湯沢駅で上越新幹線を降り、ローカル線に乗り換え、北上した。四月まで残っていた根雪もさすがに姿を消し、車窓からは田植えを終えたばかりの水田が広がる。

六日町、大和町、塩沢町の三町が合併した南魚沼市は豪雪地帯であると同時に、日本有数の米所として知られる。豊富な雪解け水を利用して育てられる魚沼産コシヒカリは高級ブランド米として全国的に有名だ。

二〇〇九年は住民の約半分がブラジル人という愛知県豊田市の保見団地、二〇一〇年は韓国人をはじめアジア人が集う東京の大久保に住み込んだ。次は典型的な日本の農村に行ってみようと思っていた。以前、人口減少社会の取材で過疎・少子化が進む地方を回った時、嫁不足が深刻で、農村部で外国人花嫁が急増していると聞いていたからだ。

南魚沼市は取材するのにぴったりの場所だった。日本を代表する水田地帯であり、一九八〇年代から外国人妻を受け入れるなど、取り組みの歴史も長いからだ。JR六日町駅の裏側にあるアパートを借りた。駅の近くとはいえ、周りは水田や畑。夜ともなると、カエルの大合唱が賑やかだ。

水田が広がる南魚沼市

住み込みを始めてまもなく、旧塩沢町に住む細矢重行さんを訪ねた。この時、八十一歳だった細矢さんは旧塩沢町農業委員会の元事務局長。同町の農業委員会は一九八七年、嫁不足の対策としてフィリピンからの花嫁受け入れに乗り出した。事務局長として現地まで出向いたのが細矢さんだ。「農家の長男の嫁は大変。我慢、我慢の生活で、なかなか嫁に来てくれる人はいない。そこで外国から迎えようということになった」と話す。当時、山形県の朝日町や大蔵村などが行政主導で外国人花嫁の受け入れに動いていた。細矢さんは町役場の担当者と新潟県で先陣を切っていた安塚町に話を聞きに行き、計画を立案する。町民向けに説明会を開き、国際結婚の希望者を募集すると、五人の応募があった。一九八七年十一月、農業委員会の石坂豪会長、希望者五人とともに成田空港を出発、フィリピンに向かい、マニラ経由でバギオに到着した。着いたその日にお見合いが行なわれ、五組のカップルが誕生した。

五人の花嫁が旧塩沢町にやって来たのは翌年の一九八八年三月。さらに詳しく話を聞こうと花嫁受け入れを主導した農業委員会の石坂元会長に取材を申し込んだ。だが、あいにく入院中で会うことはできなかった。代わりに石坂元会長の次男、浩さんが応対してくれた。「花嫁を受け入れた後のフォローで親父は大変だったらしい」と父親から聞いた当時の様子を語り始めた。

南魚沼に嫁いできたフィリピン女性たちは日本が経済発展した豊かな国とばかり思いこんでいたから、まず一面に広がる田園風景を見て驚き、イメージと実際のギャップにショックを受けた。その上、農村の花婿たちが女性の扱い方もよく分からないシャイな感じの人が多かったため、女性たちは寂しさが募り、ホームシックになりかかった。受け入れの責任者であった石坂元会長はそんな事態を心配し、花嫁たちのために自宅でクリスマスパーティーを開くなど、何かにつけて面倒を見た。花嫁が悩み事の相談に訪れると、話を聞くだけでなく、夫も呼んで一緒に話をすることもあったという。

五人のフィリピン女性たちは一人離婚したものの、残る四人は子どもも産んで今も南魚沼で元気で暮らしているという。女性四人が塩沢リネンサプライという旧塩沢町のクリーニング会社の工場に勤めていると聞いたので、工場を訪ねてみた。

クリーニング工場は緑が広がる水田地帯の中にあった。残念ながら女性たちに会うことはできな

南魚沼に嫁いできたフィリピン女性が働くクリーニング工場

かったが、阿部道夫工場長の話を聞くことができた。四人の女性が会社に入ってきたのは一九八九年。嫁いできてから一年後だ。町で助役をしていた人の紹介だった。四人のうち一人はすでに辞めていた。仕事が合わなかったらしく、勤めてから一〇年後に退社したという。「来た時はみんな二十代の前半。それが今は四十代半ば。三人とも子どもがいる。みんな大きくなって、中には大学生の子を持つ人もいる。三人とも休まず、よく働く。性格は明るく、日本語もペラペラで、職場に溶け込んでいる」と阿部さんは言う。

旧塩沢町の農業委員会によるフィリピンからの花嫁受け入れは一年で終わった。だが、その後も結婚仲介業者の紹介や見合い結婚などで、韓国、フィリピン、中国、スリランカ、タイなどから花嫁がやって来た。正確な統計はないが、「日本人の配偶者等」という在留資格を持つ女性の数などから推定して、南魚沼市には二〇一一年時点で約一八〇人の外国人妻がいると見られている。

十八歳のフィリピン人花嫁

南魚沼での外国人妻とその家族への取材は正直、大変だった。まず外国人妻がどの家にいるのか探すのが難しかったし、その存在が明らかになっても、取材にはなかなか応じてくれない。市の日本語教室でボランティア活動をしている人などに紹介してもらって話を聞いたが、本人が取材に応じてくれても、夫が嫌がるケースもあった。夫が応じてくれても、舅、姑などの家族の反対で取材ができないこともある。

塩沢リネンサプライの三人のフィリピン女性も「恥ずかしい」という理由で取材を断ってきたが、どうも家族の反対があったというのが本当の理由のようである。三人の女性は結婚し、子どもを産み、育て、仕事も続けて、南魚沼にすっかり定着した感があるが、そこに至るまでは様々な苦労があったはずだ。

どんな努力をして彼女たちは農村での生活に慣れていったのだろうか。詳しく話を聞きたいと思った。南魚沼市の農業についてレクチャーをしてくれた市役所農林課の岡村昌一さんが、フィリピン人女性と結婚した小学校の同級生がいると教えてくれた。旧六日町地区の新堀新田に住む阿部

農作業をする阿部さんと妻のメリアンさん

角栄さんがその同級生だ。

「今、終わったところです」。二〇一一年六月最初の日曜日、自宅におじゃまずると、開口一番、阿部さんは日焼けした顔を綻ばせてこう語った。五月下旬から始めていた田植えがこの日、ようやく終わったのだ。阿部さんは一ヘクタールの水田を持ち、平日は電気配線工事の会社に勤めている。農作業をするのはもっぱら休みの日。前週の土日は神奈川県に住む弟が帰郷、農作業を手伝ってくれた。この日は早朝から最後の仕事に取りかかっていた。客間に案内され、話を始めると、妻のメリアンさんと四歳になったばかりの長女の初実ちゃんが現れた。

阿部さんは一九六〇年、メリアンさんは一九八二年の生まれで、この時二人はそれぞれ五十一歳と二十八歳。年の差二十三歳のカップルだった。二人が結婚したのは二〇〇一年。メリアンさんは十八歳の若妻だった。当時の経緯を聞くと、阿部さんは頬を少し赤く染めながら話を始めた。

南魚沼には坂戸地区という飲み屋街がある。フィリピン人女性がホステスとして働くパブやスナック、クラブが多い場所で、独身の阿部さんはよくそこに飲みに行っていた。農家の長男に生まれた阿部さんは女性との縁に恵まれず、四十歳を迎えていた。そんなある日、行きつけのスナックでフィリピン出身の女性と知り合い、好きになった。残念ながらその恋は実らなかったが、この出会いがその後の人生を大きく変えることになる。

「私は結婚できないが、いい人がいる」と親戚の女性を紹介されたのだ。思わぬ展開に驚いたが、もういい年だから結婚したいと思っていた阿部さんはフィリピンのマニラまで出かけていく。そこで出会ったのが、現在の妻、メリアンさんだ。何回か会ううちに好意を感じるようになった阿部さんは、いつまでも一人でいるのは嫌だと結婚を決意する。この時、メリアンさんを一生大事にしよう、幸せにしようと思ったという。

メリアンさんはパンガシナン州出身。父親は大工で、六人兄弟の次女だ。フィリピンの裕福でない家庭に育った若者が、男であれ女であれ、海外にデカセギに行き、働いて稼いだ金を本国の親に仕送りするのは珍しくない。日本の農村に嫁ぐ女性たちも例外ではない。メリアンさんも父親に勧められ、家計を助けるため、日本に行く決意を固める。

「やさしそうに見えた」。メリアンさんは当時の阿部さんの印象をこう語る。二〇〇一年三月、フィリピンで結婚式を挙げ、阿部さんは帰国した。新婦が日本に来たのは八カ月後の十一月。阿部さんはマニラまで迎えに行った。「夫が死ぬかもしれないという時だったので心配し、ハラハラした」と振り返るのは、阿部さんの母、守さんだ。阿部さんの父がガンに侵され、死の床にあったのだ。亡くなったのはメリアンさんが嫁いできた三週間後。息子の結婚を待ち望んでいた父は新妻の手を握った後、旅立った。

メリアンさんが来てまもなく雪が降った。最初はこれまで見たことがなかった雪をきれいだと感じた。でもすぐ嫌になった。雪かきが大変だからだ。南国育ちだけに冬の寒さもこたえる。ホームシックに陥った。食べ物も口に合わない。夫や義母と言葉も通じず、心細い日が続いた。

まず日本語を覚えようと思った。来日前にフィリピンで少し勉強しただけで、身に付いていなかったのだ。当時南魚沼市内に日本語を習える場所はなかったが、隣の十日町市で日本語教室が開かれていた。毎週一回月曜日の夜に通い、二時間勉強した。後はテレビを見て分からない言葉があったら、夫や義母に聞いた。三カ月くらいでしゃべれるようになったという。メリアンさんは日本語教室に二年間通った。漢字の読み書きは十分にできないが、会話やひらがな、カタカナの読み書きならできる。阿部さんは二年間、車で十日町市に通う妻の送り迎えをした。

日本食は義母の守さんに教えてもらい、味噌汁の作り方を覚えた。来日当初は何度も国に帰りたいと思ったという。だが、次第に日本の生活に慣れたところに長女の初実ちゃんが誕生、それを機に日本で生きる意思が固まった。今は守さんが物を出したまま後片付けをしないでいると、「おばあちゃん、だらしないわよ」と怒られる始末。「パパ、初実の面倒をもっと見てよ」と二十三歳年上の阿部さんも押され気味だ。メリアンさんは運転免許も取得、二〇一〇年六月からは近くのカメラ部品の工場で働いている。フィリピンで大工をしていた父親は高齢のため引退、両親のために時々、仕送りもしている。

阿部さんがフィリピン人女性と結婚すると聞いた時、守さんは驚いたという。でも、反対はしなかった。国内で結婚相手が見つけられず、四十歳を超えていたからだ。今は孫も生まれて良かったと思う。メリアンさんのことを「外国から一人で来てよく頑張った。私にはとてもまねできない」と語る。

孤独を抱え生きる

本国に帰りたいと何度も思ったメリアンさんが農村での生活に慣れ、定着できたのは、一つには日本語を積極的に勉強するなど本人の努力が大きいが、夫の協力や義母の温かい姿勢など周囲の人たちに恵まれたことも大きい。それがないと、環境が大きく異なる日本の農村に嫁いだ外国人妻たちは孤独に苛まれ、苦しい日々を過ごすことになる。

南魚沼市内に住む中国人妻の春川洋子さん（仮名）は中国で外資系企業に勤めた経験がある英語が堪能な女性。会話もよどみなく、日本語も上手だった。最初に会った時、日本での生活はまずまずと語っていたが、二度三度会ううちに次第に本音を漏らすようになった。

春川さんは一九六八年生まれ。日本に来たのは二〇〇一年で、三十三歳の時だった。子どものころから外国に興味があり、将来は海外に出て貿易の仕事をしたいと思っていたという。勉強が好きで、大学で国際金融を専攻した後、外資系企業に勤めた。会社では東南アジアに行くなど、希望通り国際的な仕事をし、給料も国営企業に比べて高かった。だが、中国政府の留学生呼び戻し政策で海外留学生が次々に帰国し、職場環境が厳しくなった。仕事を続けるか悩み、結婚も考えたが、年齢的になかなか自分が望むような相手は見つからなかった。

そんな時、知り合いの人から日本に行ってみないかと誘われた。高度経済成長を遂げた日本には興味があった。日本に行けば良い暮らしができるとの期待もあり、結婚仲介業者の紹介で中国に来た日本人男性に会った。それが現在の夫である。第一印象は真面目な人。これまで付き合ったことがなく、言葉も通じないため、相手のことはよく分からず、不安はあったが、安心できる人だと思い、日本に行くことを決意した。夫は離婚歴があり、十二歳年上だった。

嫁いできた南魚沼の夫の家では舅、姑と同居。でも日本語ができないため、意思疎通が図れない。食べ物や生活習慣も違うため、義理の両親と摩擦が起こる。そんな時は夫が間に入り、自分を支えてほしいと思ったが、どっちつかずで全く頼りにならなかった。とにかく日本語を覚えなくてはいけないと独学で勉強を始めた。市の日本語教室が開設されると、そこにも通った。春川さんは二〇〇六年に日本語能力検定の二級を取得している。

日本での生活に戸惑う毎日だったが、腰を据えて生きていこうと気持ちが固まったのは、阿部メリアンさんと同じく、長女を出産してからだ。外国人妻にとっても、まさに子はかすがいなのである。娘には将来、医師など一生独立して生きていける資格を持った仕事に就いてほしいと思っている。

中国で大学も卒業し、外資系企業に勤めるなど国際的な仕事をしていた春川さんは単なる農村の主婦に納まって生きていく人ではなかった。日本語教室に通い、市内の国際交流団体のイベントに参加し、交友関係を広げていった。市から頼まれて公民館で中国語講座の講師も務めた。最初に会った時に比べ二回、三回と会ううちに本音を語るようになり、それとともに表情が暗くなった春川さんだが、「教えるのは楽しかった」と中国語講師の話をした時だけは、顔に明るさが戻った。

春川さんは得意の英語を活かして自宅で英語教室を開こうと考えた。でも、姑に反対された。姑は以前から春川さんが誰かを家に連れてくるのを嫌がった。舅は日本での生活に慣れない外国人の嫁のために夫以上に気を使ってくれる人だったが、姑は厳格でプライドが高く、気難しい人だったという。それでも、「嫁姑がうまく行かないのはどこの国にもよくある話で、それほど気にならない」と話す。自分にとって不幸なのは、夫の支えが足りないことだという。

外国人女性を妻にする農家の男性は押し並べておとなしい内気なタイプが多く、親に逆らってまで妻をかばうという人は少ない。日本人の女性なら仮に夫がそういうタイプでも、国内に自分の両親や兄弟、親戚、友人などの話し相手がいくらでもいて、発散できる。しかし、外国人女性の場合はそれがない。日本人の知り合いはいても、友人と呼べるような人はなかなか作れない。閉鎖的な農村ならなおさらだ。

最後に会った時、春川さんは身の上話をしながら、涙ぐんでいた。そしてこう言った。「中国人にしか本音は言えない。日本人には本当のことは言えない」。その涙を見て、ふだん悩みを聞いてくれる話し相手がいないのだと感じた。それだけに彼女にとっては夫の存在が大きいのだろう。

農村に嫁いだ外国人妻は孤独を抱えて生きている。日本での生活がうまく行くかどうかのカギは夫の対応にかかっているといっても過言ではない。

英語講師の韓国人妻

春川さんとは対照的に、夫の協力を得て自分のやりたいことを実現したのが、南魚沼市片田に住む韓国人妻の山口京子さんだ。山口さんは春川さんがやりたかった英語教室を自宅で開いている。だが、そこに至るまでの道は平たんではなかった。

山口さんは一九六五年にソウルから車で一時間半の清州で生れた。父親に勧められ、大学で造景学を専攻したが、自分が希望した学問ではなかったので、すぐ嫌になった。卒業後、写真の勉強をしようと思い立ち、日本に来た。東京の日本語学校に通った後、念願の大学の写真学科に入学する。当時はカメラマンになりたいと思っていた。ところが、まもなく本国の父親が死亡した。父親は米軍基地に勤めていた人だった。仕送りが途絶え、学費が払えなくなり、大学を中退して働いた。

三十歳を過ぎ、帰国を考え始めた時、友人の母親から日本人との見合いを勧められた。今さら韓国に戻ってもすることがない。このまま日本にいたいと考えた山口さんは見合いに応じることにした。見合いの相手は十歳年上の南魚沼市に住む地方公務員。公務員は嫌いだったので、最初の印象は良くなかった。見合いの席で日本に来てから疑問に思っていたことを尋ねた。「天皇に名字がないのはなぜ?」「日本が旧暦を使わないのはなぜ?」。夫はこれにスラスラ答えてくれた。これまでも同じ質問を何人かの日本人にしていたが、初めて納得のいく説明を聞いた。それで夫を見直し、結婚を決意したのだという。

でも南魚沼に来てショックを受けた。見渡す限り、山と田んぼ。想像以上の田舎だった。地元の高級旅館で白無垢姿で結婚式を挙げたものの、農村の生活には馴染めない。畑仕事も一度しただけで、自分には務まらないとすぐやめた。

日韓の生活文化の違いも立ちはだかった。山口さんはニンニクと唐辛子がないと料理とは感じない。だが、舅はニンニク、姑は辛いのが苦手。和食と韓国料理の二つが食卓に並ぶことになった。正座はつらく、大変だった。こたつも馴染めない。習慣の相違が家庭内の亀裂を広げた。一年間で夫の両親との同居生活は破綻、夫と二人だけでアパート暮らしをすることになった。

両親との別居を機に働きに出ることを考えた。だが、田舎で外国人の主婦にできる仕事は限られる。当時、長女が生まれていた。子どもの面倒を見ながらできる仕事は何かを考え、自宅での英語

自宅で英語教室を開く山口さん

教室を思いついた。本格的な勉強のため二〇〇一年から二年間、娘を連れてニュージーランドに留学した。閉鎖的な農村だけに別居で周囲の目が気になったことも外国へ出る動機になった。「近所の人は私が離婚し、子どもを連れて韓国に帰ったとうわさしていたらしい。戻った時はみんなびっくりしていた」と山口さんは当時を振り返る。帰国後、自宅を改築して英語教室を開設。市教育委員会の外国語指導助手も務めた。

　山口さんが市内の小学生を集めて開く英語教室を見学した。「目はアイ、口はマウス、鼻はノーズ」。山口さんに続いて三人の小学生が大きな声で復唱する。小学五年の男子一人と女子一人、それに小学六年の女子だ。この日は小学生だったが、日によって中学、高校生も教える。大人を対象にした英語講座の講師も務めている。

日本に来たのは一九九〇年。二〇年以上が過ぎた。だが、日本人の友人は一人もいない。韓国人は自分の思うことをはっきり言うが、日本人は建前と本音があって何を考えているか分からないという。「日本人と結婚した韓国人女性は大勢いるが、知り合いの六割は離婚している」と語る。日韓に限らず、国際結婚は難しいが、山口さん夫婦はお互いに何でも言い合うようにしている。大声で夫婦喧嘩して、近所の人をびっくりさせたこともある。「喧嘩はしても、夫婦仲は悪くない」と話す。

夫の母親は別居後、すぐに亡くなった。夫は一人暮らしの父親の家に時々行き、農作業を手伝っている。舅、姑との別居、ニュージーランドへの語学留学、英語教室の開設……。夫が自分の味方になり、自分を支えてくれたから今の自分がある、と山口さんは思っている。

中国人妻の決意

南魚沼の農家に嫁いだ外国人妻は子どもを産み、将来の農家の後継者を育てることを求められているが、農作業の労働力としてはさほど期待されていない。稲作は機械化が進み、昔に比べると、手作業は減っているからだ。現在は専業農家は少なく、兼業農家が多い。したがって外国人妻の夫はほとんどが勤め人で、舅が農作業の主な担い手であることが一般的だ。実家が裕福でない外国人妻はたいてい工場などに働きに行き、収入の一部を本国の家族に仕送りするケースが珍しくない。

子どもを産んだ外国人妻は永住権を取得し、日本に定着しようとするが、夫が死んだ後は祖国に帰ろうと考える人も少なくない。子どもがなく夫が早死にすると、立場は微妙になり、帰る人も多い。中には夫の兄弟や親戚から本国に帰るよう迫られ、泣く泣く日本を離れざるを得ない例もあるという。

南魚沼市の旧六日町地区の農家に嫁いだ中国黒竜江省ハルビン出身の小嶋宏子さん（仮名）も夫を亡くし、夫の兄弟から家を出るよう迫られた一人。だが、彼女は南魚沼に残ることを選択した。「色々あったが、地域の人たちが支えてくれた。ここで頑張ろうという気になった」と語る。

小嶋さんは一九七三年生まれ。南魚沼市の隣の十日町市に嫁いでいた中国人妻の仲介で夫を紹介され、二〇〇五年に結婚、来日した。小嶋さんは中国で結婚に失敗、離婚歴があった。前夫との間に生まれた八歳になる長女を連れての嫁入りだった。日本語は全くできず、夫に「あいうえお」から教えてもらった。地元の小学校の三年に編入された長女は最初、学校の給食で出る魚が食べられず、泣いて帰ってきた。イジメにも遭ったが、日本語を覚えることで日本での生活に慣れていった。夫はそんな長女を可愛がり、ディズニーランドに連れていってくれたり、ピアノの発表会では実の我が子のことのように喜んでくれたりした。

だが、そんな平穏な日々も長続きしなかった。農業をしながら会社勤めをしていた夫が仕事のストレスからか、二〇一〇年五月、うつ病にかかり、入院したのだ。八十歳の義母も長年、うつ病を患って入退院を繰り返しており、野菜の生産組合に勤める小嶋さんの細腕に、夫の看病と農作業がのしかかった。畑仕事の経験はあるものの、田んぼは初めて。朝四時に起きて作業を始めたが、やり方がよく分からない。そんな時に支えてくれたのが近所の人たちだった。作業の仕方を教えてくれただけでなく、忙しい小嶋さんのために食事まで作って玄関にそっと置いてくれた。

近所の人たちが親切にしてくれたのと対照的に夫の親戚は冷たかった。夫が入院した時に小嶋さんは遠方に住む夫の兄弟に電話し、病気の義母を預かってほしいと頼んだ。その時、「あなたはわずか六年間の嫁だから、万一の場合は家の財産はもらえない」と言われたという。病気の夫を抱えて何とか生きていこうと思っているのに、財産の事を言われるなんて。この時、長女を連れて家を出ようと思ったというが、さすがに「病気の夫と義母を置いて、それはできなかった」と振り返る。

夫は一時的に良くなり、八月に退院したが、翌年の二〇一一年二月に帰らぬ人となった。夫の葬儀の時、「外国人だから挨拶はいいよ」と言われた。でも夫が病気の時に、何もしなかった夫の兄弟が挨拶するのは嫌だった。小嶋さんは自らマイクを握った。地域の人たちに感謝の思いを伝えたいという気持ちもあった。

「私は外国人ですが、皆さん、これまで支えてくれてありがとうございます。これから辛いことがいっぱいあるかもしれないけれど、うちのだんなの写真を見て、おばあちゃん、私、娘の三人で一生懸命やります。何か分からないことがあった時、またよろしくお願いします」

親戚からは財産を相続したいなら、夫の兄弟の子どもを養子にしろと言われた。また親戚の司法書士も紹介された。だが、小嶋さんはそれを断わって自ら法務局に相談に行き、別の司法書士を紹介してもらった。葬儀の直後、東日本大震災が起こり、放射能汚染を心配した本国の親や兄弟から戻ってくるよう促されたが、様々な手続きに追われ、とても帰れるような状況ではなかった。すぐ春休みになったので娘だけを一時帰国させた。

これまでお金の管理はすべて夫任せ。一カ月の生活費がいくらかかるかも知らなかった。郵送されてくる請求書や各種書類の意味も分からず、毎日のように市役所に行っては職員に尋ねたという。こうして夫の死後の様々な手続きを済ませた。新学期に合わせ、長女も戻り、小嶋さんは南魚沼で生きていく決意を新たにした。

本国の娘を日本に呼ぶ

小嶋さんには前夫との間に生まれた長女がいた。最近、日本に来る外国人妻の中には子連れで嫁いでくる人が少なくない。南魚沼市余川に住むフィリピン人妻、林ジェベリンさんも結婚した時、すでに二人の娘がいた。だが、しばらくは一緒に暮らせず、離れ離れで切ない生活を余儀なくされた。夫の裕司さんは二人の娘の存在を承知の上で結婚したのだが、両親にはすぐに話せず、内緒にしていたのだ。「そろそろ呼ばなきゃな」と夫が言ってくれた日のことをジェベリンさんは今でも鮮明に覚えている。本国に残してきた娘たちとようやく一緒に暮らせる――。胸のつかえが下り、喜びが全身を貫いた。

林さん夫妻が結婚したのは一九九九年。二人は上越国際スキー場にあるリゾートホテルの社員食堂で知り合った。一九五八年生まれの裕司さんは食堂のコック、一九六七年生まれのジェベリンさんは従業員で、職場結婚だった。知り合った時、ジェベリンさんは二人の娘を持つシングルマザーで、娘は本国の母親に預けて日本に働きに来ていた。裕司さんはいきなり両親にそのことを話すと、ショックが大きいと考え、時期を見て話すことにしたのだ。

「夫のまじめで優しいところに惹かれて結婚した」と語るジェベリンさん。娘を呼ぶことができず、苦悩を抱える日々が始まった。離れて暮らす娘が気になり、当初は一年に一回、必ず本国に帰った。会えば楽しいが、帰る時が辛い。空港で見送られると後ろ髪を引かれるので、いつも家で別れた。

結婚して三年が経ち、ジェベリンさんは裕司さんの子を身ごもった。妻のお腹が大きくなったのを見て、裕司さんは「そろそろいいだろう」と両親に隠していた秘密を話すことを思い立った。

裕司さんは農家の次男。すぐ隣に両親と兄夫婦が暮らしていた。ある日、家族会議が開かれた。林さん夫妻が事情を話し、二人で頭を下げた。両親も兄夫婦も初めて聞かされる話に驚き、その場を沈黙が支配した。しばらくして裕司さんの父、慧《さとし》さんが口を開いた。「呼べばいいじゃないか」。この一言で会議は終わり。ジェベリンさんは胸をなでおろした。これで秘密がなくなり、堂々と娘を迎えに行けると晴れ晴れした気持ちになった。

二〇〇四年、二人の娘がやって来た。長女は十五歳、次女は十二歳になっていた。林さん夫妻の間に生まれた子も女の子で、娘三人がそろい、林家は一気に賑やかになった。フィリピンから来た二人の娘は日本語が分からず、大変だった。特に微妙な年頃で日本に来た長女は学校の授業に付いていけず、苦しんだ。でも、二人とも裕司さんになつき、家族円満な日々が続いた。

ジェベリンさんはマニラから車で約二時間のバタンガス州ロザリオの出身。七人兄弟の長女だ。母親はフィリピン人だが、父親はフィリピン系米国人で、ジェベリンさんが一歳の時に両親は別れた。その後、父親は米国に行ったため、九歳の時に再会するまで父親の顔を知らなかったという。ジェベリンさんは興行ビザで来日、南魚沼周辺で働き、ホテルの社員食堂の前は国際大学のカフェにいたこともある。フィリピンでは長女が日本などにデカセギに来るのはよくあるパターンで、当初は毎月八万円から一〇万円を本国の母親に送金していた。

幼いころから実の父親不在で育てられ、自身も二人の娘の父親との離別を経験するなど男運に恵まれず、様々な苦労をしたため、家庭を守ろうとの意識は人一倍強い。裕司さんと三人の娘に囲まれ、幸せな生活を送っていたが、二〇〇八年にショッキングな出来事が起こった。本国にいた二人の娘の呼び寄せに同意してくれた義父の慧さんが農作業の最中に事故で亡くなったのだ。ジェベリンさんは裕司さん同様、やさしかった慧さんが大好きだった。涙があふれて止まらなかった。

南魚沼に嫁いだフィリピン人妻の中には、雪深いこの地に馴染めず離婚したり、スナックなど夜の仕事に就いて夫と別居したりする人も少なくない。でも、ジェベリンさんは「この町が大好き。優しい人ばかり」と言う。たまたまこの地を訪れただけの観光客から「何もないところだね」なんて言われると、腹が立ってしょうがないという。そんな気持ちになるのも、血のつながりがない二人の娘を本国から呼んでくれた夫と夫の家族への感謝の思いがあるからだ。

母国の味で起業

外国人妻の中には本国から持ち込んだ生活文化をベースにして起業する人もいる。南魚沼市内の大手スーパー「イオン六日町店」にあるスリランカ料理店「アドレー」。本場のカレーが食べられると評判の店だ。この店を経営するのはスリランカ出身の中島千晶さん。店長として妻の事業を支えるのは千晶さんの夫の昇さんだ。農家に嫁いだはずの外国人妻がいつのまにかビジネスを始め、しかも一家の大黒柱になったユニークな例である。

店を訪ね、話を聞くと、「最初はみんなに反対されたんですよ」と千晶さんは笑う。スリランカ料理店を開くと言った時、昇さんもその両親も驚いた。「ここは東京とは違う。外国の変わった料理を食べる人がいるだろうか」と不安に思ったのだ。それが軌道に乗り、店は二店舗に増えている。

中島夫妻の出会いは一九九七年。当時四十三歳だった昇さんは結婚仲介業者の紹介でスリランカのコロンボに行き、千晶さんに会った。二人とも初対面で相手が気に入った。二十歳だった千晶さんは昇さんのことを「やさしそうな人だと思った」と振り返る。千晶さんの兄と姉は結婚に反対したが、母親が積極的に賛成した。スリランカの日本大使の家で家政婦をした経験があり、日本人に

スリランカ料理店を経営する中島千晶さん（左）と夫の昇さん

いいイメージを持っていたのだ。

千晶さんはスリランカ中部の都市、キャンディで一九七六年に生まれた。豊かな日本は憧れの国だった。だが、南魚沼に来て期待は裏切られる。ＮＨＫのテレビドラマ「おしん」はアジア各地で放映され、人気を集めたが、一面に広がる田んぼを見て、「まるで『おしん』の世界だ」と感じたという。

一九五四年生まれの昇さんは子供服の製造会社に勤め、稲作は主に彼の両親がしていた。義父からは「農作業はやらなくていいよ」と言われたが、農村の風習には戸惑った。訪れた客の相手をしたり、村の様々な行事に参加しなくてはならない。居間で座る場所も決まっており、入浴は一番最後。分からないことだらけの上に、言葉は通じない。最初の一、二カ月はスリランカに帰りたいと泣いてばかりいたという。

舅、姑とは少し英語ができる昇さんに通訳してもらって何とか意思疎通を図ったが、夫がいない昼間が困る。テレビや本を見て少しずつ日本語を覚えた。日本の料理も口に合わず、カレーを作ると、スパイスの匂いがきついと嫌がられた。何を言われても、「はい、はい」と返事していたものの、義母との関係は微妙になっていった。夫婦一緒に出かけると、嫌な顔をされる。二人で買い物に行くだけで面白くないらしい。最初はやさしかった義父も小言をいうようになり、一年後にはついに別居した。だが、長女が生まれると、両親の態度が変わった。戻ってほしいと懇願され、再び同居した。

それでも嫁姑関係が改善されたわけではなかった。再び妊娠し、次女がお腹の中にいる時、姑と言い争いになり、長い棒を持ち出した舅に腹をつくぞと脅かされたこともあった。この時は会社にいる昇さんに電話し、仕事の途中で帰宅してもらった。

だが、二〇〇〇年、長女に続いて次女も生まれ、日本語も次第に上達。祖国を思って帰りたいと泣いていた千晶さんも、この地に根を下ろし始める。子どもの世話は楽しい。でも、子育てだけでなく何かやりたい。そう考え、本国からスパイスを取り寄せ、日本にいるスリランカ人に宅配便を利用して販売するビジネスを始めた。南魚沼に来て孤独だったが、商売を通じて同じ国の人々と知り合い、在日スリランカ人のネットワークもできた。

三女が生まれた後、二〇〇四年にはＪＲ六日町駅前にスパイスや紅茶を販売する店をオープンした。二〇〇五年には駅の西側にスリランカ料理店を開業する。昇さんも子供服の会社を退社し、千晶さんのビジネスを手伝い始めた。事業は順調で、二〇一〇年末にはイオンの店内にも出店した。

千晶さんは地元の商工会や婦人会などに頼まれ、これまで何度も料理教室を開き、好評だった。スパイスが臭いと嫌がっていた夫の両親も、千晶さんの作ったカレーを今は喜んで食べるという。

「売り上げはまずまず。何より自分の国の料理を食べてもらえるのがうれしい」と千晶さん。会社を辞めてこの事業に賭ける昇さんも「仕事は大変。でも日本にはなかった珍しい料理を提供できる。やってよかった」と話す。千晶さんの元々のファーストネームはニランテ。二〇一〇年に日本国籍を取得したのに伴い、名前も現在の千晶に改名した。故郷の味を受け入れてくれた南魚沼に今は愛着を感じている。

整体師の中国人妻

JR六日町の隣の駅である浦佐駅には上越新幹線が停まる。駅前には新潟県の交通網整備に多大な貢献をした功績からだろうか、同県出身の庶民宰相、田中角栄の銅像が立っている。東京からの交通アクセスが良いこともあり、ここには国際人養成のため財界がつくった国際大学がある。南魚沼で住み込み取材をしている間、浦佐駅近くのグローブクラブによく通った。市の教育委員長を務めていた木村かすみさんをはじめ、市民のボランティアが運営する「まちなかカフェ」である。ここは国際大学に通う外国人留学生の溜まり場になっていた。留学生が市民に外国語を教え、市民が留学生に日本語を教える光景をよく見かけた。留学生に交じって日本語を教えてもらっていたのが、中国人妻の遠藤貴子さんだった。

南魚沼に嫁いでくる外国人妻には、スリランカ料理店を営む中島さん、英語教室を開く山口さんなど、自分の特技を活かしてビジネスをする人がいる。舅、姑のいる農家の大家族の中で主婦業だけをしている人に比べ、彼女たちはみんな溌剌としている。農家の外国人妻の中には外から遮断された閉鎖的な生活に耐えられず、離婚した人も少なくないが、仕事をしている人の離婚率は低いように見える。彼女たちは仕事をすることで自己実現を図り、慣れない異国の田舎での生活を乗り切っている。これといった特技がなかった遠藤さんは日本に来て資格を取ることを思いつき、整体の勉強を始めた。グローブクラブのすぐ近くで整体院を開いている。客商売だけに日本語の勉強にも熱心だ。

遠藤さんは一九六九年生まれ。黒竜江省佳木斯市の出身だ。三人兄弟の末っ子で、兄が二人いる。二十二歳の時に結婚したが、夫の浮気で二年後に離婚した。中国人の前夫との間に娘が一人いる。この子は前夫の親が引き取って養育している。南魚沼に来たのは二〇〇一年。その前年、結婚仲介業者の紹介でハルビンで夫と知り合った。この時は南魚沼から日本人男性三人がハルビンに行き、中国人女性三人と見合いをした。一緒に食事をするなど、一週間行動をともにし、カップルができた。夫に見染められ、遠藤さんもやさしそうな人と好感を持った。当時、遠藤さんは三十一歳。夫は十二歳上の四十三歳だった。

日本で一番苦労したのは言葉の問題だという。テレビを見たり、舅、姑の話を聞いたりしながら独学で少しずつ覚えていった。結婚して三年目に男の子を出産、子どもを保育所に預けて働きに出た。最初に勤めたのは縫製工場。裁断の工程で働いたが、危険が伴う仕事で、いつまでも続けられないと思った。自分は外国人で日本語も上手ではないので、ほかにいい職場もない。自分で何かやった方がいいと考え、夫とも相談し、整体の仕事をすることにした。長岡市の整体学校に一年間通って、技術を習得し、二〇〇八年に整体院を開業した。

遠藤さんは日本語も上達し、生活習慣にも慣れた。日本食も問題ないし、周りの日本人もみんな親切にしてくれるという。それでも外国人だけにまだまだ分からないことがあり、その都度誰かに聞かなくてはいけない。ひなびた田舎と聞いてきたから、最初から農村の生活に戸惑いはなかったというが、やはり異国で暮らせば故郷を思い、淋しい気持ちになる。だが、仕事をしている充実感が日本で生きる自信にもつながる。月曜から土曜までの毎日、午前八時半から午後六時まで開業、客は一日に三、四人だが、「自分の小遣い分くらいは稼げる」と話す表情は明るかった。

連れ子の教育が課題に

「この漢字は字が違うわよ」。南魚沼市内にある中学校の歴史の授業。ノートを取る中学一年の山田由美さん（仮名）の横に主婦の水野真理さんが寄り添い、時折話しかける。水野さんは市の教育委員会から派遣された日本語支援員。由美さんは中国黒竜江省出身の母親が本国から連れてきた前夫との間の子どもだ。

由美さんが南魚沼に来たのは二〇〇八年。三年が経ち、日本語は上達したが、文章の内容を正確に理解したり、作文を書いたりする力は十分ではない。由美さんの学習を支援するのが水野さんの役割だ。授業の時、そばに付いて分からないところを教えるほか、試験前は放課後に個別指導もする。

外国人妻が増える中、子連れで嫁いでくる女性も少なくない。市の教育委員会は日本語の不得意な外国人生徒のために日本語支援員を雇い、サポートする。水野さんもその一人で、中国人生徒を担当している。市内の中学校二校と小学校一校で合計四人の指導を行なっている。水野さんが一番気を使っているのは、学校の教師が教えていることがきちんと生徒に伝わっているかという点だ。授業をするのはあくまで教師で、水野さんの役割は生徒の言葉のハンディをできるかぎり少なくすること。日本語指導に限定して学習支援を行なうのだ。だが、それはあくまで原則で、放課後の指導や家庭訪問など実際は単なる日本語指導を超えた様々な支援活動を担っている。

日本語支援員になったのは二〇一一年四月。大手商社に勤めていた夫に同行、三年間中国の西安に住んだことがあり、現地の大学で中国語を勉強した。この経験を買われ、支援員を頼まれたのだ。支援員になってすぐ、由美さんの自宅を訪ねた。学校で教えるだけでは子どもは心を開いてくれない。外国人の生徒は様々なストレスを抱えている。まず親しくなることが大事と思ったのだ。母親との意思疎通も欠かせない。週末には自宅にも招き、自分の娘も一緒になってケーキを作った。水野さんとその娘、由美さんの三人で映画も見に行った。当時、由美さんは時々、学校を休んでいた。それが気になり、「何か悩みがあるのでは」と思っていたが、こうした付き合いを続けることで、何でも話してくれるようになったという。

水野さんは西安にいる時、子どもを現地の学校に入れた。言葉の壁に加え、日本と中国では教育の方法や生活習慣が異なるため、戸惑うことが多く、学校の教師との意思疎通にも苦しんだ。大学で中国語を勉強したのも、子どもの教育などで必要に迫られたからである。外国で暮らす苦労を自分も経験しただけに、日本にいる外国人妻の気持ちも理解できる。「中国では色々な人に助けてもらった。今度は自分が力になりたい」と話す。

「母親が連れてくる外国人の子どもは家庭が不安定だったり、学校で友達ができなかったり、悩みが多い」と語るのは、二〇一一年三月まで支援員を務めていた高津戸真弓さん。八年間で約一五人の子どもにかかわった。ほとんどの家庭を訪問、母親とも親しく付き合った。順調に学校生活を送っている子どもたちも当然いるが、その一方で日本に適応できなかった子も少なくなかった。授業に付いていけない、日本人の子どもと仲良くできないなどの理由で、義務教育の途中で帰国するケースもあった。本人が頑張っていても、親の離婚で高校を退学して働きに行かざるを得なかった例もあったという。

高津戸さんも中国の大学への留学経験がある。中国人妻が本国から呼び寄せた子どもが小中学校に入り始めたのを受け、二〇〇三年度から日本語支援員を務めた。フィリピン出身の子どもの学習支援をしたこともある。

外国から来た子どもたちが日本に適応するには学校の取り組みとともに、母親の役割が重要だ。だが、言葉の問題もあり、教師や日本人の保護者ときちんと向き合える外国人妻は少ない。日本語支援員が学校と母親の懸け橋を担っているが、支援員への負担が重過ぎるのが現状だ。外国人妻とその連れ子への地域ぐるみの支援体制が欠かせない。

花嫁支える日本語教室

ＪＲ浦佐駅近くの市の公共施設で、外国人妻向けの料理教室が開かれると聞いたので、行ってみた。南魚沼の農家に嫁いだ外国人妻のほか、国際大学の留学生が本国から帯同した妻も加わり、外国人女性六人が参加。この中には来日したばかりのスリランカ人妻もいた。六人は日本人主婦五人の指導で新潟名産の笹だんごを作った。米粉をこね、あんを包んで笹の葉で巻き、蒸しただんごを試食した。教室は和やかな雰囲気で、妻たちはだんご作りに熱中した。

「楽しかった。ここに来ると日本の文化が勉強できる」と目を輝かすのはタイ出身の外国人妻、深野愛さん。五人の主婦は外国人に日本語を教える市民ボランティアで、料理教室は市の日本語教室が受講者の親睦のために開いた課外授業である。

日本語教室の開催は週二回。火曜日午後に浦佐の大和公民館、水曜日夜に六日町の中央公民館で開かれる。来日したばかりの日本語が話せない妻や、上達したいと熱心に勉強する妻がやって来る。教室には本人のほか、妻が本国から連れてきた子どもも通い、日本語に取り組んでいる。

水曜日夜の教室をのぞくと、浦佐に住む主婦の田中美智子さんがフィリピン出身の高校一年生に漢字の読み方を教えていた。「七日はなのか、八日はようかと読むの」。高校生にしては随分やさしい漢字の勉強だ。途中から日本の学校に来た子は大きな言葉のハンディを背負っていると改めて感じさせられた。やさしい漢字でも、ちゃんと読めれば、田中さんは「素晴らしい！素晴らしい！」と連呼する。高校生の表情に笑顔が浮かぶ。褒めることで、子どもの学習意欲を少しでも高めようと努めているのだ。田中さんはこの高校生を中学生の時から教えている。中学時代は来たり来なかったりだったが、高校受験を控えて熱心に通ってくるようになった。合格した時は我が子のことのようにうれしかったという。

「巻き込み事故って何のことか分かる？」。隣のテーブルでは元市役所職員の桜井徳治さんが中国人青年に交通規則に関する日本語を教えていた。中学生の時に母親に伴われて中国から南魚沼に来たこの青年は中学三年でいったん帰国、中国の高校を卒業して再来日した。日本で良い就職口を見つけたいと望んでおり、そのためには自動車免許が必要だと考え、試験合格のための実践的な日本語を習っている。桜井さんは日本語教室に来た外国人妻から税金や年金の相談を受けたこともある。

「外国人の家族は勉強だけでなく、色々な相談も持ちかけてくる。ちょっとしたかかわりを持つだけの私たちをすごく信頼してくれる」と田中さんは言う。家族以外に日本人の知り合いがほとんどいない外国人妻には日本語教室が頼りなのだ。

市の日本語教室が設置されたのは二〇〇六年。「外国人花嫁が増えているが、日本語ができないので家族との会話もままならない。引きこもりがちの花嫁もいるようだが、対策はないのか」と市議会で議員から質問が出たのがきっかけだ。前年の二〇〇五年には市内の中国人妻が義父の頭部を凶器で殴打する痛ましい事件も起こっていた。事件は言葉や習慣の違いによる過度のストレスが原因とみられている。

市はこうした状況を憂慮して五〇万円の予算を付け、日本語教室の開設を決めた。当時、市役所で教室立ち上げに関わった岡村昌一さんによると、それまで外国人妻が数多くいることは分かっていたが、どこに、どのくらいの人数いるかなど詳細な情報は全くなかったという。教室開設はまず外国人妻の存在を把握することから始まった。岡村さんは小学校の同級生の阿部角栄さんの妻、メリアンさんからフィリピン人妻の情報を得るなど、口コミで外国人妻の名前や居場所を調べ、教室の案内状を送った。講師には国際大学で外国人留学生に日本語を教えていた「うおぬま国際交流協会（略称夢っくす）」のメンバーなどに依頼した。こうして開いた最初の授業には約三〇人が集まった。

教室で日本語を教える登録スタッフは約二〇人、このうち実際に活動するのは一〇人程度だ。田中さんは六日町で英語塾の講師を長く務めた経験があり、英語が得意。南魚沼市内の中学校で外国人生徒の日本語支援員をしたこともある。日本語教室で教えるようになったのは二〇〇七年。火曜日、水曜日の両方に必ず来る最も熱心なスタッフの一人だ。開設当初は大勢の受講者が集まった教室だが、次第に来る人は減り、五—一〇人と少なくなった。生活に追われているせいか、外国人妻の多くは片言の日本語を覚えると来なくなる。田中さんは「もっと参加してほしいが、仕方がない。何かあった時に来てもらえる場所にしておきたい」と語る。

市役所職員の時に教室の開設にかかわった桜井さんは最初からスタッフとして活動している。少年時代にスイスやエジプトなど外国に興味を持ち、将来は外国に行ける仕事に就こうと思っていたという。その夢は果たせず市役所職員になったが、仕事の傍ら国際大学の留学生から英語を習い、長年ボランティアで国際交流に取り組んできた。夢っくすのメンバーでもあり、通信教育で日本語の教え方を習得し、外国人留学生に日本語を教えてきた。その経験から、「外国人妻が地域に溶け込むには、日本人の家族も外国の文化や習慣を知ることが大事」と相互理解の重要性を訴える。また悩みを抱えた外国人妻のため、行政が相談窓口を充実させることも必要だという。

外国人妻のためのよろず相談所になっている日本語教室。その身の丈を超えた役割の大きさは一方で、行政の無策ぶりを象徴しているともいえる。

田んぼの中に立つ国際大学

大学と地域をつなぐ「夢っくす」

南魚沼市の日本語教室で外国人妻に日本語を教えるスタッフの多くはうおぬま国際交流協会（略称夢っくす）の会員だ。夢っくすとはどんな組織なのだろうか。その活動拠点は市唯一の大学である国際大学の中にある。

ＪＲ浦佐駅から車で十分。国際大学は田んぼの中に立っていた。校庭の一角に彩り鮮やかな着物を着て記念写真を撮っている外国人女性の一団がいた。モンゴルから来た女子留学生と、男子留学生の妻たちだ。「日本の民族衣装が着られてよかった」と女性たちは大喜び。カメラ片手に大はしゃぎだ。この日、夢っくす主催の着物の着付け教室が開かれ、日本の伝統衣装を身にまとった女性たちが校

モンゴル人女性に着物の着付けをする高橋さん（右）

庭に飛び出してきたのである。

「日本の文化に親しんでもらうのが狙い。喜んでもらえてよかった」と語るのは夢っくす会長の高橋和子さん。これまでインドネシア、ベトナムなどの留学生にも教室を開いてきた。

夢っくすは国際大学の学生寮の一角を間借りし、活動する。日本人の会員が留学生と家族に日本語を教える一方、会員が学生から英語を学ぶなど、交流は双方向。留学生が祖国について話す異文化理解講座を開くほか、お花見や月見、書道、節分の豆まき、花火大会、雪まつりの見学など外国人が日本文化に触れるイベントを実施する。会員は主婦を中心に約百人。

国際大学は国際人養成を目指し、財界の有力者が発起人になって、一九八二年に設立された大学院大学。すべての講義が英語で実施される。当初は企業から派遣される日本人の学生が多かった。その後、日本人は大幅に減り、外国からの留学生が八割を占める。世界約五〇カ国から政府職員など国の将来を担う人材が集まっている。南魚沼市の国際化のための大きな資産だが、地域との交流は薄かった。そんな状況を変えようと、二〇〇二年に大学と地域の懸け橋として創設されたのが、夢っくすだ。

外国人妻と関わりを持ったのは設立間もない二〇〇三年のこと。中国人の妻を持つ男性が「日本語を教えてほしい」とやって来たのがきっかけだ。当時、外国人妻を対象にした日本語教室はなく、困った男性が外国人留学生に日本語を教えていると聞き付け、夢っくすを頼ってきたのだ。それから二〇〇六年に市の日本語教室ができるまで夢っくすが外国人妻の日本語教育を担い、教室開設後は関わった会員の多くがそのまま講師を務めた。

高橋さんら会員は日本語を教えるだけでなく、中国人妻の家を訪ね、ギョーザ作りを習うなど交流にも力を入れた。だが、外国人妻の家族の中にはそんな活動を快く思わない人もいた。「うちの嫁は飯炊きのために来た。変な知恵を付けてもらったら困る」と家への出入りを嫌がられることもあった。それでも日本で相談相手がいない外国人妻たちは夢っくすが頼り。本国から子どもを呼び寄せたフィリピン人妻から高校進学の相談を受け、受験の手続きや学習支援のため奔走したこともある。

二児の母でもある高橋さんは子どもを通じた交流にも取り組んだ。高橋さんの長男はフィリピン人妻の林ジェベリンさんの次女と同学年で小学校、中学校が同じ。次男はスリランカ人妻の中島千晶さんの長女と同学年だった。その関係を活かし、フィリピン出身のジェベリンさんの娘二人には公民館で母国の話をしてもらい、中島さんには小学校でスリランカ料理の教室を開催してもらった。こうした催しを開いたのは、外国人妻と家族が少しでも地域になじむとともに、日本人住民にも外国の文化を理解してほしいと思ったからである。

高橋さんは長崎県の出身。地元の高校を出た後、上京して短大に入った。卒業後も東京で働き、夫と知り合う。結婚して間もなく、夫の仕事の関係で南魚沼にやって来た。コミュニティが出来上がっている地域によそから来て入りこむのは難しい。地域に根付くために何か活動をしたいと考えたのが、夢っくすで活動する動機になった。「知人が全くいない場所に嫁いできたという意味では、私も外国人花嫁と同じ。彼女たちの気持ちはよく分かる」と話す。

外国人妻の中には夢っくすの会員になり、日本人住民や留学生と交流を深める人もいる。大学とそれに関わる地域の人たちが外国人妻を支える有力な援軍になっている。

僕は農村花婿

南魚沼には農家に婿入りしたスリランカ人男性がいた。農村花嫁ではならぬ農村花婿である。旧六日町地区に住む林アサンカさん。二〇〇九年に農家の一人娘、林寛美さんと結婚し、寛美さんの

農村花婿の林アサンカさん（左）と妻の寛美さん

両親と一緒に暮らし始めた。アサンカさんは農業を営む義父の松雄さんの手助けをしながら、中古車販売を手掛けている。

林さん夫妻が出会ったのは二〇〇八年六月。当時、寛美さんは地元のホームセンターで働いていた。「こんな遅くにすいません」。午後八時の閉店時間直前に飛び込んできたのがアサンカさんだった。アサンカさんは肌が浅黒く、彫りの深い顔。ひと目で外国人と分かるので、スラスラ日本語をしゃべるのを聞いて、寛美さんは驚いた。寛美さんはスリランカの留学生に英語を習ったことがあり、同国のことをよく知っていた。日本のこんな田舎にも自分の国について詳しい人がいる。寛美さんの話を聞いてアサンカさんも驚いた。二人は意気投合して、交際を始めた。

出会った時、アサンカさんは南魚沼のしめ

縄製造会社で働いていた。その後、埼玉県の自動車部品会社に転職、しばらく遠距離恋愛が続いた。五カ月後、高速バスで埼玉県から南魚沼に帰る寛美さんを見送る時、プロポーズ。寛美さんは結婚を承諾した。もっとも、結婚までの道は平たんではなかった。両方の親がいい顔をしなかったからだ。「外国人の嫁をもらう家はあっても、婿をもらう家はない」。林家では松雄さんが猛反対した。アサンカさんの家族も反対した。アサンカさんは六人兄弟の末っ子。スリランカでは末っ子が家を継ぐのが一般的で、日本人の家に婿入りなど、とんでもない話だったのだ。

そんな中、唯一賛成してくれたのが寛美さんの母、美枝さんだった。一人娘を信頼していた美枝さんは「あなたの連れてきた人なら心配ない」と味方になってくれた。アサンカさんが挨拶に林家を訪れた時、松雄さんは会うのを避け、外出した。落胆したアサンカさんは帰ろうとしたが、美枝さんが引き留め、キムチ鍋でもてなしてくれた。

そのころ、アサンカさんの父親が急死。アサンカさんの家族は寛美さんが来るのを嫌がったが、二人は葬式に出席するため、スリランカを訪れた。アサンカさんの母親と兄は当初、態度が硬かった。でも、明るい寛美さんの人柄を見て、次第に軟化。「この人ならいい」と結婚を認めた。松雄さんも美枝さんの説得で折れ、二〇〇九年五月、ようやく二人は結婚にこぎつけた。アサンカさんが二十八歳、寛美さんが三十一歳の時だった。

アサンカさんはスリランカで建築の専門学校を卒業、本国ではビルの設計などの仕事をしていた。日本の建築技術に憧れ、来日したが、外国人が日本でその分野の仕事に就くのは難しい。姉が南魚沼に嫁いだ縁で、この地を訪れ、姉が勤めていたしめ縄製造会社の社長と知り合った。しめ縄は稲わらなどで作られる。この会社はスリランカに生産拠点を設けることを検討、アサンカさんはこのプロジェクトに関わったが、計画はとん挫した。その後、埼玉県の自動車部品会社に勤めたが、今度は折からのリーマン不況で解雇されてしまう。結婚後、一時地元のレストランで働き、二〇一〇年秋から国内で購入した中古車を海外に販売するビジネスに乗り出した。

林家は一・五ヘクタールの水田があり、七十歳を超えた松雄さんが専ら農作業をしている。結婚後、アサンカさんが手伝うようになり、大きな戦力になった。田植え機やコンバインを運転し、田植えも稲刈りも草刈りも何でもする。アサンカさんは「農作業は好きで苦にならない」と笑顔で話す。二〇一〇年には長女の佐有理ちゃんが生まれ、幸せいっぱいだった寛美さんだが、二〇一一年五月にこれまでの人生で最大の不幸に見舞われた。糖尿病で入院していた美枝さんが食事を喉に詰まらせ、窒息死したのだ。葬式の時、近所の人から「お母さん、いいお婿さんが来たと自慢していたわよ」と言われた。涙があふれて止まらなかった。だが、その一方で自分たちの結婚が間違っていなかったことを確信したという。

難しいといわれる国際結婚。それを後押ししてくれた美枝さんのためにも、二人はこの結婚を成功させたいと思っている。農村では後を継ぐ長男の結婚難が深刻。だが、娘が後を継ぎ、外国から花婿を迎えるパターンがあってもおかしくない。林夫妻を見て、案外、この方がうまく行くのではないかと思った。

第五章

日本の移民政策

一九九〇年の入管法改正

これまで日本各地の外国人移民の現状を詳細に見てきた。最終章では日本の移民政策について考えてみたい。だが、そもそも日本に移民政策はあるのだろうか。

すでに述べたように、わが国には移民の出入国を管理する政策はあったが、移民を社会に迎え入れるという意味での社会統合政策はないに等しい状態だった。政府は「移民」という言葉を慎重に避けている。内閣府に設けられた主に日系ブラジル人など日系南米人を支援する施策を担当する部署は「定住外国人施策推進室」である。また二〇一二年五月に内閣官房内に事務局を置き、関係省庁の副大臣級で設置された会議の名称は「外国人との共生社会」実現検討会議である。

「定住外国人」もしくは「外国人」という言葉を使っているが、ここで想定しているのは国際的な通念からすれば、移民である。内閣府の定住外国人施策推進室が主な支援対象としている日系ブラジル人の大半はデカセギを目的にした移民労働者だ。デカセギとは言うものの、滞在は長期化し、定住する傾向にある。副大臣級の検討会議が共生を目指す相手の外国人とは、まさか外交官や日本に駐在するビジネスマンなど、一定の期間が過ぎれば祖国に帰っていく人を指しているのではないだろう。共生を目指すべき相手として想定されているのは、東海地方のブラジル人や、東京の大久保や池袋で料理店を営む韓国人や中国人、新潟県の農村に嫁いだフィリピン人女性、つまり移民な

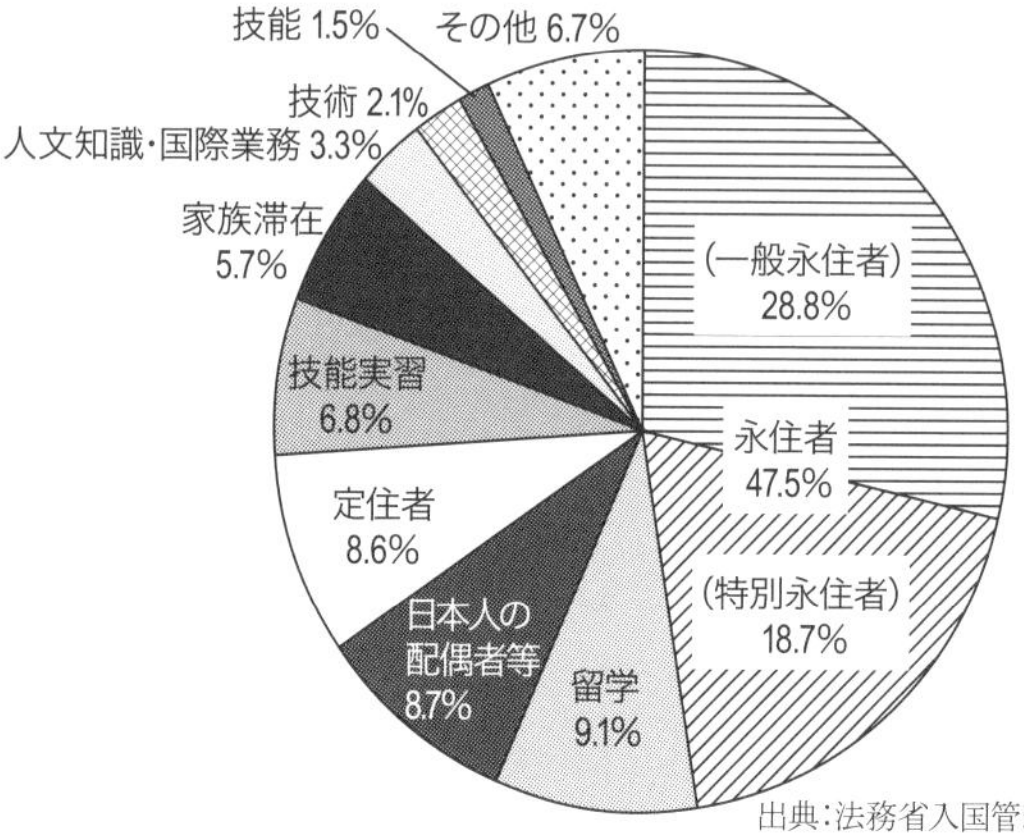

出典:法務省入国管理局「登録外国人統計」
(2011年末現在)

図表 5—1　外国人登録者の在留資格別の割合

のである。

　こうして見てくると、政府は移民という用語こそ使っていないが、移民政策の必要性を感じ、社会統合政策を含めた事実上の移民政策の立案に向け、ようやく重い腰を上げ始めたと言ってもいいだろう。これについては後で詳しく触れるとして、まず政府がこれまで実施してきた出入国管理政策について見ていきたい。

　外国人労働者の受け入れという観点から、大きな転換点となったのは一九九〇年施行の出入国管理法改正だろう。この時の改正で日系ブラジル人などの日系人が就労制限のないビザで入国できるようになり、以後、大量のブラジル人が海を渡って日本に来ることになる。

　出入国管理法が改正される直前の日本は一九八五年のプラザ合意で円高が進み、超低金利の下、バブル経済に湧いていた。産業界からは労働力不足解消のため、外国人労働者の受け入れを求める声が強まった。実際、人手不足が深刻な中小企業の工場や建設現場には、好景気の日本に職を求めてやって来たイラン、パキスタン、バングラデシュなどの国出身の外国人が不法就労で働き始めた。こうした中で外国人労働者受け入れをどうするか、法務省も早急に対応を迫られた。

東京都港区にある移民政策研究所の坂中英徳所長は当時、法務省入国管理局で総括補佐官を務め、入管法改正を主導した人物である。同所長によると、こうした当時の労働事情を背景に一九八八年春、上司の審議官から外国人労働者問題に対応する在留資格の見直し案を作るよう指示され、二週間で素案を作成したという。

日本は専門的、技術的分野を持たない単純労働者の入国は認めていないが、その方針を堅持したまま外国人労働者の受け入れを拡大する方策が盛り込まれた。素案のポイントは二つ。一つは専門的・技術的分野の在留資格を増やすこと。「人文知識・国際業務」「医療」「研究」「教育」「法律・会計業務」などの資格が新たに加えられた。専門的、技術的分野を拡大することで、外国人労働者の受け入れを増やそうとしたのである。もう一つが日系人の受け入れで、「定住者」「日本人の配偶者等」という在留資格が設けられた。これは日系二世、三世や日系人の配偶者が就労の制限なく日本に滞在することを可能にしたものである。

坂中所長はもともと、日本が最優先で入国を認めるべき外国人は、日本人の配偶者や子どもだという意見を持っていた。それは国際的な共通認識だったにも関わらず、日本の入管法はそういう仕組みにはなっていなかった。一九八八年夏に法改正の案づくりが進められたが、まずこの点を変えることに重点が置かれた。ちょうどそのころ、ブラジルは記録的な超インフレで国内経済が混乱していた。折しも日本は人手不足。坂中所長は「困っているブラジルの日系移民の子孫に手を差し延べ、日本に来てもらえばいいと考えた」と当時を振り返る。

入管法の改正案は一九八九年に国会での審議を経て成立した。一九八九年はリクルート事件で世の中が騒然としていた年で、法改正はほとんど議論されることもなく、国会を通過した。翌一九九〇年六月から施行、日系ブラジル人の入国が一気に増えていった。現在はリーマン・ショック後の不況の影響で二一万人まで減ったが、一時は三〇万人を超えるブラジル人が日本にいたのである。

すでに述べたようにブラジル人は北関東や東海地方など製造業の集積地に行き、工場労働者になった。この点について坂中所長は「正直、予想が狂った。日本にいる親戚を頼って全国に散らばり、農業に従事する人もいると想像したが、ここまで製造現場に集中するとは思いもしなかった」と話す。

一九九〇年の改正入管法施行に続いて、一九九三年には技能実習制度が創設され、研修・技能実習生という名のもとに滞在期間三年限定の単純労働者が流入する。単純労働者の入国を認めないという原則を掲げながら、サイドドアからの労働者流入が始まり、彼らが製造現場の人手不足を長期に渡って支えていくことになるのである。

外国人集住都市会議

日本にデカセギ労働に来る日系ブラジル人が増えると、第二章で詳しく述べたように地域社会で様々な問題が起こった。労働力不足への対応として出入国管理政策で日系人の受け入れをしたものの、彼らを社会にどう迎え入れるかの社会統合政策がなかったためである。

日系人とはいえ、彼らは日本語を話せず、生活習慣もブラジル式になっており、日本人とは大きくかけ離れていた。また日系人は大企業に直接雇用されることはなく、下請け、孫請けの会社に期間工として契約期間を限定して雇われるか、業務請負会社に登録され、そこから製造現場に派遣される形が大半だった。そのため、雇用は不安定で、社会保険にも加入していないなどの問題があった。

こうした諸課題に対応するため、二〇〇一年に創設されたのが、外国人集住都市会議である（**図表5—2**）。ブラジル人など南米出身の日系人が多数居住する都市が互いに連携し、情報交換するとともに、雇用、教育、医療などの様々な問題を国や県に訴え、提言することを目的にしている。

二〇一一年四月現在、群馬県の伊勢崎市、太田市、大泉町、長野県の上田市、飯田市、岐阜県の大垣市、美濃加茂市、可児市、静岡県の浜松市、富士市、掛川市、磐田市、袋井市、湖西市、菊川市、愛知県の豊田市、豊橋市、小牧市、知立市、三重県の津市、四日市市、鈴鹿市、亀山市、伊賀市、

図表5―2　外国人集住都市会議の会員都市基礎データ

県名	都市名	総人口(人)	外国人登録者数(人)	外国人割合(%)
群馬県	伊勢崎市	211,173	10,424	4.9
	太田市	220,121	7,338	3.3
	大泉町	40,980	6,288	15.3
長野県	上田市	162,538	3,845	2.4
	飯田市	106,678	2,387	2.2
岐阜県	大垣市	164,306	5,283	3.2
	美濃加茂市	55,505	4,789	8.6
	可児市	101,333	5,765	5.7
静岡県	浜松市	816,848	25,138	3.1
	富士市	260,559	4,891	1.9
	磐田市	172,814	6,702	3.9
	掛川市	119,206	4,038	3.4
	袋井市	86,888	3,346	3.9
	湖西市	61,861	3,222	5.2
	菊川市	48.537	3.159	6.5
愛知県	豊橋市	380,538	15,593	4.1
	豊田市	422,830	14,068	3.3
	小牧市	153,344	7,748	5.1
	知立市	70,451	4,239	6.0
三重県	津市	279,335	8,041	2.9
	四日市市	313,683	8,276	2.6
	鈴鹿市	202,142	8,015	4.0
	亀山市	50,001	2,038	4.1
	伊賀市	98,691	4,561	4.6
滋賀県	長浜市	124,695	3,530	2.8
	甲賀市	94,224	2,679	2.8
	湖南市	55,060	2,324	4.2
	愛荘町	20,981	777	3.7
岡山県	総社市	67,580	787	1.2

出典：外国人集住都市会議のウェブサイト(2012年4月1日現在。一部、3月末現在)

滋賀県の長浜市、湖南市、甲賀市、愛荘町、岡山県の総社市の二八市一町が参加している。

「一九九九年、市長になってすぐ開いた住民との懇談会が会議設立のきっかけになった」と語るのは当時、浜松市長を務めていた北脇保之・浜松海の星高校理事長だ。同氏は外国人集住会議を提唱、創設に導いた人物である。

浜松市が開いた外国人住民との懇談会ではブラジル人からの不満が噴出した。三十代の日系ブラジル人の男性は「これまで何度も意見を述べたが、就労差別は変わらなかった。こんな会は意味がない」と発言。その一方で、日本人住民との懇談会では公営住宅の住民から「外国人は夜遅くまで騒ぎ、ゴミ捨てのルールを守らない。入居を制限してほしい」と強い苦情が出た。

地域社会に摩擦が生じている。だが、自動車など浜松市の主要工場が海外移転しないためには外国人労働者が必要だ。市長としてどう対応すべきか、頭の痛い問題だった。北脇氏はブラジル人を排斥するのでなく、迎え入れる一方で、生活上の摩擦を小さくする努力が必要だと考えた。

北脇氏はこうした背景を踏まえ、浜松をグローバル化に対応した魅力ある都市にすることを目指して「世界都市化ビジョン」の策定に乗り出した。その策定作業の過程で外国人との共生のためには自治体だけの努力では限界があり、国の制度、システムを変える必要があるとの判断に至ったという。ただ、国を動かすには同じような問題を抱える自治体が団結し、協力して働きかけることが欠かせない。そこで浮上したのが外国人の多い自治体が連携する仕組みづくりである。

浜松市はさっそく外国人が集住する都市に呼び掛け、連携のための事務レベルの会議を重ねた。

こうして二〇〇一年に一三市町参加の下に外国人集住都市会議が創設され、十月には首長が出席する「公開首長会議」が浜松市で開かれたのである。

この会議では、外国人との共生に向けた「浜松宣言」が発表された。外国人の定住化を前提とした施策づくりを国に求めるもので、具体的には①加配教員の増加や通訳の配置など公立小中学校での日本語指導の充実強化②外国人の保険加入を促すための医療保険制度の創設③外国人への行政サービスをやり易くするための外国人登録制度の見直し――を提言した。

この時の宣言には「多文化共生」という言葉はなく、代わりに「地域共生」という用語が使われている。今でこそ、文化の違いを認め、対等な関係を築くという意味の「多文化共生」が当たり前のようによく使われるが、当時はまだ抵抗感のある言葉だったことが分かる。多文化共生が使われるのは三年後の二〇〇四年、豊田市で開かれた会議からである。

翌二〇〇二年には東京で会議を開催、法務省、総務省、文部科学省、厚生労働省、外務省など関係省庁の課長級の担当者も出席、首長が直接、外国人集住都市の課題を訴えた。その後、会議は開催場所を変えて毎年開かれ、二年に一度、宣言を発表してきた。

外国人集住会議は次第に政府の関心を集めるようになり、会議の提言が国の施策に取り入れられる例も出てきた。二〇〇七年の美濃加茂市での会議には国会議員も参加、二〇一〇年に東京で開いた会議には厚生労働省や文部科学省の副大臣が初めて出席した。

二〇〇四年から会議のアドバイザーを務める明治大学の山脇啓造教授は「国は出入国管理政策だ

けで、社会統合政策が欠けていた。それを担ってきたのは地方自治体で、外国人集住都市会議の果した役割は大きい」と指摘する。確かに国が遅ればせながら、近年、日系ブラジル人支援の施策を充実させた背景には、リーマン不況で失業者が増えたことだけでなく、長年にわたり集住会議が様々な課題をアピールしてきたことがある。

ただ、創設から一〇年が過ぎ、会議のマンネリ化、定例開催に伴う儀式化の弊害も出てきたとの指摘もある。会議を提唱し、草創期を主導した北脇氏も「かつては首長が中央省庁の官僚と本音でぶつかり合った。最近は首長というより事務局主導で、会議がやや予定調和的になっている」と語る。また外国人集住都市会議は日系人の多い都市の集まりだが、ブラジル人以外の外国人も増えており、中国人などアジア系の外国人の多い自治体との連携をどうするかなど、今の枠組みのままでいいのかとの問題提起もある。

そんな中、二〇一二年一月十八日、外国人問題に取り組む日韓欧の九都市の首長が参加する「多文化共生都市国際シンポジウム」が国際交流基金、欧州評議会の共催により、東京で開かれた。日本からは浜松市の鈴木康友市長、新宿区の中山弘子区長、太田区の松原忠義区長が参加。欧州からはポルトガルのリスボン、スウェーデンのボットシルカ、イタリアのレッジョ・エミリアの各市から市長らが出席した。

欧州の三都市はいずれも欧州評議会が中心になって進める「インターカルチュラル・シティ・プログラム」に参加する都市である。インターカルチュラル・シティとは、移民の存在を脅威や解決すべき問題ではなく、街に活力や革新、創造、成長をもたらす源泉と見なす新しい都市政策である。欧州において同化主義、多文化主義という二つの手法がいずれも失敗に終わったとの認識から、異なる文化的背景を持ったグループ間の交流を重視する考え方で、二〇を超える都市が参加している。

サミットでは住民の多様性を都市の活力にするという理念のもとに、多文化共生都市が連携することをうたった東京宣言を発表、二〇一二年十月に浜松でサミットを開くことを明らかにした。浜松市は外国人集住都市会議の中核メンバーで、浜松サミットには他の集住都市会議の会員都市の参加も見込まれる。

中国、韓国を中心にアジア人の多い新宿区など、ブラジル人以外の外国人の多い自治体や韓国の都市の多文化共生政策を知り、連携を強めることは外国人集住都市会議にとっても大きな刺激になるのは間違いない。とりわけ、欧州において経験を重ねてきたインターカルチュラル・シティの取り組みを学ぶことは、転換期を迎えた集住都市会議の今後のあり方に大きな示唆を与えるものになるだろう。

自民党の移民一千万人計画

「今後五〇年間で一千万人、人口の一〇％の移民を受け入れることが必要」——。二〇〇八年六月、自民党国家戦略本部の「日本型移民国家への道」プロジェクトチームが発表した「人材開国！　日本型移民政策の提言」は一千万人という数字が大きなインパクトを与え、各界の大きな関心を呼んだ。主に保守系の論客から「一千万人の移民などとんでもない」との声が上がり、反対論が渦巻いた。

もっとも、一千万人とはいえ、現在の日本の人口に占める比率から見れば、一〇%以下。欧州では人口の一割が移民という国は珍しくなく、米国、カナダ、オーストラリアなど世界に移民国家が多いことを考えれば、国際的には驚くような数字ではないのだ。

それはともかく、厳しい移民制限政策をとってきた日本で、しかも時の政権党である自民党から、こうした提言が出てきたこと自体、驚きである。世間的にはきわめて唐突な印象を与えた「移民一千万人計画」。一体どういう経緯で出てきたのだろうか。

この提言をまとめたのは自民党の外国人材交流推進議員連盟である。二〇〇五年に設立された自民党国会議員の組織で、会長は中川秀直元幹事長で、事務局長が中村博彦参議院議員。中村議員は当時、全国老人福祉施設協議会の会長を務めており、介護現場の人手不足という視点から外国人人材の活用に問題意識を持っていたとされる。それがなぜ移民一千万人計画にまで発展したのか。そのカギを握る人物が移民政策研究所の坂中所長だ。同所長は先に述べたように、日系ブラジル人の受け入れに主導的な役割を果たした法務官僚である。

自民党の議員連盟は提言をまとめる前に何回にもわたり勉強会を開いている。実は中川元幹事長が二〇〇八年一月、議員連盟の会長に就任、その最初の勉強会に招かれたのが、坂中所長である。

同所長は二〇〇五年に法務省退官後、外国人政策研究所（二〇〇九年に移民政策研究所に改称）を設立、人口減少社会に対応した移民政策の必要性を訴え、提言活動を行なっていた。

坂中所長は二〇〇八年二月二十七日に自民党本部で開かれた議員連盟の勉強会で「これからの外国人労働者受け入れのあり方について」と題して講演、持論を展開した。続いて開かれた三月十八日の勉強会ではさらに一歩進め、「人口減少への対策として日本は移民受け入れに舵を切る時が来た」と熱弁をふるった。これに中川元幹事長が強い関心を示したのである。

当時、自民党内には財政再建のためには消費税増税を断行すべきだという「増税派」と経済成長により税収を伸ばすべきだという「上げ潮派」の路線対立があった。中川元幹事長は後者の代表格で、移民受け入れは消費や生産力の上昇をもたらすため、上げ潮路線にまさに合致する政策だった。そのころ、中川元幹事長はちょうど政権構想に関する本を執筆中で、移民受け入れ論を自らの構想に加えようと考えたという。実際、二〇〇八年五月に発行された著作「官僚国家の崩壊」の中で移民の必要性についてページが割かれている。

勉強会はその後も何度か続き、坂中所長は中川元幹事長から移民政策について文書にまとめるよう依頼される。こうして出来上ったのが移民一千万人受け入れを骨子とする日本型移民政策の原案である。原案は六月に自民党外国人材交流推進議員連盟の提言としてまとめられた後、最終的には党国家戦略本部の政策提言となり、当時の福田康夫首相に提出された。

政策提言には移民一千万人受け入れのほか、①移民政策の基本方針を定めた「移民基本法」の制定②移民問題を担当する「移民庁」の創設③二〇一三年までに留学生三〇万人の受け入れ——などが盛り込まれている。

原案づくりには坂中所長のほか、多文化情報誌『イミグランツ』を発行する移民情報機構の石原進代表や筑波大学の明石純一助教らが関わった。石原代表によると、提言とりまとめの最終段階で自民党の議連メンバーから「移民という文言を使わないでくれ」との要請があったという。先にも内閣府など行政機構が「移民」という言葉を使うのに慎重だと述べたが、移民アレルギーの強さを象徴するような話である。移民のことを論じているのに、移民という言葉を使わないのは土台無理な話である。結局、議連も腹を括って原案を受け入れた。

福田内閣が二〇〇八年九月に総辞職したことで、この提言が日の目を見ることはなかった。しかし、移民慎重論の強い日本で、政権党内から一千万人受け入れという大胆な提言が出てきたこと自体、画期的なことといえる。

内閣府に新組織

二〇〇八年秋に発生したリーマン・ショックにより、自動車産業などの製造業で派遣労働者の解雇が相次いだ。この中にはブラジル人やペルー人を中心とした南米出身の日系人が数多く含まれており、彼らの失業が社会問題になった。この時、政府は麻生太郎首相、河村建夫官房長官という布陣だった。麻生氏は日伯国会議員連盟会長、河村氏は同議員連盟の幹事長で、二人ともブラジルには関心が高かった。

こうした布陣の影響もあってか、政府内で失業した日系ブラジル人の支援が必要という問題意識がにわかに高まった。二〇〇八年十二月には麻生首相から当時の小渕優子内閣府特命担当相に日系のブラジル人、ペルー人の支援を担当するようにという指示が出された。こうして内閣府内に設立されたのが定住外国人施策推進室である。

この組織の役割は「定住外国人施策の推進に必要となる企画、立案及び総合調整に関する事務」を担うこと。厚生労働省、文部科学省、国土交通省、総務省、法務省、外務省、経済産業省などの関係省庁と連携し、直ちに日系人支援の緊急対策づくりに着手した。一月三十日には、経済上の理由でブラジル人学校など外国人学校での就学が困難になった児童・生徒の公立学校への転入支援などの教育対策や失業した外国人への就職支援などの雇用対策がまとめられた。

対策の実行のため、各省の副大臣級をメンバーにした定住外国人施策推進会議が設置され、四月十六日には不就学児やブラジル人学校に通う子どもに日本語指導をする「虹の架け橋教室」の設置や失業した日系人に帰国支援金を出す事業など具体的な施策が発表された。虹の架け橋教室は文部科学省、日系人の帰国支援は厚生労働省の事業である。

この事業の効果については詳細な検証が必要であるが、ブラジル人など日系の外国人労働者の失業問題に機敏に対応したこと、また外国人問題を扱う省庁横断的な組織ができたことは、一歩前進といえる。ただ、対象とする外国人はあくまでブラジル人など日系人に限られていた。

日系人のみを対象にして特別な対策がとられたのは、日系人の失業問題が起こった時の首相、内閣官房長官がブラジル通の政治家だったという偶然もあるが、外国人集住都市会議が長年にわたり日系人問題をアピールしてきた実績も大きい。定住外国人とは日本に定住する外国人全体ではなく、あくまで日系外国人を指している。その後、内閣府では「定住外国人施策推進会議」の名称がいつのまにか「日系定住外国人施策推進会議」に変わり、日系人のみを対象にしていることが明確に打ち出された。

日系定住外国人施策推進会議は日系人支援の緊急対策をまとめただけでなく、その後も定住外国人施策推進室を事務局にして日系外国人の問題を中長期的な視点で考える基本方針の策定をするなど活動を続ける。だが、二〇〇九年九月に政権交代が起こったため、事業は民主党政権に引き継がれた。民主党政権になってからの日系定住外国人施策に言及する前に、民主党が野党時代に移民政策についてどんなアプローチをしてきたかを見ておきたい。

民主党の移民政策

先に自民党国家戦略本部の移民一千万人計画に触れたが、民主党でも自民党より五年も早く移民一千万人受け入れを提言した政治家たちがいる。二〇〇三年、雑誌『Ｖｏｉｃｅ』の九月号に古川元久、細野豪志、大塚耕平ら民主党の若手国会議員が共同で「移民一千万人受け入れ」を提案する寄稿をしている。野党の若手議員の意見で、党の正式な機関の決定を経たものではない、雑誌に掲載されただけの提言なので、まともには取り上げられなかった。だが、急激な人口減少への危機感から移民問題に関心を寄せる政治家が民主党内にもいることが明らかになった。同党内でもこれまで外国人問題については様々な議論が行なわれている。

自民党で移民受け入れに積極的なのは中川元幹事長だが、民主党も同じ「中川姓」の中川正春内閣府特命担当相がこれまで熱心に外国人問題に取り組んできた。中川元幹事長は上げ潮派としての立場から、経済成長の視点でこの問題に関心を持ったが、中川内閣府担当相の場合は少し事情が異なる。

中川氏の選挙区は三重県第二区。鈴鹿市や四日市市など日系ブラジル人が多い地域である。この地域の政治家として地域住民や非営利組織（ＮＰＯ）の声を聞くうちに、外国人問題に関心を深めるようになったのだ。また同氏は米国ジョージタウン大学国際関係学科を卒業、国際交流基金に勤めた経験もある。こうした経歴も彼の移民についての考え方に影響を与えているのは間違いない。

民主党は二〇〇六年十一月、厚生労働部門に外国人労働者問題作業チームを設置した。この座長を務めたのが中川氏である。同氏は当初、人口減少が進む今後の日本のあり方についてどう考えるか、大きな視点の中で移民問題を議論したいと思っていた。だが、党内に異論が多かったため、すでに国内に流入している外国人労働者の問題に絞って議論を始めることにした。外国人研修・技能実習生、日系人の問題を中心に、作業チームが専門家から意見を聞いたり、視察に出かけたりして検討を進め、二〇〇八年夏に外国人労働者問題に関する提言をまとめている。

二〇〇九年九月、民主党が政権に就くと、中川氏は文部科学副大臣に就任、同年十二月には「定住外国人の子どもの教育等に関する政策懇談会」を設置、日系人子弟の教育支援に力を入れるなど、引き続き外国人問題への関与を深めた。

民主党政権下でも内閣府の定住外国人施策推進室は引き続き、日系人問題を取り扱い、文科省など他の省庁との連携のもとに、二〇一〇年八月、「日系定住外国人施策に関する基本方針」を策定した。これは日系ブラジル人など日系人が置かれている社会状況を分析、今後、政府がどういう施策を取るべきか、その基本方針を定めたものである。この中で、日系定住外国人は「日本社会の一員」と位置付けられ、受け入れのために必要な施策を実施するとしている。

当時、定住外国人施策推進室で取りまとめの作業に当たった宮地毅・元内閣府政策統括官付参事官は「日系人を社会に迎え入れる『社会統合政策』を意識してつくった方針。対象は日系人だが、ほかの外国人にも適用できる内容だ」と話す。

二〇一一年三月には「基本方針」を具体的に実行するための行動計画が明らかにされた。骨子は①外国人向けの日本語教育の総合的な推進②外国人の子どもの教育に対する支援③仕事に必要な日本語習得のための職業訓練④外国人の住宅入居への支援⑤社会保険、国民健康保険の加入促進——など。すでに実施されているものが中心で、新味には乏しいが、施策の継続・強化が確認された。

「共生社会」実現検討会議

「移民受け入れ議論必要」――。二〇一二年二月二十四日、全国紙の朝刊にこんな見出しが躍った。前日の二十三日に、就任して二週間の中川内閣府特命担当相が報道各社とのグループインタビューに答え、「どういう役割を持って国を開いていくか、外国人を受け入れていくか議論する時期が来ている」と発言したのだ。

同氏は二〇一一年九月、文部科学副大臣から文部科学相に就任したが、わずか四カ月で退任。その約一カ月後の二〇一二年二月に内閣府特命担当相に就任した。主な担当分野は防災、新しい公共、男女共同参画、少子化（四月に担当をはずれる）だったが、日系定住外国人施策が含まれる共生社会政策も加えられた。また内閣官房の所管である外国人労働者問題関係省庁連絡会議、難民対策連絡調整会議も担当することになった。外国人問題に関する省庁横断的な業務を一手に引き受けることになったのである。

これまでの経緯から中川氏が外国人問題に熱心に取り組むのは自然の流れだった。インタビューでの発言はその思いが表れたものである。中川氏はさっそく内閣官房のスタッフに外国人問題について検討する会議を開設するよう指示した。この時、同氏は「発言は中長期的な思いを語ったもの」と述べ、すぐに移民受け入れが必要と考えているわけではないことを強調したという。

こうして二〇一二年五月二十四日、「外国人との共生社会」実現検討会議が発足、初会合が開かれた。中川内閣府担当相が議長を務め、総務、法務、外務、財務、文部科学、厚生労働、農林水産、経済産業、国土交通、警察の各省庁の副大臣級が出席した。中川担当相は冒頭の挨拶で「目指すべき共生社会のあり方について大いに議論したい。なし崩し的に外国人を受け入れてきた中で、基本的な考え方を整理しなくてはいけない」と抱負を語った。

この会議の目的は、第一段階が外国人との共生社会実現に向けた環境整備について検討すること。そして第二段階として、今後の外国人の受け入れについて国民的議論を活性化することを目指している。会議が対象とする外国人は日系人だけではない。日本にいる外国人全般を対象に、今後の受け入れのあり方も含めて省庁横断で議論する会議が政府内にできた意義は大きい。

実は省庁横断の外国人問題の会議としては、すでに外国人問題関係省庁連絡会議があった。この会議ができたのは一九八八年、バブル真っ盛りの時期だった。労働力不足が深刻化する一方、海外から好景気に沸く日本に外国人労働者が職を求めて流入していた。日本は単純労働者を受け入れていないので、彼らの多くは不法法就労者だった。こうした事態に対応するため、会議は関係省庁の連絡、調整のために設けられたのだ。

議長は内閣官房副長官補で、メンバーは各省庁の局長級。大臣が議長を務め、副大臣が出席する「外国人との共生社会」実現検討会議に比べると、メンバーは格下で、事務レベルの会議だった。この会議はバブル時代の人手不足の対応策として、日系人の受け入れを決めた一九九〇年の入管法改正や一九九三年の技能実習制度の創設で大きな役割を果たしたが、その後は活動が停滞した。二〇〇六年に日系人を念頭に、外国人が暮らしやすい地域社会づくりを目指し「生活者としての外国人」に関する総合的対応策をまとめたのが目立つ程度である。最近は年二回課長級の会議を開くだけで、局長級の会議は開かれていなかったという。

「外国人との共生社会」実現検討会議は移民という言葉を慎重に避けているが、日系人だけではない幅広い外国人を対象に、移民受け入れの社会統合政策を検討する会議と言ってもいい。大臣自らが議長を務め、副大臣級をメンバーにしているところにも意気込みが感じられる。

問題多い介護福祉士受け入れ

二〇一二年三月二十八日、東京・内幸町の日本記者クラブで二人のインドネシア人が壇上に上り、記者会見をした。一人は男性のワヒューディンさん、三十歳。もう一人は女性のサエラン・アスリ・フジアンティさん、二十六歳だ。二人はこの日発表された介護福祉士国家試験の合格者である。ワヒューディンさんは「合格できて嬉しい」と語りながらも、「落ちた友達のことを考えると、素直に自分の喜びを表現できない。友達がどうするか心配」と複雑な思いを口にした。フジアンティさんも「一緒に来た友達全員が日本で働けたらいいのに。来日した時はみんな、やる気があった。でも日本語の壁が厚かった」と語った。

ワヒューディンさんは徳島県海陽町の介護老人保健施設「ジャンボ緑風会」、フジアンティさんは岐阜県岐阜市の特別養護老人ホーム「サンライフ彦坂」で三年間、国家試験を目指し研修を受けていた。試験を受けた外国人は九五人（インドネシア人九四人、フィリピン人一人）、このうち合格者は三六人（インドネシア人三五人、フィリピン一人）。合格率は三七・九％と四割に満たなかった。二人は不合格になった他のインドネシア人のことを気遣い、喜んでばかりもいられなかったのである。

二人に続いて、特別養護老人ホーム「緑風荘」の柴山義明施設長がマイクを持ち、「我々の法人では三人が受けて一人が落ちた。今日は不合格の研修生の傍に一晩中付いていてあげたい」と涙を流して話し始めた。「人口が減少する日本は超高齢化社会になるのに、高齢者の世話をする人は減る。それなのにインドネシアから介護士の資格を持ってやって来た人をなぜ追い返すのか。経済連携協定（ＥＰＡ）の制度を見直してほしい」と訴えた。

日本はインドネシア、フィリピンとＥＰＡを締結、看護師と介護福祉士の候補生を受け入れた。インドネシアは二〇〇八年、フィリピンは二〇〇九年から候補生が来日。この制度では病院や介護施設で就労、研修を行ない、看護師は一年後、介護福祉士は三年後に国家試験を受け、合格した人だけが日本に残り、働くことができる。

介護福祉士より先に外国人が受験した看護師の国家試験では、二〇一〇年度までの合格者はインドネシア人一七人、フィリピン人二人と合計一九人にとどまり、合格率は五％に届かない。インド

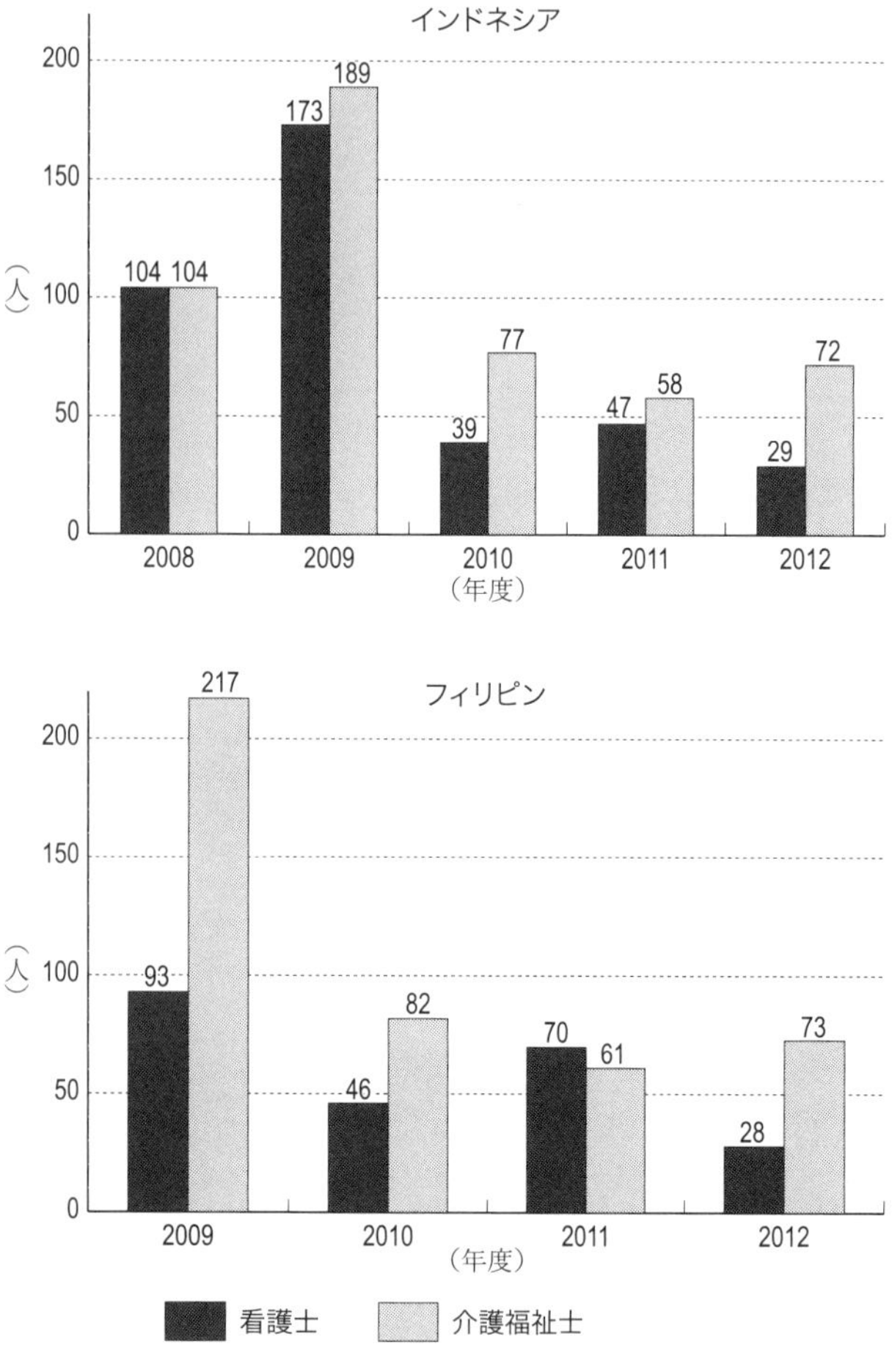

出典：厚生労働省（2012年5月現在）
（注）フィリピンは09年度から開始。介護福祉士は就学も含む。

図表 5—3　EPA に基づく外国人看護師・介護福祉士候補者の入国者数

ネシア人にとっては四度目、フィリピン人にとっては三度目となった二〇一一年度の看護師国家試験でも合格したのはインドネシア人三四人、フィリピン人一三人で、合格率は一一・三％。少し上がったとはいえ、依然低水準であることには変わらない。

看護師の候補生として来日する人たちはそれぞれ本国で看護師の国家資格を持つか、看護師の実務経験がある。にもかかわらず、合格率が異常に低いのは日本語の言葉の壁である。もちろん、候補生は研修で日本語の習得に努めるのだが、彼らにとって難しいのが漢字の読み書きである。試験では当初、難しい専門用語が漢字で出題されるなど、外国人にとってはきわめて難解な内容で、一部で「落とすための試験ではないか」との批判も出ていた。

日本では看護師も介護士も人手不足。介護現場では外国人受け入れに期待も高まっているが、国家試験の結果を見る限りではＥＰＡによる受け入れには多くを期待できない。日本で試験に受かるのは簡単ではないとの情報が広がり、来日する人も減っており、来日しても途中で断念する人、中にはせっかく合格したのに帰国する人までいる。

二〇〇九年、ＥＰＡによる看護師・介護福祉士候補生の受け入れが話題になった時、厚生労働省の担当者に取材に行った。その目的を聞くと、「これは人材の受け入れではなく、経済交流」と開口一番言われて驚いた。確かに厚生労働省の文書には「この受け入れは、看護・介護分野の労働力不足への対応として行なうものではなく、相手国からの強い要求に基づき交渉した結果、経済活動の連携の強化の観点から実施するもの」と書かれている。

こちらは受け入れる気はないが、相手国が強く求めてきたので、しぶしぶ引き受けた、と言わんばかりの文言である。だが、看護も介護の現場も人手不足だ。将来、超高齢化社会になり、さらに不足が深刻になり、慌てて門戸開放しても、果して来る人がいるのだろうか。せっかく日本で働きたいという思いを抱いてやって来た候補生を難しい漢字の試験で落としていては、とても日本に良い印象を持ってもらえないだろう。今のＥＰＡによる受け入れの仕組みはかえって逆効果のような気がしてならない。

これからの移民政策

日系人に対する施策は遅ればせながら一歩、一歩前進してきた。それに比べ、ほかの外国人についての政策は大きく遅れている。ＥＰＡによる看護師・介護福祉士候補生受け入れがそれを象徴していると言っていいだろう。

日本の移民受け入れ策は特別な技術や専門性を備えた人だけを入国させ、単純労働者は入れないというのが基本である。だが、外国人労働者へのニーズはあるため、基本原則を維持しながら例外的な措置として、単純労働者を入れてきた。そうしたやり方が様々な社会問題を引き起こし、かえって外国人労働者のイメージを悪化させた。こうした手法が限界に近づいていることは言うまでもない。

今後、急激な人口減少社会を迎えるに当たってどう移民政策を確立していくか。まず、すでに受け入れている日系人については、文字通り「社会の一員」として、しっかり日本社会に迎え入れていくことが必要だ。日系人への施策は確かに以前より改善した。ただ、その実態は、見切り発車的に受け入れたツケを後から払うという要素が濃い。

日系ブラジル人などの日系人は日本人の子孫だから日本文化に馴染むのではないかという楽観論もあった。だが、彼らは正真正銘のブラジル人であり、ペルー人だった。日本にデカセギに来るのだから、二、三年で帰国すると思われていたが、そうはならなかった。やがて生活習慣の違いから地域社会で様々なトラブルが起こった。すべては「想定外」だったのである。だが、福島原発の事故同様、見通しの甘さを想定外という言い訳で済ますことができないのは当然のことである。

これからは対処療法的な施策ではなく、本当の社会統合政策を実施すべきだ。子どもの教育支援、労働者の社会保険、健康保険の加入促進など、これまでに実施されている施策を継続強化する一方、言葉の壁だけでなく、心の壁を取り除くような施策を行政が関与する形でそれぞれの地域レベルで実施していく必要がある。住民の意識を変えるため、小学校など初期教育の段階から多文化共生を促進する教育をすることも一つの方法だろう。

さらに大きな問題は外国人研修・技能実習制度の見直しだ。先に愛媛県今治市のタオル産業の例を紹介したが、農業、水産業などの一次産業や地方の地場産業にとって技能実習生は労働力としてすでに欠かせない存在になっている。だが、実習生を単純労働者として活用するのは本来の筋からしておかしい。

低賃金労働や残業など過酷な労働実態が明らかになり、実習生の失踪も問題になっている。政府は部分的に制度を変えることで、問題に対応しようとしているが、この手法にも限界が来ている。本当に外国人の労働力が必要なら、こうしたまやかしの制度利用はやめて、農業、水産業、地場産業など労働需要がある分野を限定して正面から単純労働者を受け入れる政策を検討するべきだろう。

政府は単純労働者の正式な入国を認めない一方、専門能力を持つ外国人、いわゆる「高度人材」の受け入れについては積極姿勢に転換している。企業はグローバル人材の採用に熱心だし、大学も少子高齢化時代の生き残り策として外国人留学生の受け入れに大きな期待をかけている。東大が秋入学への移行を検討しているのも、入学時期を国際標準に合わせることで、日本から外国へ留学する学生を増やすとともに、海外からの優秀な留学生を数多く集めようとしているからにほかならない。

二〇一二年五月からは優秀な外国人の受け入れを促進するために「高度人材に対するポイント制による出入国管理上の優遇制度」が導入された。高度人材の活動を「学術研究活動」「高度専門・技術活動」「経営・管理活動」に分類、それぞれの特性に応じて「学歴」「職歴」「年収」などの項目ごとにポイントを設け、その合計が一定の点数に達した場合に出入国上の優遇措置を与えるという制度である。

優遇措置としては①原則一〇年の在留が必要な永住許可要件を五年の在留に短縮する②一定の条

件を満たせば、配偶者の就労を認める③入国・在留手続きの優先処理——などがある。

ポイント制は海外の移民受け入れ国も実施している制度で、それ自体に問題があるとは言えない。ただ、「学歴や職歴が高く、年収の高い外国人は歓迎」という考え方に、どこか違和感も覚える。それだけが優秀さの基準なのだろうか。それに、そもそも優秀な外国人が日本に来るのだろうか。

日本に住むインドのＩＴ技術者を取材して思ったことだが、日本企業は米国などに比べ、外国人の管理職への登用が進んでいない。協調性が重視され、英語力が国際的に見て低い日本の企業では、まだまだ外国人を受け入れる風土が十分ではない。いくら出入国管理の制度を変えても、大学が秋入学になっても、外国人が日本に行くインセンティブを感じないと、優秀な人は来ないだろう。外国人を心から受け入れるというオープンな精神を日本の社会や日本の組織が持たない限り、難しいのではないのか。

優秀なグローバル人材は世界で獲り合いが行なわれている。日本は世界第二位の経済大国だったが、その地位を中国に奪われた。エレクトロニクスなど日本のお家芸とされた製造業の技術力にも陰りが見えている。日本自体が魅力的な国でないと、外国人は来ないだろう。

海外から即戦力となる優秀な外国人を獲得するという発想はどこかの国のプロ野球球団を思わせる。だが、優秀な外国人を国内で育てるという発想はないのだろうか。日系ブラジル人の子どもは中学卒が多い。上の学校に進んでも、せいぜい高校止まりで、大学に進学する例は稀だ。日系人に限らず、外国人の子どもへの教育を充実させ、高度人材を国内で育てるという視点も重要だ。

二〇一二年七月には、一九五二年から六〇年間続いた外国人登録制度が廃止されるという在留管理制度の大きな変更が行なわれた。新しい制度では、外国人は日本人と同じように住民基本台帳に登録され、外国人登録証に代わり、在留カードが交付される。在留期間の上限が三年から五年に延長され、出国してから一年以内の再入国は許可が不要になるなど、利便性が高まる。政府によると、外国人の正確な所在把握が可能になり、きめ細かい行政サービスが提供できるという。

ただ、これは正規滞在の外国人に限っての話で、不法滞在者はこの枠組みから締め出される。これまでは超過滞在などの不法滞在者にも外国人登録証が交付され、地方自治体は人道的な観点から医療や教育などの行政サービスを提供していた。新制度では不法滞在者は住民登録されず、外国人登録証に代わる在留カードも交付されないため、今後はこうした行政サービスを受けられなくなる可能性がある。

人権擁護団体からは「外国人登録証の廃止で、不法滞在者の就労は一層困難になり、厳しい立場に追い込まれる」と新制度を懸念する声が上がる。国に帰ることもできない不法労働者が社会の片隅に追いやられ、悪質なブローカーが暗躍したり、犯罪に手を染めたりすることになれば、大変だ。今後、状況の推移を注視し、必要ならば制度の見直しにも柔軟に対応すべきだろう。

脱「同質社会」への道

移民というと、すぐ非行や犯罪を連想し、治安が悪くなるという人がいる。だが、社会に受け入れてもらえない人や仕事がない人、まともな教育を受けられなかった人、差別を受けた人の中から、反社会的な行為をする人が出てくるのであって、「移民＝治安悪化」という考え方は全くの短絡である。むしろ社会の受け入れ方に問題があるから、犯罪が起こるのである。

それどころか、移民は良い意味で日本社会を根底から変革する起爆剤になるのではないだろうか。福島の原発事故や最近の相次ぐ企業の不祥事などを見ていると、日本人の同質的な文化がもたらした組織防衛の構図が浮かび上がる。二〇一一年秋に発覚したオリンパスの巨額損失隠し事件は、英国人のウッドフォード氏ではなく、日本人の社長の下でも明るみに出ただろうか。

日本経済の行き詰まりの原因は色々あるが、一つには同質社会の慣れ合いが日本の競争力を削いでいる面が大きい。外国人はその異質な文化でこの同質性を打ち破る可能性を持つ存在だ。欧米など世界の国々に比較して日本は全人口に占める外国人の比率が極めて低い。移民の少なさが日本社会の活力を弱めている面もあるだろう。

縄文時代から弥生時代、古代国家の形成時期、戦国時代、明治維新、第二次世界大戦敗戦と戦後の経済成長……。日本の変革期には必ずと言っていいほど、海外から新しい文化が入ってきている。

同質的な慣れ合いの文化のままでは、成長も発展も変化もないのである。いま、日本は変革のため、異文化を必要としているのではないのか。そんな気がしてならない。

移民政策推進のため、移民庁の設立や移民基本法を制定すべきだという意見がある。確かに組織の整備や法律の立案は必要だろう。今後、国民も議論の場に巻き込み、将来の日本の国家像を考えるという大きな枠組みで移民問題を議論したらいいと思う。ただ、最終的に問われるのは、われわれ一人ひとりの日本人の心の問題である。異文化を受け入れる柔軟性を一人ひとりの人間が持てるかどうかである。

日本人は自国の文化が特殊で、外国人には理解できないと思いがちだ。だが、そういう考えに凝り固まると、外国の文化との間に接点を見出すことは難しい。むしろ日本文化の中に普遍性を見出すことが必要ではないだろうか。異文化から刺激を受けながら、外国文化との間に共通性を発見する姿勢が実り多い相互理解につながる。そうしたしなやかさを身に付けることがこれからの日本人には必要だと思う。

閉鎖的だといわれる日本人だが、本当にそうなのか。実は好奇心旺盛な開放的な民族ではないのか。一般に言われる俗説を疑ってかかることも大事なことだろう。真の多文化共生社会を築けるかどうかが、今後の日本の未来を決める。「進化論」で有名なダーウィンは「最も強い者が生き残るのではなく、最も賢い者が生き延びるのでもない。唯一生き残るのは変化できる者である」と言ったとされる。多文化共生社会の実現に向けて、日本人も変わる時が来ている。

戦後日本の移民受け入れに関する年表（一九五一～二〇一二年）

年号		移民や外国人政策の動向
一九五一	10月	出入国管理令の公布。
一九五二	4月	外国人登録法が公布され、在日朝鮮人など旧植民地出身者が一律に外国人に分類される。
一九八一	10月	日本、難民条約に加盟。
一九八三	8月	中曽根首相の指示を受け、「21世紀への留学生政策懇談会」が二十一世紀初頭に留学生一〇万人を受け入れる提言をまとめる。
一九八五	10月	山形県朝日町が行政主導による外国人妻受け入れ開始。
一九八七	3月	自治省、「地方公共団体における国際交流の在り方に関する指針」を策定。
一九八八	3月	新潟県塩沢町（現・南魚沼市）が五人のフィリピン人妻受け入れ。
	5月	内閣官房に外国人労働者問題関係省庁連絡会議を設置。
	7月	自治体の国際化推進を目的に自治体国際化協会が発足。
一九八九	9月	パリ近郊の公立中学校でスカーフ事件が起こり、フランス国内で論争に。
	12月	日系人の二世、三世に就労制限のないビザを与える出入国管理法改正が国会で成立、公布される。
一九九〇	6月	**改正入管法施行**。日系ブラジル人の入国が増え始める。
一九九一	10月	外国人研修制度の円滑な推進のため五省共管の国際研修協力機構が発足。
一九九二	5月	法務省、第一次出入国管理基本計画を策定。
	6月	外国人登録法が改正、永住者、特別永住者の指紋押捺が廃止される。
一九九三	4月	**外国人技能実習制度を創設**。
一九九五	2月	最高裁、定住外国人への地方参政権について「立法による付与は憲法上許容されている」と判決の傍論で記す。

年号	移民や外国人政策の動向	
一九九九	6月	愛知県豊田市の保見団地で日系ブラジル人と右翼関係者の対立騒動が起こる。
	12月	保見団地で保見ヶ丘国際交流センター設立。
二〇〇〇	1月	小渕首相の諮問機関「21世紀日本の構想」懇談会が報告書を発表、「移民政策に踏み出す」ことを提唱。
	3月	法務省、第二次出入国管理基本計画を策定。
	4月	保見団地で放課後学習支援事業「ゆめの木教室」スタート。
二〇〇一	5月	**外国人集住都市会議が発足。**
		在日本韓国人連合会（韓人会）が発足。
	10月	外国人集住都市公開首長会議が浜松市で開催され、外国人住民との地域共生に向けた「浜松宣言及び提言」を採択。
二〇〇二	5月	新潟県南魚沼市に「うおぬま国際交流協会（夢っくす）」発足。
	11月	外国人集住都市東京会議が開かれ、一四都市共同アピール発表。
二〇〇三	8月	保見団地にトルシーダ設立。
	9月	民主党若手議員が共同で月刊誌『Ｖｏｉｃｅ』に移民一千万人受け入れを提案する構想を発表。
二〇〇四	3月	群馬、岐阜、静岡、愛知、三重の五県および名古屋市が多文化共生推進協議会を設置。
	4月	経団連が「外国人受け入れ問題に関する提言」を発表。
	6月	難民認定法が改正、六〇日ルールを撤廃。
二〇〇五	3月	法務省、第三次出入国管理基本計画を策定。
	6月	総務省、「多文化共生の推進に関する研究会」を設置。
	9月	新宿区、多文化共生のまちづくりのため「しんじゅく多文化共生プラザ」を設置。
	10月	パリ郊外で移民の若者の暴動が発生、フランス全土に広がる。
	12月	厚生労働省、二〇〇五年の人口動態統計（年間推計）で日本の人口が一八九九年に統計を取り始めて以来初めて自然減になったと発表。

二〇〇六 3月 総務省が「地域における多文化共生推進プラン」を策定、全国の自治体に多文化共生施策の推進を求めた。
7月 小泉内閣の経済財政諮問会議がとりまとめた「骨太の方針2006」に「多文化共生社会構築を進める」との文言が入る。
南魚沼市の日本語教室開設。
9月 日本、フィリピンとの間で看護師、介護福祉士候補者の受け入れを含む経済連携協定(EPA)に署名。
11月 外国人集住都市会議、「よっかいち宣言」採択。
民主党、厚生労働部門に外国人労働者問題作業チームを設置。
12月 外国人労働者問題関係省庁連絡会議が外国人を生活者として位置付け、「生活者としての外国人に関する総合的対応策」をとりまとめる。

二〇〇七 7月 文部科学省、「初等中等教育における外国人児童生徒教育の充実のための検討会」設置。
宮城県が全国で初めて「多文化共生社会の形成の推進に関する条例」を制定。
8月 日本、インドネシアとの間で看護師、介護福祉士候補者の受け入れを含むEPAに署名。
10月 厚生労働省、外国人の雇用状況の届け出を義務化。
11月 法務省、入国する外国人に指紋押捺と写真撮影を義務化。

二〇〇八 6月 自民党国家戦略本部の「日本型移民国家への道プロジェクトチーム」が移民一千万人の受け入れを目指す政策提言を福田首相に提出。
7月 政府、「留学生三〇万人計画」の骨子を策定。
8月 EPAに基づきインドネシアの看護師、介護福祉士候補者の第一期生が訪日。
9月 リーマン・ショック発生。以後、日系ブラジル人の派遣労働者の解雇相次ぐ。
10月 外国人集住都市会議、「みのかも宣言」採択。
経団連が「人口減少に対応した経済社会のあり方」を発表、「日本型移民政策」の検討を提言。

年号		移民や外国人政策の動向
二〇〇九	1月	**内閣府、定住外国人施策推進室を設置。** 保見団地で「保見ヶ丘ブラジル人協会」設立。
	4月	定住外国人施策推進会議が開かれ、定住外国人支援の対策を決定。厚生労働省、南米日系人への帰国支援事業開始。韓人会が「新宿韓人発展委員会」を設立。
	5月	EPAに基づきフィリピンの看護師、介護福祉士候補者の第一期生が訪日。
	7月	在留カードを交付する新たな在留管理制度などを導入する出入国管理法の改正が国会で成立、公布される。
	9月	鳩山内閣が発足、民主党に政権交代。
	12月	文部科学省、「定住外国人の子どもの教育等に関する政策懇談会」設置。
二〇一〇	3月	法務省、第四次出入国管理基本計画を策定。
	7月	入管法改正に伴い、「留学」と「就学」の在留資格を「留学」に統一。また技能実習制度の見直しで、生産活動など実務が伴う技能習得活動は技能実習生に一本化され、研修生の資格での生産活動従事が禁止される。
	8月	日系定住外国人施策推進会議が**「日系定住外国人施策に関する基本方針」を策定。** 日系定住外国人を「日本社会の一員」に位置付ける。
	11月	外国人集住都市会議が東京で開かれ、「おおた宣言」採択。厚生労働省など関係省庁の副大臣が初めて参加。
二〇一一	3月	日系定住外国人施策推進会議が「日系定住外国人施策に関する行動計画」を策定。
二〇一二	1月	外国人問題に取り組む日韓欧九都市の首長が参加する「多文化共生都市国際シンポジウム」開催。
	5月	関係省庁の連携の下に外国人との共生を目指す**「外国人との共生社会」実現検討会議が発足。** 法務省が外国人の高度人材受け入れのため、出入国管理でポイント制の優遇制度導入。
	7月	**入管法改正に伴い、外国人登録制度が廃止。** 新たな在留管理制度へ移行。

参考文献

明石純一『入国管理政策――「1990年体制」の成立と展開』ナカニシヤ出版、二〇一〇年
稲葉佳子『オオクボ　都市の力――多文化空間のダイナミズム』学芸出版社、二〇〇八年
移民情報機構『多文化情報誌イミグランツ3号』凡人社、二〇一〇年
川村千鶴子編『多文化共生の街・新宿の底力』明石書店、一九九八年
川村千鶴子編『「移民国家日本」と多文化共生論』明石書店、二〇〇八年
川村千鶴子・近藤敦・中本博皓編『移民政策へのアプローチ――ライフサイクルと多文化共生』明石書店、二〇〇九年
北脇保之編『「開かれた日本」の構想――移民受け入れと社会統合』ココ出版、二〇一一年
権香淑『移動する朝鮮族――エスニック・マイノリティの自己統治』彩流社、二〇一一年
高賛侑『コリアタウンに生きる――洪呂杓ライフヒストリー』エンタイトル出版、二〇〇七年
高賛侑『ルポ　在日外国人』集英社新書、二〇一〇年
近藤敦編『多文化共生政策へのアプローチ』明石書店、二〇一一年
坂中英徳『入管戦記』講談社、二〇〇五年
坂中英徳『人口崩壊と移民革命――坂中英徳の移民国家宣言』日本加除出版、二〇一二年
杉山春『移民還流――南米から帰ってくる日系人たち』新潮社、二〇〇八年
武田里子『ムラの国際結婚再考――結婚移住女性と農村の社会変容』めこん、二〇一一年
宮島喬『移民社会フランスの危機』岩波書店、二〇〇六年

毛受敏浩『人口激減　移民は日本に必要である』新潮新書、二〇一一年
山下清海『池袋チャイナタウン――都内最大の新華僑街の実像に迫る』洋泉社、二〇一〇年
李良枝『李良枝全集』講談社、一九九三年

写真一覧

図表一覧

移民政策研究所（移民政策の研究機関）……………………………… 273
東京都港区芝4－7－6尾家ビル5F
電話03・3453・5901
坂中英徳（所長）
移民情報機構（移民情報誌の編集・発行）…………………………… 283
東京都中央区銀座3－13－17辰中ビル3F
電話03・3546・3443
石原進（代表）

■商店街

御幸通中央商店会………………………………………………………………… 89
大阪府大阪市生野区桃谷4－5－15班家食工房2F
電話06・6712・7150
籠本浩典（会長）
南京町商店街振興組合…………………………………………………………… 90
兵庫県神戸市中央区栄町通1－3－18臥龍殿3F
電話078・332・2896
曹英生（理事長）
新大久保商店街振興組合………………………………………………………… 223
http://www.e-ios.co.jp/ookubo/
諏訪信雄（理事長）、森田忠幸（前理事長）

■宗教施設

イスコン・ニューガヤ・ジャパン（ヒンズー教寺院）……………………… 61
東京都江戸川区船堀2－23－4
電話03・3877・3000
ジョティ・アルケッシュ（管理）
日本福音ルーテル東京教会（プロテスタント教会）………………………… 219
東京都新宿区大久保1－14－14
電話03・3209・5702
関野和寛（牧師）

※住所・電話番号は2012年9月時点のもので、移転などにより変わることがあります。人物の肩書は原則として、取材当時のものを使用しています。

保見ヶ丘ブラジル人協会（ブラジル人住民の支援）……………………… 120
愛知県豊田市保見ヶ丘 4 － 1 － 23 － 319
電話 0565・48・6168
松田セルジオ・カズト（会長）
子どもの国（外国人児童の学習支援）…………………………………… 139
愛知県豊田市保見ヶ丘 5 － 1
電話 090・6096・2340
井村美穂（理事長）
保見ヶ丘国際交流センター（地域の国際交流推進）……………………… 141
愛知県豊田市保見ヶ丘 5 － 1
電話 090・2037・5228
楓原和子（理事長）、藍葉謙二（事務局長）
在日本韓国人連合会（韓人会）…………………………………………… 188
東京都新宿区百人町 2 － 11 － 24 － 701
電話 03・6908・6590
白永善（会長）、朴栽世（前会長）、趙玉済（元会長）
新宿韓人発展委員会（韓国人による町内会）……………………………… 190
東京都新宿区百人町 2 － 11 － 24 － 701
電話 03・6908・6590
白永善（委員長）、李孝烈（前委員長）
日韓合同授業研究会（日韓の教育交流）…………………………………… 201
東京都新宿区新宿 7 － 6 － 9
電話 090・9002・4949
善元幸夫（代表）
みんなのおうち（外国出身の子どもたちの日本語学習支援）…………… 202
東京都新宿区早稲田南町 31
電話 03・3204・0916
小林普子（副代表）
アジア友好の家（外国人の生活支援）…………………………………… 211
東京都中野区丸山 2 － 28 － 18 － 208
木村吉男（理事長）
うおぬま国際交流協会（留学生の支援・交流）………………………… 261
新潟県南魚沼市八幡 35 － 7
電話 025・779・1520
高橋和子（会長）

フジ国際語学院（中国系日本語学校）………………………………………… 186
東京都新宿区北新宿1－7－20
電話03・3368・0531

■NPO、外国人支援・研究団体など

浜松日本語・日本文化研究会（外国人児童への日本語教育支援）……………… 35
静岡県浜松市中区曳馬3－19－10
電話053・463・4022
加藤庸子（代表）

日本僑報社（日中関係図書の出版）……………………………………………… 51
東京都豊島区西池袋3－17－15湖南会館内
電話03・5956・2808
段躍中（編集長）

F&Sの会（在日外国人との文化交流）…………………………………………… 67
https://sites.google.com/site/fsnokai/
亀井雪子（代表）

難民支援協会（日本国内の難民支援）…………………………………………… 76
東京都新宿区四谷1－7－10第三鹿倉ビル6F
電話03・5379・6001

コリアNGOセンター（在日コリアン団体）……………………………………… 89
大阪府大阪市生野区桃谷3－1－21－3F
電話06・6711・7601
金光敏（事務局長）

神戸華僑総会……………………………………………………………………… 94
兵庫県神戸市中央区下山手通2－12－11神戸華僑会館内
電話078・331・4232
黄仁群（事務局長）

保見ヶ丘ラテンアメリカセンター（外国人住民の生活・教育支援）………… 102
愛知県豊田市保見ヶ丘5－1
電話0565・43・1607
野元弘幸（代表理事）

トルシーダ（不就学児の学習支援）……………………………………………… 104
愛知県豊田市保見ヶ丘5－1
電話090・6462・3867
伊東浄江（代表）

韓国広場（韓国食材店）…… 174
東京都新宿区歌舞伎町2－31－11
電話03・3232・9330
金根熙（社長）
バラヒ（南アジア食材店）…… 177
東京都新宿区百人町2－10－9 新大久保イニシャルハウス1F
電話03・3363・1145
ギミレ・ブサン（経営）
ザ・ジャンナット・ハラルフード（イスラム食材店）…… 181
東京都新宿区百人町2－9－1 ツインヴィレッジ新宿1F
電話03・3366・6680
ブイヤー・ショブズ（店主）
グリーンナスコ（イスラム食材店）…… 181
東京都新宿区百人町2－10－8－1F
電話03・5332・5194
ローズファミリーストア（イスラム食材店）…… 181
東京都新宿区百人町2－10－8－2F
電話03・5338・4391
フジストア（イスラム食材店）…… 181
東京都新宿区百人町2－9－15 ライオンズマンション2F
電話03・3366・8480

■学校

GIIS（インド人学校）…… 70
東京都江戸川区南篠崎町3－20－6
電話03・5636・9151
神戸中華同文学校（中華学校）…… 94
兵庫県神戸市中央区中山手通6－9－1
電話078・341・7885
EAS豊田校（ブラジル人学校）…… 118
愛知県豊田市浄水町原山208
電話0565・46・4479
倉橋徒夢（代表）
新大久保語学院・新大久保校（韓国語学校）…… 171
東京都新宿区百人町2－4－6 メイト新宿ビル2F
電話03・5937・0909
李承珉（院長）

老祥記（豚まん専門店）…… 92
兵庫県神戸市中央区元町通 2 － 1 － 14
電話 078・331・7714
曹英生（店主）
とんちゃん新大久保店（韓国料理店）…… 162
東京都新宿区大久保 2 － 32 － 3 リスボンビル 1F
電話 03・5155・7433
具哲（経営）
とんちゃん新大久保別館（韓国料理店）…… 162
東京都新宿区百人町 2 － 1 － 4 盛好堂ビル 2F
電話 03・5292・6889
具哲（経営）
モモ（ネパール居酒屋）…… 180
東京都新宿区百人町 2 － 10 － 9 新大久保イニシャルハウス 2F
電話 03・6279・2305
金達莱（延辺・韓国料理店）…… 185
東京都新宿区百人町 2 － 1 － 3 ウイスタリアビル百人町 B1F
電話 03・3204・2828
池田紗英（店主）
アドレー（スリランカ料理店）…… 249
新潟県南魚沼市余川 3100 イオン六日町店 2F
電話 025・770・1258
中島千晶（経営）

■物販店

陽光城（中国食材店）…… 48
東京都豊島区西池袋 1 － 25 － 2
電話 03・5960・9188
フォックスマート（食品スーパー）…… 105
愛知県豊田市保見ヶ丘 5 － 1 フォックスタウン 2F
電話 0565・43・3015
韓流百貨店（韓流グッズ店）…… 168
東京都新宿区百人町 1 － 7 － 15
電話 03・3209・0733
金徳洪（経営）

本書に登場する店舗・団体・人物の一覧

■飲食店 頁

逸品火鍋（中華料理店）…… 53
　東京都豊島区西池袋 1 － 39 － 1 ウエストコアー 4F・5F
　電話 03・6907・4898
　綾川陽子（経営）
富麗華（カラオケ店）…… 55
　東京都豊島区西池袋 1 － 29 － 6 大野ビル 3F
　電話 03・5391・9866
　綾川陽子（経営）
永祥生煎館池袋店（焼き小籠包専門店）…… 55
　東京都豊島区西池袋 1 － 29 － 2 サンシティビル 1F
　電話 03・6914・1566
　徳永麗子（経営）
スパイスマジック・カルカッタ本店（インド料理店）…… 66
　東京都江戸川区西葛西 3 － 13 － 3
　電話 03・5667・3885
　ジャグモハン・S・チャンドラニ（経営）
スパイスマジック・カルカッタ南口店（インド料理店）…… 66
　東京都江戸川区西葛西 6 － 24 － 5 第 2 コースタルビル 2F
　電話 03・3688・4817
　ジャグモハン・S・チャンドラニ（経営）
ルビー（ミャンマー料理店）…… 71
　東京都豊島区高田 3 － 8 － 5 セントラルワセダ 101
　電話 03・6907・3944
　チョー・チョー・ソー（経営）
アジア料理　実の里（カチン料理店）…… 74
　東京都新宿区西早稲田 2 － 18 － 25 横川ビル 1F
　電話 03・6380・3644
　マリップ・センブ（店主）

著者紹介

藤巻秀樹（ふじまき・ひでき）

1955年、山梨県生まれ。1979年、東京大学文学部仏文科卒業後、日本経済新聞入社。大阪経済部、同社会部、パリ支局長、国際部次長、経済解説部次長、神戸支局長を経て編集委員。2014年退職し、同年より北海道教育大学教授。専門は移民・多文化共生問題、欧州政治・経済。
著書に『シラクのフランス』（日本経済新聞社、1996年）『現場に出た経済学者たち』（中央大学出版部、2002年）。共著として『ハイテク時代　企業変身』（1984年）『ドキュメント・危機管理』（1985年）『欧州の憂鬱』（1993年）『「21世紀」への構想――世界の知性が語る』（1993年、以上日本経済新聞社）『あいらぶ関西』（保育社、1986年）『ルポ　日本の縮図に住んでみる』（2009年）『絆の風土記』（2012年、以上日本経済新聞出版社）『別冊環⑳　なぜ今、移民問題か』（共編著、藤原書店、2014年）などがある。

「移民列島《いみんれっとう》」ニッポン ――多文化《たぶんか》共生社会《きょうせいしゃかい》に生《い》きる

2012年10月30日　初版第1刷発行©
2015年3月30日　初版第2刷発行

著　者　藤巻秀樹
発行者　藤原良雄
発行所　株式会社　藤原書店

〒162-0041　東京都新宿区早稲田鶴巻町523
電　話　03（5272）0301
FAX　03（5272）0450
振　替　00160-4-17013
info@fujiwara-shoten.co.jp

印刷・製本　中央精版印刷

落丁本・乱丁本はお取替えいたします
定価はカバーに表示してあります

Printed in Japan
ISBN978-4-89434-880-6

不可避的に迫る「移民社会」にどう向き合うか

別冊『環』⑳ なぜ今、移民問題か

編集協力＝宮島喬・藤巻秀樹・石原進・鈴木江理子

〈座談会〉中川正春＋宮島喬＋石原進＋鈴木江理子＋藤巻秀樹（コーディネーター）

〈寄稿〉宮島喬／藤巻秀樹／鈴木江理子／石原進／旗手明／井口泰／趙衛国／大石奈々／横田雅弘／安里和晃／李惠珍／二文字屋修／岡本雅享／郭潔蓉／山下清海／柏崎千佳子／佐藤由利子／チャオ埴原三鈴／樋口直人／毛受敏浩／榎井縁／松岡真理恵／高橋恵介／塩原良和／善元幸夫／坪谷美欧子／イシカワ エウニセ アケミ／関本保孝／近藤敦／佐藤信行／明石純一／水上洋一郎／嘉本伊都子／李善姫／エレン・ルバイ／石川えり／金朋央／森千香子／猪股祐介／二宮正人／藤井幸之助

〈資料篇〉Ⅰ 外国人／移民関連統計資料　Ⅱ 戦後の外国人／移民をめぐる年表（鈴木江理子）

菊大判　三七六頁　三三〇〇円
（二〇一四年七月刊）◇978-4-89434-978-0

移民問題を読み解く鍵を提示

移民の運命〈同化か隔離か〉

E・トッド　石崎晴己・東松秀雄訳

家族構造からみた人類学的分析で、国ごとに異なる移民政策、国民ごとに異なる移民に対する根深い感情の深層を抉る。フランスの普遍主義的平等主義とアングロサクソンやドイツの差異主義を比較、「開かれた同化主義」を提唱し「多文化主義」の陥穽を暴く。

A5上製　六一六頁　五八〇〇円
（一九九九年一一月刊）◇978-4-89434-154-8

LE DESTIN DES IMMIGRÉS
Emmanuel TODD

国家を超える原理とは

介入？〈人間の権利と国家の論理〉

E・ウィーゼル＋川田順造編
廣瀬浩司・林修訳

ノーベル平和賞受賞のエリ・ウィーゼルの発議で発足した「世界文化アカデミー」に全世界の知識人が結集。飢餓、難民、宗教、民族対立など、相次ぐ危機を前に、国家主権とそれを越える普遍的原理としての「人権」を問う。

四六上製　三〇四頁　三二〇〇円
（一九九七年六月刊）◇978-4-89434-071-8

INTERVENIR? —— DROITS DE LA PERSONNE ET RAISONS D'ÉTAT
ACADÉMIE UNIVERSELLE DES CULTURES

「この国の最底辺はいつまで続くのか」（髙村薫氏）

無縁声声〈新版〉〈日本資本主義残酷史〉

平井正治
特別寄稿＝髙村薫／稲泉連

大阪釜ヶ崎の三畳ドヤに三十年住みつづけ、昼は現場労働、夜は史資料三昧、休みの日には調べ歩く。〝この世〟のしくみと〝モノ〟の世界を徹底的に明かした問題作。

四六並製　三九二頁　三〇〇〇円
（一九九七年四月／二〇一〇年九月刊）◇978-4-89434-755-7

市民活動家の必読書

NGOとは何か
〈現場からの声〉

伊勢崎賢治

アフリカの開発援助現場から届いた市民活動（NGO、NPO）への初のラディカルな問題提起。「善意」を「本物の成果」にするために何を変えなければならないかを、国際NGOの海外事務所長が経験に基づき具体的に示した、関係者必読の開発援助改造論。

四六並製　三〇四頁　二八〇〇円
（一九九七年一〇月刊）◇978-4-89434-079-4

誰のための、何のための〝国境〟なのか？

別冊『環』⑲ 日本の「国境問題」
〈現場から考える〉　岩下明裕編

I　**総論**　岩下明裕／古川浩司／本間浩昭／佐藤由紀／長嶋俊介／鈴木勇次／田村慶子／竹内陽一／木山克彦
II　**千島と根室**　黒岩幸子／井澗裕／松崎誉／本田良一／長谷川俊輔／鈴木寛和／伊藤一哉／遠藤輝宣／久保浩昭
III　**樺太と稚内**　天野尚樹／中川善博／藤田幸洋／相原秀起／工藤信彦／佐藤秀志
IV　**朝鮮半島と北部九州・対馬**　松原孝俊／新井直樹／加峯隆義／財部能成／金京一／比田勝亨／武末聖子／久保実
V　**台湾と八重山**　松田良孝／上妻毅／佐道明広／外間守吉／吉川博也／小濱啓由
VI　**大東島**　山上博信／木村崇／吉澤直美
VII　**小笠原**　石原俊／ダニエル・ロング／小西潤子／渋谷正昭／可知直毅／南谷奉良／今村圭介／延島冬生／越村勲

菊大並製　三六八頁　三三〇〇円
（二〇一二年三月刊）◇978-4-89434-848-6

本当に安心できる住まいとは？

ケースブック 日本の居住貧困
〈子育て／高齢障がい者／難病患者〉

早川和男＝編集代表
岡本祥浩・早川潤一＝編

交通事故死者数をはるかに超える、「住居の中の不慮の事故死」は、なぜ生じてしまうのか？　乳幼児の子育てや、高齢障がい者・難病患者の生活に密着し、建物というハードだけでは解決できない、「住まい方」の問題を考える。

A5並製　二七二頁　二二〇〇円
（二〇一一年一月刊）◇978-4-89434-779-3

フィールドワークから活写する

アジアの内発的発展

西川潤編

長年アジアの開発と経済を問い続けてきた編者らが、鶴見和子の内発的発展論を踏まえ、今アジアの各地で取り組まれている「経済成長から人間開発型発展へ」の挑戦の現場を、宗教・文化・教育・NGO・地域などの多様な切り口でフィールドワークする画期的初成果。

四六上製　三二八頁　二五〇〇円
（二〇〇一年四月刊）◇978-4-89434-228-6

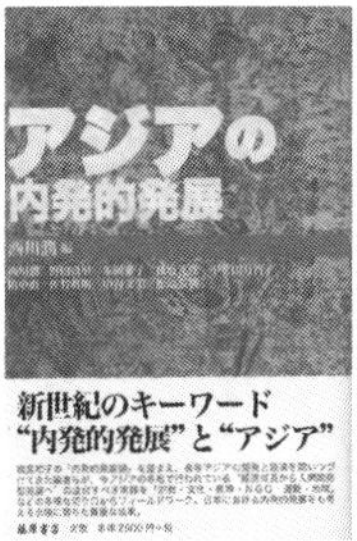

朝鮮半島と日本の間で自分を探し続ける

草の上の舞踏

（日本と朝鮮半島の間《はざま》に生きて）

森崎和江

「私は幼い頃から朝鮮半島の風土をむさぼり愛した。国政と比すべくもない個の原罪意識に突き動かされるまま、列島の北へ南へと海沿いの旅を重ねた。一人前の日本の女へと納得できるわが身を求めながら」（森崎和江）――植民地下の朝鮮で生まれ育った著者の、戦後の生き直しの歳月。

四六上製　二九六頁　二四〇〇円
（二〇〇七年八月刊）
◇978-4-89434-586-7

「在日」はなぜ生まれたのか

歴史のなかの「在日」

藤原書店編集部編

上田正昭＋杉原達＋姜尚中＋朴一／金時鐘＋尹健次／金石範ほか

「在日」百年を迎える今、二千年に亘る朝鮮半島と日本の関係、そして東アジア全体の歴史の中にその百年の歴史を位置づけ、「在日」の意味を東アジアの過去・現在・未来を問う中で捉え直す。

四六上製　四五六頁　三〇〇〇円
（二〇〇五年三月刊）
◇978-4-89434-438-9

津軽と朝鮮半島、ふたつの故郷

ふたつの故郷《ふるさと》

（津軽の空・星州《ソンジュ》の風）

朴才暎

雪深い津軽に生まれ、韓国・星州（ソンジュ）出身の両親に育まれ、二十年以上を古都・奈良に暮らす――女性問題心理カウンセラーとして活動してきた在日コリアン二世の、初のエッセイ集。「もしいまの私に〝善きもの〟があるとすれば、それは紛れもなく、すべてあの津軽での日々に培われたと思う。」

四六上製　二五六頁　一九〇〇円
（二〇〇八年八月刊）
◇978-4-89434-642-0

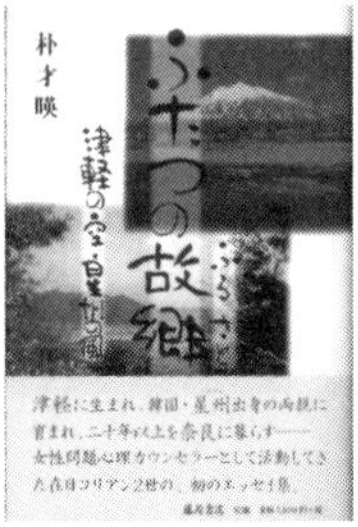

「人々は銘々自分の詩を生きている」

金時鐘詩集選

境界《きょうがい》の詩

（猪飼野詩集／光州詩片）

解説対談＝鶴見俊輔＋金時鐘

七三年二月を期して消滅した大阪の在日朝鮮人集落「猪飼野」をめぐる連作詩『猪飼野詩集』、八〇年五月の光州事件を悼む激情の詩集『光州詩片』の二冊を集成。「詩は人間を描きだすもの」（金時鐘）

〈補〉「鏡としての金時鐘」（辻井喬）

Ａ５上製　三九二頁　四六〇〇円
（二〇〇五年八月刊）
◇978-4-89434-468-6

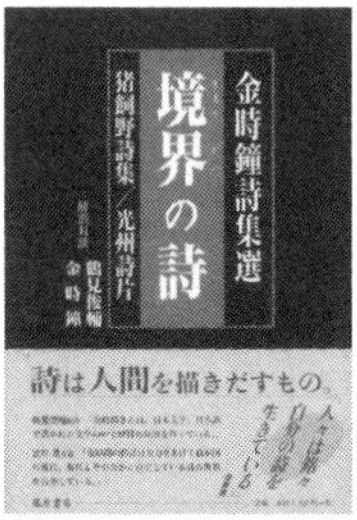